D1721304

Schwere Kost für leichteres Arbeiten.

Gültig ab 01.04.2016

Abrechnungshilfe für Festzuschüsse

Befunde		Festzuschüsse in €			
		Ohne Bonus	Mit Bonus 20%	Mit Bonus 30%	Doppelter FZ
1.	**Erhaltungswürdiger Zahn**				
1.1	Erhaltungswürdiger Zahn mit weitgehender Zerstörung der klinischen Krone oder unzureichende Retentionsmöglichkeit, je Zahn	139,33	167,20	181,13	278,66
1.2	Erhaltungswürdiger Zahn mit großen Substanzdefekten, aber erhaltener vestibulärer und/oder oraler Zahnsubstanz, je Zahn	156,24	187,49	203,11	312,48
1.3	Erhaltungswürdiger Zahn mit weitgehender Zerstörung der klinischen Krone oder unzureichende Retentionsmöglichkeit im Verblendbereich (15-25 und 34-44), je Verblendung für Kronen (auch implantatgestützte)	50,40	60,48	65,52	100,80
1.4	Endodontisch behandelter Zahn mit Notwendigkeit eines konfektionierten metallischen Stiftaufbaus mit herkömmlichen Zementierungsverfahren, je Zahn	30,01	36,01	39,01	60,02
1.5	Endodontisch behandelter Zahn mit Notwendigkeit eines gegossenen metallischen Stiftaufbaus mit herkömmlichen Zementierungsverfahren, je Zahn	92,19	110,63	119,85	184,38
2.	**Zahnbegrenzte Lücken von höchstens vier fehlenden Zähnen je Kiefer bei ansonsten geschlossener Zahnreihe unter der Voraussetzung, dass keine Freiendsituation vorliegt (Lückensituation I)** Ein fehlender Zahn 7 löst eine Freiendsituation aus. Dies gilt nicht, wenn Zahn 8 vorhanden ist und dieser als möglicher Brückenanker verwendbar ist. Soweit Zahn 7 einseitig oder beidseitig fehlt und hierfür keine Versorgungsnotwendigkeit besteht, liegt keine Freiendsituation vor. Auch nicht versorgungsbedürftige Freiendsituationen werden für die Ermittlung der Anzahl der fehlenden Zähne je Kiefer berücksichtigt. Ein fehlender Weisheitszahn ist nicht mitzuzählen. Für lückenangrenzende Zähne nach den Befunden von Nr. 2 sind Befunde nach den Nrn. 1.1 bis 1.3 nicht ansetzbar. Das Gleiche gilt bei einer Versorgung mit Freiendbrücken für den Pfeilerzahn, der an den lückenangrenzenden Pfeilerzahn angrenzt.				
2.1	Zahnbegrenzte Lücke mit einem fehlenden Zahn, je Lücke Bei gleichzeitigem Vorliegen eines Befundes im Oberkiefer für eine Brückenversorgung zum Ersatz von bis zu zwei nebeneinander fehlenden Schneidezähnen und für herausnehmbaren Zahnersatz ist bei beidseitigen Freiendsituationen neben dem Festzuschuss nach dem Befund Nr. 2.1 zusätzlich ein Festzuschuss nach dem Befund Nr. 3.1 ansetzbar.	330,13	396,16	429,17	660,26
2.2	Zahnbegrenzte Lücke mit zwei nebeneinander fehlenden Zähnen, je Lücke Bei gleichzeitigem Vorliegen eines Befundes im Oberkiefer für eine Brückenversorgung zum Ersatz von bis zu zwei nebeneinander fehlenden Schneidezähnen und für herausnehmbaren Zahnersatz ist bei beidseitigen Freiendsituationen neben dem Festzuschuss nach dem Befund Nr. 2.2 zusätzlich ein Festzuschuss nach dem Befund Nr. 3.1 ansetzbar.	377,30	452,76	490,49	754,60
2.3	Zahnbegrenzte Lücke mit drei nebeneinander fehlenden Zähnen, je Kiefer	425,25	510,30	552,83	850,50
2.4	Frontzahnlücke mit vier nebeneinander fehlenden Zähnen, je Kiefer	467,81	561,37	608,15	935,62
2.5	An eine Lücke unmittelbar angrenzende weitere zahnbegrenzte Lücke mit einem fehlenden Zahn	183,67	220,40	238,77	367,34
2.6	Disparallele Pfeilerzähne zur festsitzenden Zahnersatzversorgung, Zuschlag je Lücke	140,50	168,60	182,65	281,00
2.7	Fehlender Zahn in einer zahnbegrenzten Lücke im Verblendbereich (15-25 und 34-44), je Verblendung für einen ersetzten Zahn, auch für einen der Lücke angrenzenden Brückenanker im Verblendbereich	49,10	58,92	63,83	98,20
3.	**Zahnbegrenzte Lücken, die nicht den Befunden nach den Nrn. 2.1 bis 2.5 und 4 entsprechen**				
3.1	Alle zahnbegrenzten Lücken, die nicht den Befunden nach Nrn. 2.1 bis 2.5 und 4 entsprechen, oder Freiendsituationen (Lückensituation II), je Kiefer Bei gleichzeitigem Vorliegen eines Befundes im Oberkiefer für eine Brückenversorgung zum Ersatz von bis zu zwei nebeneinander fehlenden Schneidezähnen und für herausnehmbaren Zahnersatz ist bei beidseitigen Freiendsituationen neben dem Festzuschuss nach dem Befund Nr. 3.1 zusätzlich ein Festzuschuss nach den Befunden der Nrn. 2.1 oder 2.2 ansetzbar.	334,13	400,96	434,37	668,26
3.2	a) Beidseitig bis zu den Eckzähnen oder bis zu den ersten Prämolaren verkürzte Zahnreihe, b) einseitig bis zum Eckzahn oder bis zum ersten Prämolaren verkürzte Zahnreihe und kontralateral im Seitenzahngebiet bis zum Eckzahn oder bis zum ersten Prämolaren unterbrochene Zahnreihe mit mindestens zwei nebeneinander fehlenden Zähnen, c) beidseitig im Seitenzahngebiet bis zum Eckzahn oder bis zum ersten Prämolaren unterbrochene Zahnreihe mit jeweils mindestens zwei nebeneinander fehlenden Zähnen mit der Notwendigkeit einer dentalen Verankerung, wenn die Regelversorgung eine Kombinationsversorgung vorsieht, auch für frontal unterbrochene Zahnreihe, je Eckzahn oder erstem Prämolar. Der Befund ist zweimal je Kiefer ansetzbar.	243,83	292,60	316,98	487,66
4.	**Restzahnbestand bis zu 3 Zähnen oder zahnloser Kiefer**				
4.1	Restzahnbestand bis zu 3 Zähnen im Oberkiefer	329,38	395,26	428,19	658,76
4.2	Zahnloser Oberkiefer	307,67	369,20	399,97	615,34
4.3	Restzahnbestand bis zu 3 Zähnen im Unterkiefer	330,80	396,96	430,04	661,60
4.4	Zahnloser Unterkiefer	328,46	394,15	427,00	656,92
4.5	Notwendigkeit einer Metallbasis, Zuschlag je Kiefer	81,71	98,05	106,22	163,42
4.6	Restzahnbestand bis zu 3 Zähnen je Kiefer mit der Notwendigkeit einer dentalen Verankerung, wenn die Regelversorgung eine Kombinationsversorgung vorsieht, je Ankerzahn	257,83	309,40	335,18	515,66

» **KASSENZAHNÄRZTLICHE BUNDESVEREINIGUNG** **KZBV**   Universitätsstraße 73 · 50931 Köln · E-Mail: kzbvpr@kzbv.de · Stand: April 2016

Befunde		Festzuschüsse in €			
		Ohne Bonus	Mit Bonus		Doppelter FZ
			20%	30%	
4.7	Verblendung einer Teleskopkrone im Verblendbereich (15-25 und 34-44), Zuschlag je Ankerzahn	32,56	39,07	42,33	65,12
4.8	Restzahnbestand bis zu 3 Zähnen je Kiefer bei Notwendigkeit einer dentalen Verankerung durch Wurzelstiftkappen, je Ankerzahn	235,75	282,90	306,48	471,50
4.9	Schwierig zu bestimmende Lagebeziehung der Kiefer bei der Versorgung mit Totalprothesen und schleimhaut-getragenen Deckprothesen (Notwendigkeit einer Stützstiftregistrierung), Zuschlag je Gesamtbefund	59,32	71,18	77,12	118,64
5.	**Lückengebiss nach Zahnverlust in Fällen, in denen eine endgültige Versorgung nicht sofort möglich ist**				
5.1	Lückengebiss nach Verlust von bis zu 4 Zähnen je Kiefer in Fällen, in denen eine endgültige Versorgung nicht sofort möglich ist, je Kiefer	105,39	126,47	137,01	210,78
5.2	Lückengebiss nach Zahnverlust von 5 bis 8 Zähnen je Kiefer in Fällen, in denen eine endgültige Versorgung nicht sofort möglich ist, je Kiefer	144,99	173,99	188,49	289,98
5.3	Lückengebiss nach Verlust von über 8 Zähnen je Kiefer in Fällen, in denen eine endgültige Versorgung nicht sofort möglich ist, je Kiefer	189,81	227,77	246,75	379,62
5.4	Zahnloser Ober- oder Unterkiefer in Fällen, in denen eine endgültige Versorgung nicht sofort möglich ist, je Kiefer	275,49	330,59	358,14	550,98
6.	**Wiederherstellungs- und erweiterungsbedürftiger konventioneller Zahnersatz**				
6.0	Prothetisch versorgtes Gebiss ohne Befundveränderung mit wiederherstellungsbedürftiger herausnehmbarer-/ Kombinationsversorgung ohne Notwendigkeit der Abformung und ohne Notwendigkeit zahntechnischer Leistungen, auch Auffüllen von Sekundärteleskopen im direkten Verfahren, je Prothese	14,08	16,90	18,30	28,16
6.1	Prothetisch versorgtes Gebiss ohne Befundveränderung mit wiederherstellungsbedürftiger herausnehmbarer-/ Kombinationsversorgung ohne Notwendigkeit der Abformung, je Prothese	33,43	40,12	43,46	66,86
6.2	Prothetisch versorgtes Gebiss ohne Befundveränderung mit wiederherstellungsbedürftiger herausnehmbarer-/ Kombinationsversorgung mit Notwendigkeit der Abformung (Maßnahmen im Kunststoffbereich), auch Wieder-befestigung von Sekundärteleskopen oder anderer Verbindungselemente an dieser Versorgung, je Prothese	54,05	64,86	70,27	108,10
6.3	Prothetisch versorgtes Gebiss ohne Befundveränderung mit wiederherstellungsbedürftiger herausnehmbarer-/ Kombinationsversorgung mit Maßnahmen im gegossenen Metallbereich, auch Wiederbefestigung von Sekundär-teleskopen oder anderer Verbindungselemente an dieser Versorgung, je Prothese	78,34	94,01	101,84	156,68
6.4	Prothetisch versorgtes Gebiss mit Befundveränderung mit erweiterungsbedürftiger herausnehmbarer-/ Kombi-nationsversorgung mit Maßnahmen im Kunststoffbereich, je Prothese bei Erweiterung um einen Zahn	53,73	64,48	69,85	107,46
6.4.1	Prothetisch versorgtes Gebiss mit Befundveränderung mit erweiterungsbedürftiger herausnehmbarer-/ Kombi-nationsversorgung mit Maßnahmen im Kunststoffbereich, je Prothese bei Erweiterung um jeden weiteren Zahn	8,40	10,08	10,92	16,80
6.5	Prothetisch versorgtes Gebiss mit Befundveränderung mit erweiterungsbedürftiger herausnehmbarer-/ Kombi-nationsversorgung mit Maßnahmen im gegossenen Metallbereich, je Prothese bei Erweiterung um einen Zahn	81,95	98,34	106,54	163,90
6.5.1	Prothetisch versorgtes Gebiss mit Befundveränderung mit erweiterungsbedürftiger herausnehmbarer-/ Kombinations-versorgung mit Maßnahmen im gegossenen Metallbereich, je Prothese bei Erweiterung um jeden weiteren Zahn	14,01	16,81	18,21	28,02
6.6	Verändertes Prothesenlager bei erhaltungswürdigem Teil-Zahnersatz, je Prothese	63,55	76,26	82,62	127,10
6.7	Verändertes Prothesenlager bei erhaltungswürdigem totalem Zahnersatz oder schleimhautgetragener Deckprothese, je Kiefer	81,81	98,17	106,35	163,62
6.8	Wiederherstellungsbedürftiger festsitzender rezementierbarer Zahnersatz, je Zahn	10,37	12,44	13,48	20,74
6.9	Wiederherstellungsbedürftige Facette/Verblendung (auch wiedereinsetzbar oder erneuerungsbedürftig) im Verblend-bereich an einer Krone, einem Sekundärteleskop, einem Brückenanker oder einem Brückenglied, je Verblendung	49,02	58,82	63,73	98,04
6.10	Erneuerungsbedürftiges Primär- oder Sekundärteleskop, je Zahn	180,00	216,00	234,00	360,00
7.	**Erneuerung und Wiederherstellung von Suprakonstruktionen**				
7.1	Erneuerungsbedürftige Suprakonstruktion (vorhandenes Implantat bei zahnbegrenzter Einzelzahnlücke), je implantatgetragene Krone	141,80	170,16	184,34	283,60
7.2	Erneuerungsbedürftige Suprakonstruktion, die über den Befund nach Nr. 7.1 hinausgeht, je implantatgetragene Krone, Brückenanker oder Brückenglied, höchstens viermal je Kiefer	88,00	105,60	114,40	176,00
7.3	Wiederherstellungsbedürftige Suprakonstruktionen (Facette), je Facette	43,65	52,38	56,75	87,30
7.4	Wiederherstellungsbedürftiger festsitzender rezementierbarer oder zu verschraubender Zahnersatz, je implantat-getragene Krone oder Brückenanker	10,63	12,76	13,82	21,26
7.5	Erneuerungsbedürftige implantatgetragene Prothesenkonstruktion, je Prothesenkonstruktion	323,23	387,88	420,20	646,46
7.6	Erneuerungsbedürftige Prothesenkonstruktion bei atrophiertem zahnlosem Kiefer, je implantatgetragenem Konnektor als Zuschlag zum Befund nach Nr. 7.5, höchstens viermal je Kiefer	10,63	12,76	13,82	21,26
7.7	Wiederherstellungsbedürftige implantatgetragene Prothesenkonstruktion, Umgestaltung einer vorhandenen Total-prothese zur Suprakonstruktion bei Vorliegen eines zahnlosen atrophierten Kiefers, je Prothesenkonstruktion	47,44	56,93	61,67	94,88

» **KASSENZAHNÄRZTLICHE BUNDESVEREINIGUNG** **KZBV**   Universitätsstraße 73 · 50931 Köln · E-Mail: kzbvpr@kzbv.de · Stand: Januar 2017

Schwere Kost für leichteres Arbeiten.

Gültig ab 01.01.2017

Abrechnungshilfe für Festzuschüsse

Befunde	Festzuschüsse in €			
	Ohne Bonus	Mit Bonus 20%	Mit Bonus 30%	Doppelter FZ
1. Erhaltungswürdiger Zahn				
1.1 Erhaltungswürdiger Zahn mit weitgehender Zerstörung der klinischen Krone oder unzureichende Retentionsmöglichkeit, je Zahn	142,22	170,66	184,89	284,44
1.2 Erhaltungswürdiger Zahn mit großen Substanzdefekten, aber erhaltener vestibulärer und/oder oraler Zahnsubstanz, je Zahn	159,56	191,47	207,43	319,12
1.3 Erhaltungswürdiger Zahn mit weitgehender Zerstörung der klinischen Krone oder unzureichende Retentionsmöglichkeit im Verblendbereich (15-25 und 34-44), je Verblendung für Kronen (auch implantatgestützte)	51,33	61,60	66,73	102,66
1.4 Endodontisch behandelter Zahn mit Notwendigkeit eines konfektionierten metallischen Stiftaufbaus mit herkömmlichen Zementierungsverfahren, je Zahn	30,70	36,84	39,91	61,40
1.5 Endodontisch behandelter Zahn mit Notwendigkeit eines gegossenen metallischen Stiftaufbaus mit herkömmlichen Zementierungsverfahren, je Zahn	93,95	112,74	122,14	187,90
2. Zahnbegrenzte Lücken von höchstens vier fehlenden Zähnen je Kiefer bei ansonsten geschlossener Zahnreihe unter der Voraussetzung, dass keine Freiendsituation vorliegt (Lückensituation I) Ein fehlender Zahn 7 löst eine Freiendsituation aus. Dies gilt nicht, wenn Zahn 8 vorhanden ist und dieser als möglicher Brückenanker verwendbar ist. Soweit Zahn 7 einseitig oder beidseitig fehlt und hierfür keine Versorgungsnotwendigkeit besteht, liegt keine Freiendsituation vor. Auch nicht versorgungsbedürftige Freiendsituationen werden für die Ermittlung der Anzahl der fehlenden Zähne je Kiefer berücksichtigt. Ein fehlender Weisheitszahn ist nicht mitzuzählen. Für lückenangrenzende Zähne nach den Befunden von Nr. 2 sind Befunde nach den Nrn. 1.1 bis 1.3 nicht ansetzbar. Das Gleiche gilt bei einer Versorgung mit Freiendbrücken für den Pfeilerzahn, der an den lückenangrenzenden Pfeilerzahn angrenzt.				
2.1 Zahnbegrenzte Lücke mit einem fehlenden Zahn, je Lücke Bei gleichzeitigem Vorliegen eines Befundes im Oberkiefer für eine Brückenversorgung zum Ersatz von bis zu zwei nebeneinander fehlenden Schneidezähnen und für herausnehmbaren Zahnersatz ist bei beidseitigen Freiendsituationen neben dem Festzuschuss nach dem Befund Nr. 2.1 zusätzlich ein Festzuschuss nach dem Befund Nr. 3.1 ansetzbar.	336,50	403,80	437,45	673,00
2.2 Zahnbegrenzte Lücke mit zwei nebeneinander fehlenden Zähnen, je Lücke Bei gleichzeitigem Vorliegen eines Befundes im Oberkiefer für eine Brückenversorgung zum Ersatz von bis zu zwei nebeneinander fehlenden Schneidezähnen und für herausnehmbaren Zahnersatz ist bei beidseitigen Freiendsituationen neben dem Festzuschuss nach dem Befund Nr. 2.2 zusätzlich ein Festzuschuss nach dem Befund Nr. 3.1 ansetzbar.	385,05	462,06	500,57	770,10
2.3 Zahnbegrenzte Lücke mit drei nebeneinander fehlenden Zähnen, je Kiefer	433,88	520,66	564,04	867,76
2.4 Frontzahnlücke mit vier nebeneinander fehlenden Zähnen, je Kiefer	477,25	572,70	620,43	954,50
2.5 An eine Lücke unmittelbar angrenzende weitere zahnbegrenzte Lücke mit einem fehlenden Zahn	187,67	225,20	243,97	375,34
2.6 Disparallele Pfeilerzähne zur festsitzenden Zahnersatzversorgung, Zuschlag je Lücke	143,24	171,89	186,21	286,48
2.7 Fehlender Zahn in einer zahnbegrenzten Lücke im Verblendbereich (15-25 und 34-44), je Verblendung für einen ersetzten Zahn, auch für einen der Lücke angrenzenden Brückenanker im Verblendbereich. Der Befund ist nicht ansetzbar für Flügel einer Adhäsivbrücke.	50,01	60,01	65,01	100,02
3. Zahnbegrenzte Lücken, die nicht den Befunden nach den Nrn. 2.1 bis 2.5 und 4 entsprechen				
3.1 Alle zahnbegrenzten Lücken, die nicht den Befunden nach Nrn. 2.1 bis 2.5 und 4 entsprechen, oder Freiendsituationen (Lückensituation II), je Kiefer Bei gleichzeitigem Vorliegen eines Befundes im Oberkiefer für eine Brückenversorgung zum Ersatz von bis zu zwei nebeneinander fehlenden Schneidezähnen und für herausnehmbaren Zahnersatz ist bei beidseitigen Freiendsituationen neben dem Festzuschuss nach dem Befund Nr. 3.1 zusätzlich ein Festzuschuss nach den Befunden der Nrn. 2.1 oder 2.2 ansetzbar.	340,08	408,10	442,10	680,16
3.2 a) Beidseitig bis zu den Eckzähnen oder bis zu den ersten Prämolaren verkürzte Zahnreihe, b) einseitig bis zum Eckzahn oder bis zum ersten Prämolaren verkürzte Zahnreihe und kontralateral im Seitenzahngebiet bis zum Eckzahn oder bis zum ersten Prämolaren unterbrochene Zahnreihe mit mindestens zwei nebeneinander fehlenden Zähnen, c) beidseitig im Seitenzahngebiet bis zum Eckzahn oder bis zum ersten Prämolaren unterbrochene Zahnreihe mit jeweils mindestens zwei nebeneinander fehlenden Zähnen mit der Notwendigkeit einer dentalen Verankerung, wenn die Regelversorgung eine Kombinationsversorgung vorsieht, auch für frontal unterbrochene Zahnreihe, je Eckzahn oder erstem Prämolar. Der Befund ist zweimal je Kiefer ansetzbar.	248,81	298,57	323,45	497,62
4. Restzahnbestand bis zu 3 Zähnen oder zahnloser Kiefer				
4.1 Restzahnbestand bis zu 3 Zähnen im Oberkiefer	335,44	402,53	436,07	670,88
4.2 Zahnloser Oberkiefer	313,51	376,21	407,56	627,02
4.3 Restzahnbestand bis zu 3 Zähnen im Unterkiefer	336,98	404,38	438,07	673,96
4.4 Zahnloser Unterkiefer	334,84	401,81	435,29	669,68
4.5 Notwendigkeit einer Metallbasis, Zuschlag je Kiefer	83,18	99,82	108,13	166,36
4.6 Restzahnbestand bis zu 3 Zähnen je Kiefer mit der Notwendigkeit einer dentalen Verankerung, wenn die Regelversorgung eine Kombinationsversorgung vorsieht, je Ankerzahn	263,06	315,67	341,98	526,12

» **KASSENZAHNÄRZTLICHE BUNDESVEREINIGUNG** **KZBV**

Universitätsstraße 73 · 50931 Köln · E-Mail: kzbvpr@kzbv.de · Stand: Januar 2017

Abrechnungshilfe, Stand: April 2016, Seite 2

Befunde		Festzuschüsse in €			
		Ohne Bonus	Mit Bonus 20%	Mit Bonus 30%	Doppelter FZ
4.7	Verblendung einer Teleskopkrone im Verblendbereich (15-25 und 34-44), Zuschlag je Ankerzahn	31,98	38,38	41,57	63,96
4.8	Restzahnbestand bis zu 3 Zähnen je Kiefer bei Notwendigkeit einer dentalen Verankerung durch Wurzelstiftkappen, je Ankerzahn	231,09	277,31	300,42	462,18
4.9	Schwierig zu bestimmende Lagebeziehung der Kiefer bei der Versorgung mit Totalprothesen und schleimhaut-getragenen Deckprothesen (Notwendigkeit einer Stützstiftregistrierung), Zuschlag je Gesamtbefund	58,35	70,02	75,86	116,70
5.	**Lückengebiss nach Zahnverlust in Fällen, in denen eine endgültige Versorgung nicht sofort möglich ist**				
5.1	Lückengebiss nach Verlust von bis zu 4 Zähnen je Kiefer in Fällen, in denen eine endgültige Versorgung nicht sofort möglich ist, je Kiefer	103,56	124,27	134,63	207,12
5.2	Lückengebiss nach Zahnverlust von 5 bis 8 Zähnen je Kiefer in Fällen, in denen eine endgültige Versorgung nicht sofort möglich ist, je Kiefer	142,43	170,92	185,16	284,86
5.3	Lückengebiss nach Verlust von über 8 Zähnen je Kiefer in Fällen, in denen eine endgültige Versorgung nicht sofort möglich ist, je Kiefer	186,43	223,72	242,36	372,86
5.4	Zahnloser Ober- oder Unterkiefer in Fällen, in denen eine endgültige Versorgung nicht sofort möglich ist, je Kiefer	270,31	324,37	351,40	540,62
6.	**Wiederherstellungs- und erweiterungsbedürftiger konventioneller Zahnersatz**				
6.0	Prothetisch versorgtes Gebiss ohne Befundveränderung mit wiederherstellungsbedürftiger herausnehmbarer-/ Kombinationsversorgung ohne Notwendigkeit der Abformung und ohne Notwendigkeit zahntechnischer Leistungen, auch Auffüllen von Sekundärteleskopen im direkten Verfahren, je Prothese	13,74	16,49	17,86	27,48
6.1	Prothetisch versorgtes Gebiss ohne Befundveränderung mit wiederherstellungsbedürftiger herausnehmbarer-/ Kombinationsversorgung ohne Notwendigkeit der Abformung, je Prothese	32,94	39,53	42,82	65,88
6.2	Prothetisch versorgtes Gebiss ohne Befundveränderung mit wiederherstellungsbedürftiger herausnehmbarer-/ Kombinationsversorgung mit Notwendigkeit der Abformung (Maßnahmen im Kunststoffbereich), auch Wieder-befestigung von Sekundärteleskopen oder anderer Verbindungselemente an dieser Versorgung, je Prothese	53,16	63,79	69,11	106,32
6.3	Prothetisch versorgtes Gebiss ohne Befundveränderung mit wiederherstellungsbedürftiger herausnehmbarer-/ Kombinationsversorgung mit Maßnahmen im gegossenen Metallbereich, auch Wiederbefestigung von Sekundär-teleskopen oder anderer Verbindungselemente an dieser Versorgung, je Prothese	77,07	92,48	100,19	154,14
6.4	Prothetisch versorgtes Gebiss mit Befundveränderung mit erweiterungsbedürftiger herausnehmbarer-/ Kombi-nationsversorgung mit Maßnahmen im Kunststoffbereich, je Prothese bei Erweiterung um einen Zahn	52,83	63,40	68,68	105,66
6.4.1	Prothetisch versorgtes Gebiss mit Befundveränderung mit erweiterungsbedürftiger herausnehmbarer-/ Kombi-nationsversorgung mit Maßnahmen im Kunststoffbereich, je Prothese bei Erweiterung um jeden weiteren Zahn	8,26	9,91	10,74	16,52
6.5	Prothetisch versorgtes Gebiss mit Befundveränderung mit erweiterungsbedürftiger herausnehmbarer-/ Kombi-nationsversorgung mit Maßnahmen im gegossenen Metallbereich, je Prothese bei Erweiterung um einen Zahn	80,62	96,74	104,81	161,24
6.5.1	Prothetisch versorgtes Gebiss mit Befundveränderung mit erweiterungsbedürftiger herausnehmbarer-/ Kombinations-versorgung mit Maßnahmen im gegossenen Metallbereich, je Prothese bei Erweiterung um jeden weiteren Zahn	13,77	16,52	17,90	27,54
6.6	Verändertes Prothesenlager bei erhaltungswürdigem Teil-Zahnersatz, je Prothese	62,46	74,95	81,20	124,92
6.7	Verändertes Prothesenlager bei erhaltungswürdigem totalem Zahnersatz oder schleimhautgetragener Deckprothese, je Kiefer	80,34	96,41	104,44	160,68
6.8	Wiederherstellungsbedürftiger festsitzender rezementierbarer Zahnersatz, je Zahn	10,12	12,14	13,16	20,24
6.9	Wiederherstellungsbedürftige Facette/Verblendung (auch wiedereinsetzbar oder erneuerungsbedürftig) im Verblend-bereich an einer Krone, einem Sekundärteleskop, einem Brückenanker oder einem Brückenglied, je Verblendung	48,10	57,72	62,53	96,20
6.10	Erneuerungsbedürftiges Primär- oder Sekundärteleskop, je Zahn	176,73	212,08	229,75	353,46
7.	**Erneuerung und Wiederherstellung von Suprakonstruktionen**				
7.1	Erneuerungsbedürftige Suprakonstruktion (vorhandenes Implantat bei zahnbegrenzter Einzelzahnlücke), je implantatgetragene Krone	138,91	166,69	180,58	277,82
7.2	Erneuerungsbedürftige Suprakonstruktion, die über den Befund nach Nr. 7.1 hinausgeht, je implantatgetragene Krone, Brückenanker oder Brückenglied, höchstens viermal je Kiefer	86,27	103,52	112,15	172,54
7.3	Wiederherstellungsbedürftige Suprakonstruktionen (Facette), je Facette	42,82	51,38	55,67	85,64
7.4	Wiederherstellungsbedürftiger festsitzender rezementierbarer oder zu verschraubender Zahnersatz, je implantat-getragene Krone oder Brückenanker	10,39	12,47	13,51	20,78
7.5	Erneuerungsbedürftige implantatgetragene Prothesenkonstruktion, je Prothesenkonstruktion	317,19	380,63	412,35	634,38
7.6	Erneuerungsbedürftige Prothesenkonstruktion bei atrophiertem zahnlosem Kiefer, je implantatgetragenem Konnektor als Zuschlag zum Befund nach Nr. 7.5, höchstens viermal je Kiefer	10,39	12,47	13,51	20,78
7.7	Wiederherstellungsbedürftige implantatgetragene Prothesenkonstruktion, Umgestaltung einer vorhandenen Total-prothese zur Suprakonstruktion bei Vorliegen eines zahnlosen atrophierten Kiefers, je Prothesenkonstruktion	46,66	55,99	60,66	93,32

» Kassenzahnärztliche Bundesvereinigung **KZBV**   Universitätsstraße 73 · 50931 Köln · E-Mail: kzbvpr@kzbv.de · Stand: April 2016

Abschlussprüfung

Zahnmedizinische Fachangestellte

© 2019 Stark Verlag GmbH
www.stark-verlag.de

Inhalt

Hinweise und Tipps und Hinweise zu den Aufgaben verfasst von:
Rilana Kohl

Vorwort

Liebe Auszubildende,

der vorliegende Band unterstützt Sie dabei, sich optimal auf die schriftliche **Abschluss-prüfung zur/zum Zahnmedizinischen Fachangestellten** vorzubereiten und stellt eine Hilfe für Sie dar, den letzten Abschnitt Ihrer Ausbildung erfolgreich zu absolvieren.

Die vier enthaltenen Prüfungssets entsprechen den **Original-Prüfungen** der Zahnärzte-kammer Westfalen-Lippe; es sind Sommer- und Winterprüfungen aus den Jahren 2016, 2017 und 2018. Sie ermöglichen es Ihnen, einzelne Aufgaben und Bereiche zu üben und eine Testsimulation durchzuführen. Dazu können Sie eine komplette Abschlussprüfung als Generalprobe bearbeiten und sich anschließend selbst bewerten.

▶ In den „**Hinweisen und Tipps zur Abschlussprüfung**" zu Beginn des Buches finden Sie alle wichtigen Informationen zu den **Prüfungsmodalitäten** (Prüfungsinhalte, Be-wertung der Aufgaben etc.).

▶ Die **vier Original-Prüfungen** mit den **Prüfungsteilen Behandlungsassistenz, Wirt-schafts- und Sozialkunde, Abrechnungswesen und Praxismanagement** dienen als mögliche Beispiele für die Gestaltung zukünftiger Prüfungen. Sie unterstützen Sie so bei Ihrer Prüfungsvorbereitung.

▶ Zu allen Prüfungsaufgaben stehen Ihnen **umfangreiche Musterlösungen** mit nach-vollziehbaren Erläuterungen sowie zusätzliche Hilfestellungen in Kursivdruck zur Verfügung.

▶ Die Prüfungen enthalten auch immer Angaben zur **Bearbeitungszeit** und den erreich-baren **Punkten**. Nach der Bearbeitung der Aufgaben können Sie notieren, wie lange Sie gebraucht und wie viele Punkte Sie erreicht haben.

Wir wünschen Ihnen viel Ausdauer, viel Erfolg für die Prüfung und einen tollen Start in Ihr Berufsleben!

1 Die Prüfungsinhalte

Die Abschlussprüfung zum/zur Zahnmedizinischen Fachangestellten umfasst einen schriftlichen und einen praktischen Prüfungsteil.

Schriftliche Prüfung

Der schriftliche Teil besteht wiederum aus insgesamt **vier Prüfungsbereichen**, die in der folgenden Tabelle aufgeführt sind. Die angegebene Prüfungsdauer stellt den zeitlichen Höchstwert laut Verordnung über die Berufsausbildung zum/zur Zahnmedizinischen Fachangestellten dar.

Prüfungsbereich	Prüfungsform	Prüfungsdauer
Behandlungsassistenz	schriftlich	150 Minuten
Wirtschafts- und Sozialkunde	schriftlich	60 Minuten
Abrechnungswesen	schriftlich	90 Minuten
Praxisorganisation und -verwaltung	schriftlich	60 Minuten

Die Prüfungsdauer der in diesem Band enthaltenen Original-Prüfungen der Zahnärztekammer Westfalen-Lippe entspricht diesen Angaben, sodass Sie sich bei der Bearbeitung daran orientieren können.

Die Anforderungen der einzelnen Bereiche können der Verordnung über die Berufsausbildung zum/zur Zahnmedizinischen Fachangestellten entnommen werden, mögliche Gebiete sind hier nur in Kurzform genannt.

Behandlungsassistenz:
- Arbeitsorganisation, qualitätssichernde Maßnahmen,
- Kommunikation, Information und Patientenbetreuung,
- Grundlagen der Prophylaxe,
- Arzneimittel, Werkstoffe, Materialien, Instrumente,
- Dokumentation,
- Diagnose- und Therapiegeräte,
- Röntgen und Strahlenschutz,
- Hilfeleistungen bei Zwischenfällen und Unfällen

In der endgültigen Bewertung der schriftlichen Prüfung wird der Prüfungsbereich der Behandlungsassistenz doppelt gewertet.

Praxisorganisation und -verwaltung:
- Gesetzliche und vertragliche Regelungen der zahnmedizinischen Versorgung,
- Arbeiten im Team,
- Kommunikation, Information und Datenschutz,
- Patientenbetreuung,
- Verwaltungsarbeiten,
- Zahlungsverkehr,
- Materialbeschaffung und -verwaltung,
- Dokumentation,
- Abrechnung von Leistungen

Abrechnungswesen:
- Gebührenordnung und Vertragsbestimmungen,
- Heil- und Kostenpläne,
- Vorschriften der Sozialgesetzgebung,
- Anwendung von Informations- und Kommunikationssystemen
- Datenschutz und Datensicherheit,
- Patientenbetreuung,
- Behandlungsdokumentation

Praktische Prüfung

Im Rahmen der **praktischen Prüfung** ist in höchstens 60 Minuten eine komplexe Prüfungsaufgabe zu bearbeiten und in einem Prüfungsgespräch zu erläutern. Das Gespräch sollte dabei eine Dauer von 30 Minuten nicht überschreiten. Für die praktische Aufgabe kommen insbesondere in Betracht:

a) Patientengespräch personenorientiert und situationsgerecht führen,

b) Prophylaxe-Maßnahmen demonstrieren oder

c) Materialien, Werkstoffe und Arzneimittel vorbereiten und verarbeiten, den Einsatz von Geräten und Instrumenten demonstrieren.

2 Bestehensregelungen

Zum **Bestehen** der Abschlussprüfung muss jeweils im praktischen und schriftlichen Teil der Prüfung eine mindestens ausreichende (4,4) Prüfungsleistung vorliegen. Zudem müssen innerhalb des schriftlichen Teils in mindestens drei der vier Bereiche mindestens ausreichende Prüfungsleistungen erbracht worden sein.

Mündliche Ergänzungsprüfung

Für den Fall, dass im schriftlichen Teil der Prüfung die Prüfungsleistungen in zwei Bereichen mit mangelhaft und in den übrigen Bereichen mit mindestens ausreichend bewertet sind, kann eine mündliche Ergänzungsprüfung durchgeführt werden. Dabei durch Antrag des Prüflings in einem der mit mangelhaft bewerteten Bereiche die schriftliche durch eine mündliche Prüfung ergänzt werden, wenn diese für das Bestehen der Prüfung den Ausschlag geben kann. Die mündliche Ergänzungsprüfung darf höchstens 15 Minuten dauern.

Bei drei mangelhaften Leistungen (4,5 und >) und/oder einer ungenügenden Leistung (5,5 und >) ist die Abschlussprüfung **nicht bestanden**; es findet keine mündliche Ergänzungsprüfung statt.

3 Hinweise zur Bearbeitung der schriftlichen Prüfung

Beachten Sie die folgenden Punkte zur erfolgreichen Bearbeitung der Prüfung. Einige Aspekte können Sie auch schon mit diesem Band zur Vorbereitung trainieren.

- Die **Reihenfolge**, in der die Aufgaben zu bearbeiten sind, ist frei wählbar. Trotzdem empfiehlt es sich besonders bei Aufgaben, die sich auf eine vorangehende Situationsbeschreibung beziehen, die Aufgaben in der vorgegebenen Reihenfolge anzugehen. Dadurch fällt das Feststellen von Zusammenhängen leichter und Sie verlieren nicht den Überblick.
- Nutzen Sie die bereitgestellten **Zusatzmaterialien**. Situationsbeschreibungen oder der Anhang enthalten oft wertvolle Informationen, auf die Sie beim Lösen der Aufgaben zurückgreifen können.

- Um **Abläufe** in Ihrer Antwort eindeutig darzustellen, können Sie beispielsweise Nummerierungen oder Aufzählungen nutzen. Achten Sie dabei auf eine gut strukturierte Darstellung.
- Wenn in einer Aufgabenstellung eine **bestimmte Anzahl** gefordert wird (Beispiel: „Geben Sie drei Gründe an."), müssen Sie das berücksichtigen. Es werden in diesem Beispiel also nur die ersten drei aufgeführten Gründe gewertet. Achten Sie daher auf eine eindeutige Kennzeichnung und vermeiden Sie es in diesen Fällen zusätzliche Angaben zu notieren.

Kaufmännisches Runden
- Um **Rechenaufgaben** korrekt zu lösen, beachten Sie bitte, dass das Endergebnis kaufmännisch zu runden ist. Betrachten Sie dazu die relevante Nachkommastelle. Ist diese kleiner oder gleich 4, müssen Sie abrunden. Ist diese größer oder gleich 5, wird hingegen aufgerundet.

4 Bearbeitungstipps zu diesem Buch

In diesem Buch finden Sie vier Prüfungssets, die den Original-Prüfungen der Zahnärztekammer Westfalen-Lippe entsprechen. Grundsätzlich umfasst die Prüfung zur/zum Zahnmedizinischen Fachangestellten der Zahnärztekammer Westfalen-Lippe sogenannte **ungebundene Aufgaben** in den einzelnen Prüfungsbereichen. Bei diesem Aufgabentyp müssen Sie die Antworten frei formulieren. In den Prüfungsbereichen Behandlungsassistenz, Wirtschafts- und Sozialkunde und Praxisorganisation und -verwaltung sind jeweils **komplexe Situationsaufgaben** zu bearbeiten. Dabei wird eine Situation genauer erläutert und vorgestellt. Zur Lösung der Aufgaben muss anschließend genau auf die beschriebene Situation eingegangen werden.

Im **Prüfungsbereich Abrechnungswesen** erhalten Sie einen Aufgabensatz in Form eines Behandlungstages mit unterschiedlich zu lösenden Aufgaben. Hier kann es sich um das Abrechnen eines Kassenpatienten, eines Privatpatienten oder der Erstellung bzw. Abrechnung eines Heil- und Kostenplans handeln. In den Lösungen sind hier immer die zu dem Zeitpunkt der Prüfung aktuellen Gegebenheiten berücksichtigt worden. Bitte beachten Sie dies bei der Bearbeitung!

Falls Sie eine Aufgabe im Bereich Abrechnungswesen wiederholen wollen, können Sie die Kopiervorlagen im Anhang S. VI bis S. IX nutzen. Diese ermöglichen Ihnen Aufgaben mehrmals zu lösen und dabei jeweils eine neue Vorlage verwenden zu können.

Hilfsmittel
In der Abschlussprüfung sind keine Hilfsmittel in digitaler Form zulässig. Einzig ein nicht programmierbarer Taschenrechner ist erlaubt. Als Hilfsmittel im Bereich Abrechnungswesen ist zudem eine Prüfungsmappe mit folgendem Inhalt anzuwenden:

1. Ein aktueller Heil- und Kostenplan
   (*https://www.kzbv.de/heil-und-kostenplan.1194.de.html*)
2. Einheitlicher Bewertungsmaßstab
   (*https://www.kzbv.de/gebuehrenverzeichnisse.334.de.html*)
3. Gebührenordnung für Zahnärzte (*https://www.zahnaerzte-wl.de/praxisteam/abrechnung/goz.html*)
4. Gebührenordnung für Ärzte (*https://www.zahnaerzte-wl.de/praxisteam/abrechnung/goz/goae.html*)
5. Aktuelle Festzuschusstabelle
   (*https://www.kzbv.de/festzuschussbetraege-2019.662.de.html*)
6. Kurzverzeichnis BEMA/GOZ (*www.zahnaerzte-wl.de/praxisteam/abrechnung/kurzverzeichnis-bema-go%C3%A4-goz.html*)
7. Hinweise zu zuschlagsberechtigten chirurgischen Leistungen

Bewertung

Bei den Prüfungsbereichen Behandlungsassistenz, Wirtschafts- und Sozialkunde und Praxisorganisation und -verwaltung werden jeweils 100 Punkte vergeben. Im Prüfungsbereich Abrechnungswesen werden nicht 100 Punkte vergeben, sondern die Punktzahl kann von Prüfung zu Prüfung variieren. Für eine richtige Leistung werden 3 Punkte gutgeschrieben. Das bedeutet, dass Sie bei der Vielzahl an abzurechnenden Leistungen auch dementsprechend viele Punkte erreichen können. Im Umkehrschluss heißt dies aber auch, dass Ihnen im Fall einer falschen oder fehlenden Leistung jeweils 3 Punkte abgezogen werden können. Am Ende werden Ihre erreichten Punkte mit 100 multipliziert und durch die zu erreichende Punktzahl dividiert. Dies entspricht dem von Ihnen erreichten Prozentsatz.

Punkteangaben im Buch finden Sie sowohl zu den einzelnen Aufgaben als auch zu den vier Prüfungsbereichen. In den Lösungen können Sie dann immer Ihre Punkte notieren und diese je Prüfungsbereich zusammenzählen. Mit dem im Folgenden aufgeführten Bewertungsschlüssel können Sie anschließend ganz einfach Ihre Leistung selbst bewerten.

Punktzahl	Differenzierte Bewertung	Bewertung
100 – 99	1,0	**Sehr gut**
98 – 97	1,1	
96 – 95	1,2	Eine den Anforderungen in besonderem Maße ent- sprechende Leistung
94 – 93	1,3	
92	1,4	
91	1,5	**Gut**
90	1,6	
89	1,7	Eine den Anforderungen voll entsprechende Leistung
88	1,8	
87	1,9	
86 – 85	2,0	
84	2,1	
83	2,2	
82	2,3	
81	2,4	
80	2,5	**Befriedigend**
79	2,6	
78	2,7	Eine den Anforderungen im Allgemeinen entsprechende Leistung
77 – 76	2,8	
75 – 74	2,9	
73 – 72	3,0	
71 – 70	3,1	
69	3,2	
68	3,3	
67	3,4	
66	3,5	**Ausreichend**
65	3,6	
64 – 63	3,7	Eine Leistung, die zwar Mängel aufweist, aber im Ganzen den Anforderungen noch entspricht
62 – 61	3,8	
60 – 59	3,9	
58 – 57	4,0	
56 – 55	4,1	
54 – 53	4,2	
52 – 51	4,3	
50	4,4	
49 – 48	4,5	**Mangelhaft**
47 – 46	4,6	
45 – 44	4,7	Eine Leistung, die den Anfor- derungen nicht entspricht, jedoch erkennen lässt, dass die notwendigen Grund- kenntnisse vorhanden sind
43 – 42	4,8	
41 – 40	4,9	
39 – 38	5,0	
37 – 36	5,1	
35 – 34	5,2	
33 – 32	5,3	
31 – 30	5,4	
29 – 25	5,5	**Ungenügend**
24 – 20	5,6	
19 – 15	5,7	Eine Leistung, die den Anfor- derungen nicht entspricht und bei der selbst die Grund- kenntnisse lückenhaft sind
14 – 10	5,8	
9 – 5	5,9	
4 – 0	6,0	

Bewertungsschlüssel gem. § 22 Abs. 1 Prüfungsordnung für die Durchführung der Abschlussprüfung zum / zur Zahnmedizinischen Fachangestellten

Kopiervorlage Privatpatient*in

Datum	Zahn	Gebührennummer	Anzahl

Kopiervorlage Kassenpatient*in

Datum	Zahn	BEMA-Leistung	Anzahl	Bemerkungen

Kopiervorlage Heil- und Kostenplan Teil 1

Name der Krankenkasse

Name, Vorname des Versicherten

geb. am

Kassen-Nr.   Versicherten-Nr.   Status

Vertragszahnarzt-Nr.   VK gültig bis   Datum

Erklärung des Versicherten

Ich bin bei der genannten Krankenkasse versichert. Ich bin über Art, Umfang und Kosten der Regel-, der gleich- und andersartigen Versorgung sowie über den voraussichtlichen Herstellungsort bzw. das voraussichtliche Herstellungsland des Zahnersatzes _____ aufgeklärt worden und wünsche die Behandlung entsprechend dieses Kostenplanes.

Datum/Unterschrift des **Versicherten**

Lfd.-Nr.

Stempel des Zahnarztes

Heil- und Kostenplan

Hinweis an den Versicherten:
Bonusheft bitte zur Zuschussfestsetzung beifügen.

I. Befund des gesamten Gebisses/Behandlungsplan

TP = Therapieplanung   R = Regelversorgung   B = Befund

Art der Versorgung

TP
R
B

| 18 | 17 | 16 | 15 | 14 | 13 | 12 | 11 | 21 | 22 | 23 | 24 | 25 | 26 | 27 | 28 |
| 48 | 47 | 46 | 45 | 44 | 43 | 42 | 41 | 31 | 32 | 33 | 34 | 35 | 36 | 37 | 38 |

B
R
TP

Der Befund ist bei Wiederherstellungsmaßnahmen nicht auszufüllen!

Bemerkungen (bei Wiederherstellung Art der Leistung)

II. Befunde für Festzuschüsse

(Spalten 1-3 vom Zahnarzt auszufüllen)

Befund Nr.1 | Zahn/Gebiet | 2 | Anz. 3

IV. Zuschussfestsetzung

Betrag Euro | Ct

Unfall oder Unfallfolgen/ Berufskrankheit   Interimsversorgung   Unbrauchbare Prothese/Brücke/Krone

Versorgungsleiden   Immediatversorgung   Alter ca.   Jahre   NEM

Die Krankenkasse übernimmt die nebenstehenden Festzuschüsse, höchstens jedoch die tatsächlichen Kosten. Voraussetzung ist, dass der Zahnersatz innerhalb von 6 Monaten in der vorgesehenen Weise eingegliedert wird.

Datum, Unterschrift und Stempel der Krankenkasse

Hinweis:

___ % Vorsorge-Bonus ist bereits in den Festzuschüssen enthalten.

☐ Es liegt ein Härtefall vor.

Erläuterungen

Befund (Kombinationen sind zulässig)
a = Adhäsivbrücke (Anker, Spanne)
b = Brückenglied
e = ersetzter Zahn
ew = ersetzter, aber erneuerungsbedürftiger Zahn
f = fehlender Zahn
i = Implantat mit intakter Suprakonstruktion
ix = zu entfernendes Implantat
k = klinisch intakte Krone
kw = erneuerungsbedürftige Krone
pw = erhaltungswürdiger Zahn mit partiellen Substanzdefekten

r = Wurzelstiftkappe
rw = erneuerungsbedürftige Wurzelstiftkappe
sw = erneuerungsbedürftige Suprakonstruktion
t = Teleskop
tw = erneuerungsbedürftiges Teleskop
ur = unzureichende Retention
ww = erhaltungswürdiger Zahn mit weitgehender Zerstörung
x = nicht erhaltungswürdiger Zahn
)(= Lückenschluss

Behandlungsplanung:
A = Adhäsivbrücke (Anker, Spanne)
B = Brückenglied
E = zu ersetzender Zahn
H = gegossene Halte- und Stützvorrichtung
K = Krone
M = Vollkeramische oder keramisch voll verblendete Restauration

O = Geschiebe, Steg etc.
PK = Teilkrone
R = Wurzelstiftkappe
S = implantatgetragene Suprakonstruktion
T = Teleskopkrone
V = Vestibuläre Verblendung

vorläufige Summe ▶
Nachträgliche Befunde:

III. Kostenplanung

| | 1 Fortsetzung | Anz. | 1 Fortsetzung | Anz. |
| 1 BEMA-Nrn. | Anz. | | | |

Euro | Ct

2 Zahnärztliches Honorar BEMA:

3 Zahnärztliches Honorar GOZ: (geschätzt)

4 Material- und Laborkosten: (geschätzt)

5 Behandlungskosten insgesamt: (geschätzt)

Datum/Unterschrift des **Zahnarztes**

V. Rechnungsbeträge (siehe Anlage)

		Euro	Ct
1	ZA-Honorar (BEMA siehe III)		
2	ZA-Honorar zusätzl. Leist. BEMA		
3	ZA-Honorar GOZ		
4	Mat.- und Lab.-Kosten Gewerbl.		
5	Mat.- und Lab.-Kosten Praxis		
6	Versandkosten Praxis		
7	Gesamtsumme		
8	Festzuschuss Kasse		
9	Versichertenanteil		

Gutachterlich befürwortet
☐ ja ☐ nein ☐ teilweise

Eingliederungsdatum:

Herstellungsort bzw. Herstellungsland des Zahnersatzes:

Der Zahnersatz wurde in der vorgesehenen Weise eingegliedert.

Anschrift des **Versicherten**

Datum/Unterschrift und Stempel des **Gutachters**

Datum/Unterschrift des **Zahnarztes**

Vordr. **Z 311/3B** 10.15 · **SCHÜTZ**DRUCK Tel. 05 11/32 73 44 · www.schuetzdruck.de

Bei Handbeschriftung unbedingt in Blockschrift schreiben

Kopiervorlage Heil- und Kostenplan Teil 2

Heil- und Kostenplan Teil 2

Name des Patienten

Zahnarztpraxis

Anlage zum Heil- und Kostenplan vom _____

Für Ihre prothetische Behandlung werden entsprechend nachfolgender Aufstellung voraussichtlich folgende Kosten/Eigenanteile anfallen:

Zahn/Gebiet	GOZ	Leistungsbeschreibung	Anzahl	Betrag EUR

Zahnärztliches Honorar GOZ (entsprechend Zeile III/3 HKP): .... EUR_____

Zahnärztliches Honorar BEMA (entsprechend Zeile III/1 und 2 HKP): .... EUR_____

Material und Laborkosten (entsprechend Zeile III/4 HKP): .... EUR_____

Gesamtkosten (entsprechend Zeile III/5 HKP): .... EUR_____

abzüglich Festzuschüsse: .... EUR_____

Ihr voraussichtlicher Eigenanteil wird hiernach betragen EUR_____

Kosten für allgemeine und konservierend-chirurgische Leistungen nach der GOZ sind in den Beträgen nicht enthalten. Unvorhersehbare Leistungen, die sich im Rahmen der Behandlung ergeben, werden gesondert berechnet. Unvorhersehbare Veränderungen der Schwierigkeit sowie des Zeitaufwandes der einzelnen Leistungen, der Umstände bei der Ausführung oder der Methode können zu Kostenveränderungen führen.

Ich wünsche eine Versorgung entsprechend
des Heil- und Kostenplans nebst dieser Anlage

Datum / Unterschrift des **Zahnarztes**

Datum / Unterschrift des **Versicherten**

Informationen über die Kosten der Regelversorgung

Die Kosten für eine dem Befund entsprechende Regelversorgung liegen voraussichtlich in Höhe des doppelten Festzuschusses.

doppelter Festzuschuss .... EUR_____

abzüglich von der Kasse festgesetzter Festzuschüsse .... EUR_____

Ihr Eigenanteil würde im Falle der Regelversorgung daher voraussichtlich .... EUR_____
zzgl. der möglicherweise anfallenden Edelmetallkosten betragen.

Vordr. 3b (2312/1 2005) SCHÜTZDRUCK Tel. (0511) 32 73 44 · www.schuetzdruck.de

Schriftliche Abschlussprüfung zur/zum Zahnmedizinischen Fachangestellten der Zahnärztekammer Westfalen-Lippe, November 2016

100 Punkte
🕐 150 Minuten

Teil 1: Behandlungsassistenz

Situationsbeschreibung

Terminbuch:

Uhrzeit	Dr. E. Spranger	Dr. St. Specht	Prophylaxe
08:00–08:30	**Hartmut Schneider** 45, 46 Füllungen	**John Miller** Schmerzpatient	**Josef Ligges** PAR-Vorbehandlung
08:30–09:00	**Peter Gut** ZE-Beratung und Interimsversorgung	**Felix Höhler** Osteotomie 38	Hanna Manz IP1, IP2, IP4
09:00–09:30		Ronja Knecht 25, 27 Füllungen 25 evtl. Vit-E	
09:30–10:00	Gisela Hansen Kontrolle, Zahnstein entfernen	Hella Murmann Aufbissschiene	Roger Sattler Professionelle Zahn-reinigung
10:00–10:30	Mia Durm Milchzahnfüllung	Jesco Lauer Aufbaufüllung 14, ZE-Planung	
10:30–11:00	Rosa Stolle Unterfütterung	Manfred Blank Extraktion 26	Knut Kleber Professionelle Zahn-reinigung
11:00–11:30	Thilo Grimm Eingliederung Brücke 14–16	Helga Störmann Nachbehandlung	Leon Wigger Fissurenversiegelung

● ●

Hartmut Schneider (Situation zur 1. bis 4. Aufgabe):

Bei Herrn Schneider sollen heute Füllungen gelegt werden. Am Zahn 45 wird die defekte Füllung (od) erneuert. Der Zahn 46 hat eine sehr tiefe Karies, die mit einer indirekten Überkappung behandelt wird. Herr Schneider hat sich für Amalgamfüllungen entschieden.

● ●

2 Punkte

1. Aufgabe

Was bedeutet „indirekte Überkappung"?

die Indirekte Überkappung, wird zur Vitalerhaltung des gefährdeten Pulpa durgeführt. Zum Schutz des Pulpa wird die Tertiärdentinbildung angeregt, dort wird Ca(OH)₂ als dauerhafte Einlage auf das dentin gegeben.

2 Punkte

2. Aufgabe

Wozu dient die Matrize beim Legen der Füllung am Zahn 45?

die Matrize dient der Wiederherstellung der Zahnform, die Wand des Zahnes 45 muss rekonstruiert werden

8 Punkte

3. Aufgabe

Nennen Sie jeweils zwei Vor- und Nachteile des Füllungswerkstoffes Amalgam.

Vorteil: Hohe mechanische Belastbarkeit, einfache bearbeitung.

Nachteil: Enthält Quecksilber, möglichkeit einer allergie.

3 Punkte

4. Aufgabe

Wie müssen die anfallenden Amalgamreste fachgerecht entsorgt werden?

* Entsorgung nur mit Nachweis durch geeignete Unternehmer.

* Keine Berührung durch ungeschützte Hand.

• •

John Miller (Situation zur 5. bis 7. Aufgabe):

Herr John Miller, 49 Jahre alt, AOK versichert, kommt als Schmerzpatient in die Praxis Dr. Spranger & Dr. Specht. Er war in den vergangenen 12 Jahren beschwerdefrei und seitdem in regelmäßiger zahnärztlicher Behandlung in Ihrer Ausbildungspraxis.

Herr Miller ist gebürtiger Brite, spricht aber recht gut deutsch. Er möchte alles sehr ausführlich erklärt bekommen.

Allgemeingesundheitlich sind außer Herzrhythmusstörungen keine Auffälligkeiten vorhanden. Er nimmt regelmäßig ASS.

Der Zahn 16 hat vor einem Jahr eine direkte Überkappung und eine neue Kunststofffüllung bekommen. Jetzt hat der Patient eine schlaflose, schmerzdurchwachte Nacht hinter sich.

Herr Dr. Specht macht eine Vitalitätsprüfung mit einem Kältespray-Pellet, auf die der Zahn äußerst heftig reagiert. Der Zahn 16 ist außerdem perkussionsempfindlich. Herr Dr. Specht empfiehlt dem Patienten eine Wurzelkanalbehandlung des Zahnes.

• •

2 Punkte

5. Aufgabe

Was bedeutet „perkussionsempfindlich"?

Perkussion - bedeutet abklopfen des Zahnes.
Perkussionsempfindlich, reagiert mit Schmerzen auf das Untersuchungsmethode.

12 Punkte

6. Aufgabe

Beschreiben Sie ausführlich die Durchführung der Vitalexstirpation am Zahn 16 einschließlich der Wurzelkanalfüllung und provisorischem Verschluss.

1. der Zahn 16 wird betäubt (Anästhesiert)
2. nach kurze einwirkungszeit, wird unter Absolute Trockenlegung Zahn 16. Trepaniert.
3. Vitalextirpation, pulpa mit Extirpationsnadel entf.
4. Dann wird Röntgenmessaufnahme gemacht.
5. Wurzelkanalaufbereitung, wird, durch eine speziellen Kanalinstrumenten aufbereitet.
6. Spühlung und trockenlegung
7. Wurzelfüllung mit Guttaperchastift und Wurzelfüllmateriall
8. dann wird Röntgenkontroll aufnahme gemacht.
9. dann wird der Zahn provisorisch versorgt.

1) Anästhesie   -Vitalextirpation
2) Trepanation.
3) Vitalextirpation
4) Röntgenmessaufnahme
5) Wurzelkanalaufbereitung
6) Spühlen und Trocknen
7) Wurzelfüllung
8) Kontrollmessaufnahme
9) Provi

8 Punkte

7. Aufgabe

Sie stechen sich beim Aufräumen des Arbeitsplatzes mit der benutzten Sonde in die linke Hand. Es kommt zu einer punktförmigen Blutung. Welche weiteren Maßnahmen müssen Sie nun zur Postexpositionsprophylaxe durchführen?

Postexpositionsprophylaxe - maßnahme zur Vorbeugung Inf nach einer direkten Kontakt mit Erregerhaltiger materialien.

Maßnahme : Wunde gut bluten lassen, desinfee.
: Dokumentation ins Verbandsbuch
: Vorstellung beim Durchgangsarzt.

• •

Josef Ligges (Situation zur 8. bis 11. Aufgabe):

Schon bei seinem letzten Besuch vor einem halben Jahr in der Praxis Dr. Spranger & Dr. Specht ist Herrn Ligges eine Parodontalbehandlung angeraten worden. Jetzt soll bei ihm die Parodontal-Vorbehandlung durchgeführt werden. Heute wird bei Herrn Ligges gründlich Zahnstein entfernt und eine Mundhygieneunterweisung durchgeführt. Die ZMP Monika Engel bestimmt den API.

• •

8. Aufgabe

Der Patient führt bisher eine unzureichende häusliche Mundhygiene durch. Die ZMP Monika Engel erhebt heute den API.

4 Punkte

a) Beschreiben Sie die Durchführung.

_____

_____

_____

1 Punkt

b) Frau Engel stellt 16 positive Messungen bei 23 möglichen Messpunkten fest. Welcher API-Wert ergibt sich?

Ablesetabelle:
Suchen Sie die Summe der positiven Plaque-Messungen in der Zeile „Interdentale Plaque" (oben oder unten waage-recht). Dann fixieren Sie die Messpunktzahl (links senkrecht). Im Schnittkreuz beider Werte lesen Sie den Plaque-Index in % ab.

Anzahl der Messpunkte	Interdentale Plaque (Summe der gesamten positiven Plaque-Messungen)																												
	1	2	3	4	5	6	7	8	9	10	11	12	13	14	15	16	17	18	19	20	21	22	23	24	25	26	27	28
1	100																											
2	50	100																										
3	33	67	100																									
4	25	50	75	100																								
5	20	40	60	80	100																							
6	16	33	50	67	84	100																						
7	14	29	43	57	72	86	100																					
8	13	25	38	50	63	75	88	100																				
9	11	22	33	45	56	67	78	89	100																			
10	10	20	30	40	50	60	70	80	90	100																		
11	9	18	27	36	46	55	64	73	82	91	100																	
12	8	17	25	33	42	50	59	67	75	83	92	100																
13	8	15	23	31	39	46	54	62	69	77	85	92	100															
14	7	14	21	28	36	43	50	57	64	72	79	86	93	100														
15	7	13	20	27	33	40	47	53	60	67	73	80	87	93	100													
16	6	13	19	25	31	38	44	50	56	63	69	75	81	88	94	100												
17	6	12	18	24	29	35	41	47	53	59	65	71	76	82	88	94	100											
18	6	11	17	22	28	33	39	44	50	56	61	67	72	78	83	89	94	100										
19	5	11	16	21	26	32	37	42	47	53	58	63	68	74	79	84	89	95	100									
20	5	10	15	20	25	30	35	40	45	50	55	60	65	70	75	80	85	90	95	100								
21	5	10	14	19	24	29	33	38	43	48	52	57	62	67	71	76	81	86	91	95	100							
22	5	9	14	18	23	27	32	36	41	46	50	55	59	64	68	73	77	82	86	91	95	100						
23	4	9	13	17	22	26	30	35	39	43	48	52	57	61	65	70	74	79	83	87	92	96	100					
24	4	8	13	17	21	25	29	33	38	42	46	50	54	58	63	67	71	75	79	83	88	92	96	100				
25	4	8	12	16	19	24	27	31	35	39	42	46	52	56	60	64	68	73	77	81	85	88	92	96	100			
26	4	8	12	15	19	23	27	31	35	38	42	46	50	54	58	62	70	73	77	81	85	88	92	96	100			
27	4	7	11	15	19	22	26	30	33	38	41	45	48	52	56	59	63	67	70	74	78	82	85	89	93	96	100	
28	4	7	11	14	18	21	25	29	32	36	39	43	46	50	54	57	61	64	68	72	75	79	82	86	89	93	97	100
	1	2	3	4	5	6	7	8	9	10	11	12	13	14	15	16	17	18	19	20	21	22	23	24	25	26	27	28
	Interdentale Plaque (Summe der gesamten positiven Plaque-Messungen)																												

3 Punkte

9. Aufgabe

Nennen Sie drei weitere Zahnbelagsarten außer Plaque/Biofilm.

- Food debris
- materia alba
- Zahnstein Plaque
- Konkremente.

10. Aufgabe

1 Punkt

a) Welche Zahnputztechnik ist bei Herrn Ligges sinnvoll?

bei der Plaque gefährdeten Pat : Bass-Technick.

4 Punkte

b) Erklären Sie dem Patienten die entsprechende Zahnputztechnik.

*• Zahnbürste im 45° Winkel Richtung
Sulkus ansetzen.*
• Kleine rüttelnde Bewegungen
• Auswischbewegung zur Zahnkronehin.

4 Punkte

11. Aufgabe

Herr Ligges hat einen auffällig starken Speichelfluss.
Nennen Sie zwei Speicheldrüsen auf Deutsch und im Fachwort!

Ohrspicheldrüse gl. Parotis
Unterzungenspicheldrüse gl. sublingualis
Unterkieferspeicheldrüse. gl. mandibularis.

Peter Gut (Situation zur 12. bis 14. Aufgabe):

Herr Peter Gut, 64 Jahre alt, Staatsanwalt, privat versichert bei der Gothaer Krankenversicherung sowie beihilfeberechtigt, kommt in Ihre Praxis, da er vor einer halben Stunde gestürzt ist. Dabei sind die Zähne 11 und 12 vollständig verloren gegangen.
Der Patient war in den letzten 15 Jahren nicht in zahnärztlicher Behandlung. Seine häuslichen Mundhygienemaßnahmen führt der Patient zufriedenstellend durch.
Herr Gut ist Gelegenheitsraucher. Ansonsten ist seine allgemeinmedizinische Anamnese unauffällig.
Herr Dr. Spranger erhebt folgenden Befund.

f						f	f								f
8	7	6	5	4	3	2	1	1	2	3	4	5	6	7	8
f			)(												f

Zahnstein [X]   MU [X]

Auf dem heute angefertigten Orthopantomogramm werden keine apikalen Auffälligkeiten entdeckt. Die Zähne 41 und 42 sind wurzelgefüllt.
Die Zähne 11 und 12 sind vollständig aus der Alveole entfernt.

6 Punkte

12. Aufgabe

Der Patient hat die Blutung durch häusliche Maßnahmen gestillt. Frau Dr. Spranger ordnet die Anfertigung eines OPGs an. In der Praxis wird digital geröntgt.
Beschreiben Sie die Durchführung dieser Aufnahme. (Information: Die Praxis verfügt über digitale Röntgentechnik.)

1) Anamnese. (Schwangerschaft, Röntgenpass usw?)
2) Schmuck, prothese ablegen.
3) Röntgenschürze anlegen.
4) Patienten ins Gerät stellen.
5) Pat auf Beißhilfe aufbeißen lassen.
6) Kopf einstellen
7) Stirnhaltirung fixiren
8) Aufnahme auslösen
9) Rö-Schürze abnehmen
10) Wischdesinfektion durchführen.
11) Dokeumentation.

13. Aufgabe

Die entstandene Lücke wird durch eine Interimsprothese versorgt. Erklären Sie Herrn Gut,

2 Punkte

a) was man unter einer Interimsprothese versteht, und

Übergangsprothese, welche später über definitiven Zahnersatz ersetzt wird.

6 Punkte

b) beschreiben Sie in Stichworten den Behandlungsablauf in den erforderlichen Sitzungen. Nennen Sie auch die jeweils benötigten Instrumente und Materialien.

1. Sitzung Abf.: OK/UK + Abf + Biss
Grundbesteck, Abf. Löffel, Messzylinder, Messlöffel
Alginatpulver, Kaltewasser, Anmischbecher
Anmischspatel, Abf.desinfektionsbad. usw. (1,5 Tag +c)

2. Sitzung: Eingliederung.   3. Sitzung
Interimsprothese ins.   Kontrolle
Grundbesteck,   Grundbesteck
Okklusionskontrolle + Okklusionspflege   Okklusions pfder
Pflege hinweise.   Polieren.
Documentation.

10 Punkte

14. Aufgabe

Bei Herrn Gut wird als endgültige Versorgung eine voll verblendete VMK-Brücke von 13 nach 22 geplant

Beschreiben Sie ausführlich die Durchführung der Präparationssitzung. Geben Sie dabei die benötigten Instrumente und Materialien in logischer Reihenfolge an.

1) Anästesie
2) Abf. für das Gelenkkiefes. (OK/UK) + Farb auswahl)
3) Präparation (
4) Verdrängung der gingiva, durch Retraxions-
-fäden.
5) Präzisionsabf.
6) Bissnahme.
7) Abf. für Provie
8) Abf wird ins Labo geschrieben.
9) Hygienemaßnahe nach der Behandlung
10) Documentation.

. . . .

Felix Höhler (Situation zur 15. bis 18. Aufgabe):

Felix Höhler ist 20 Jahre alt. Vor 4 Jahren wurde seine kieferorthopädische Behandlung abgeschlossen. In der letzten Woche wurde ein OPG angefertigt. Der Zahn 38 ist teil-retiniert und soll heute durch Osteotomie von Dr. Specht entfernt werden. Die Aufklärung des Patienten erfolgte in der vergangenen Woche. Seine Einverständniserklärung zum ge-planten Eingriff liegt vor.

Herr Höhler ist gegen Penicillin allergisch und leidet unter Hypotonie.

. . . .

10 Punkte

15. Aufgabe

Beschreiben Sie stichwortartig den Ablauf der Osteotomie mit Angabe der benötigten Instrumente und Materialien in logischer Reihenfolge.

1) Anästhesie : Spritze, Kanüle, Anästetikum
2) Inzision : Skalpell
3) Bildung eines Mukoperostlappen : Rasparatorium
4) Abtragung von Knochen : Fräse, sterille Rosenbohrer
5) Teilung des Zahnes : Lindemann-Fräse.
6) Lockerung und Entf. des Zahns | Klemme, scharfe Löffel.
    Hebel. | Entf. Zahnsäckchen
8) Glätten des Knochens : Luaerschef Zange.
9) Naht | Nadel, Nadelhalter, Faden
10) PSA. + sterill. Schere.

3 Punkte

16. Aufgabe

Bei diesem chirurgischen Eingriff werden sterile Instrumente verwendet. Wie wurden diese ordnungsgemäß gelagert? Nennen Sie drei Aspekte.

○ Lagerung im Behandlungszimmer.
○ Staubdichte Lagerung
○ Lagerfristen beobachten.

1 Punkt

17. Aufgabe

Mit welcher Komplikation müssen Sie bei Herrn Höhler aufgrund der Anamnese hier rechnen?

Hypotonie - höhe Blutdruck, man muss mit einem Kollaps gerechnet sein. (Blässe, kalter Schweiß. ZA und ZFA sollen sich für die Sofort--maßnahmen vorbereitet sein.

8 Punkte

18. Aufgabe

Das verwendete Raspatorium muss entsprechend der aktuellen Hygienerichtlinien aufbereitet werden.

Nennen Sie alle dazu erforderlichen Arbeitsschritte. In der Praxis wird ein validierter Thermodesinfektor benutzt.

Rasparatorium: Kritisch A.

- Trocknung, Entsorgung, mit grober Vorreinigung.
- Reinigung und Desinfektion im RDA.
- Sichtkontrolle und Pflege.
- Verpackung
- Sterilisation
- Kontrolle und Freigabe
- Dokumentation, Freigabe.

100 Punkte
① 60 Minuten

Teil 2: Wirtschafts- und Sozialkunde

1. Aufgabe

• •

Situation 1

Da die Zahnarztpraxis Dr. Spranger & Dr. Specht noch eine weitere Auszubildende benötigt, hat sich Nicole Schneider, geb. am 13.02.1999, recht kurzfristig auf die Stellenanzeige beworben und kann nun zum 01.12.2016 eine Ausbildung zur Zahnmedizinischen Fachangestellten in der Praxis beginnen. Frau Dr. Spranger bittet Frau Liebich (Fachwirtin für Zahnärztliches Praxismanagement), den Ausbildungsvertrag vorzubereiten, und bestellt Nicole und ihre Eltern für die nächste Woche zum Unterschreiben des Vertrages in die Praxis.

Obwohl Nicole sich sehr über die Zusage freut, ist sie auch noch etwas unsicher, ob der Beruf wirklich zu ihr passt.

• •

4 Punkte

1.1 a) Erklären Sie, warum Nicole Schneider den Ausbildungsvertrag ohne ihre Eltern nicht rechtswirksam abschließen kann.

_____

_____

_____

4 Punkte

b) Erklären Sie die Bedeutung der Probezeit eines Ausbildungsverhältnisses.

_____

_____

_____

8 Punkte

c) Erklären Sie, wie Nicole Schneider nach Abschluss des Vertrages die Ausbildung beenden kann, wenn sie feststellt, dass ihr der Beruf nicht gefällt. (2 Erklärungen)

_____

_____

_____

_____

4 Punkte

1.2 Nennen Sie vier Inhalte, die ein Berufsausbildungsvertrag enthalten muss.

_____

_____

_____

_____

4 Punkte

1.3 Berechnen Sie, wie viele Urlaubstage (Werktage) Nicole für das Jahr 2016 nach dem JArbSchG zustehen. (**siehe Anlage 1**)

4 Punkte

1.4 Erklären Sie die Zielsetzung des Jugendarbeitsschutzgesetzes.

Anlage 1 (Auszug aus dem Jugendarbeitsschutzgesetz (JArbSchG))

[...]

13. Erholungsurlaub (§ 19)

Der Arbeitgeber hat dem Jugendlichen unter Fortzahlung der Ausbildungsvergütung (des Arbeitsentgeltes) für jedes Urlaubsjahr folgenden Urlaub zu gewähren: Mindestens 30 Werktage, wenn der Jugendliche zu Beginn des Kalenderjahres noch nicht 16 Jahre alt ist, mindestens 27 Werktage, wenn der Jugendliche zu Beginn des Kalenderjahres noch nicht 17 Jahre alt ist, mindestens 25 Werktage, wenn der Jugendliche zu Beginn des Kalenderjahres noch nicht 18 Jahre alt ist.

Werktage sind alle Arbeitstage einschließlich Samstage, ausschließlich Sonn- und Feiertage. Als Urlaubsjahr gilt das Kalenderjahr.

[...]

Hinweis aus dem „Merkblatt zur Einstellung von auszubildenden Zahnmedizinischen Fachangestellten" der ZÄK WL

[...] Der volle Urlaubsanspruch entsteht erstmals bei einer mehr als 6-monatigen Beschäftigungsdauer in einem Kalenderjahr. Anspruch auf jeweils ein Zwölftel des Jahresurlaubs für jeden vollen Beschäftigungsmonat besteht, wenn eine Beschäftigungsdauer von mehr als 6 Monaten in einem Kalenderjahr nicht erreicht wird. Bruchteile von Urlaubstagen, die mindestens einen halben Tag ergeben, sind auf volle Urlaubstage aufzurunden. [...]

eigene Zusammenstellung nach https://www.weingarten.ihk.de/recht/Arbeitsrecht/Rechtsfragen_im_Arbeitsverhaeltnis/Was_der_Arbeitgeber_zum_Urlaubsanspruch_wissen_muss/1942778

2. Aufgabe

Situation 2

Franziska Spatz, Praxismanagerin in der Zahnarztpraxis Dr. Spranger & Dr. Specht, ist schwanger. Als voraussichtlicher Entbindungstermin wurde der 8. Juli 2017 berechnet. Bisher hat sie in der Praxis noch niemandem davon erzählt. Sie will das aber sofort nach ihrem dreiwöchigen Urlaub nachholen und auch den Beginn ihres Mutterschutzes mitteilen. Da sie sehr gerne berufstätig ist und auch den Anschluss an den beruflichen Alltag nicht verlieren will, plant sie, vier Wochen nach der Geburt ihre Tätigkeit in der Praxis wieder aufzunehmen.

6 Punkte **2.1** Erklären Sie, wann der Mutterschutz von Franziska Spatz beginnt und endet. Geben Sie jeweils auch das exakte Datum an. (**siehe Anlage 2**)

_____

_____

_____

4 Punkte **2.2** Erklären Sie, ob Franziska Spatz vier Wochen nach der Geburt wieder arbeiten darf.

_____

_____

_____

8 Punkte **2.3** Nennen Sie vier Tätigkeiten, die Franziska Spatz bis zum Mutterschutzbeginn ausüben darf.

_____

_____

_____

_____

Situationserweiterung

Als Franziska Spatz heute Mittag ihre Post öffnet, erfährt sie, dass ihr zum 31.12.2016 gekündigt wird.

4 Punkte **2.4** Erklären Sie, warum Franziska Spatz unverzüglich den Praxisinhabern die Schwangerschaft mitteilen sollte.

_____

_____

_____

Anlage 2: Jahreskalender 2017

	Januar	Februar	März	April	Mai	Juni	Juli	August	September	Oktober	November	Dezember
1	So Neujahr	Mi	Mi	Sa	Mo Tag der Arbeit (18)	Do	Sa	Di	Fr	So	Mi	Fr
2	Mo (1)	Do	Do	So	Di	Fr	So	Mi	Sa	Mo (40)	Do	Sa
3	Di	Fr	Fr	Mo (14)	Mi	Sa	Mo (27)	Do	So	Di Tag der Dt. Einheit	Fr	So
4	Mi	Sa	Sa	Di	Do	So	Di	Fr	Mo (36)	Mi	Sa	Mo (49)
5	Do	So	So	Mi	Fr	Mo Pfingstmontag (23)	Mi	Sa	Di	Do	So	Di
6	Fr	Mo (6)	Mo (10)	Do	Sa	Di	Do	So	Mi	Fr	Mo (45)	Mi
7	Sa	Di	Di	Fr	So	Mi	Fr	Mo (32)	Do	Sa	Di	Do
8	So	Mi	Mi	Sa	Mo (19)	Do	Sa	Di	Fr	So	Mi	Fr
9	Mo (2)	Do	Do	So	Di	Fr	So	Mi	Sa	Mo (41)	Do	Sa
10	Di	Fr	Fr	Mo (15)	Mi	Sa	Mo (28)	Do	So	Di	Fr	So
11	Mi	Sa	Sa	Di	Do	So	Di	Fr	Mo (37)	Mi	Sa	Mo (50)
12	Do	So	So	Mi	Fr	Mo (24)	Mi	Sa	Di	Do	So	Di
13	Fr	Mo (7)	Mo (11)	Do	Sa	Di	Do	So	Mi	Fr	Mo (46)	Mi
14	Sa	Di	Di	Fr Karfreitag	So	Mi	Fr	Mo (33)	Do	Sa	Di	Do
15	So	Mi	Mi	Sa	Mo (20)	Do	Sa	Di	Fr	So	Mi	Fr
16	Mo (3)	Do	Do	So Ostern	Di	Fr	So	Mi	Sa	Mo (42)	Do	Sa
17	Di	Fr	Fr	Mo Ostermontag (16)	Mi	Sa	Mo (29)	Do	So	Di	Fr	So
18	Mi	Sa	Sa	Di	Do	So	Di	Fr	Mo (38)	Mi	Sa	Mo (51)
19	Do	So	So	Mi	Fr	Mo (25)	Mi	Sa	Di	Do	So	Di
20	Fr	Mo (8)	Mo (12)	Do	Sa	Di	Do	So	Mi	Fr	Mo (47)	Mi
21	Sa	Di	Di	Fr	So	Mi	Fr	Mo (34)	Do	Sa	Di	Do
22	So	Mi	Mi	Sa	Mo (22)	Do	Sa	Di	Fr	So	Mi	Fr
23	Mo (4)	Do	Do	So	Di	Fr	So	Mi	Sa	Mo (43)	Do	Sa
24	Di	Fr	Fr	Mo (17)	Mi	Sa	Mo (30)	Do	So	Di	Fr	So
25	Mi	Sa	Sa	Di	Do Himmelfahrt (Vatertag)	So	Di	Fr	Mo (39)	Mi	Sa	Mo 1. Weihnacht. (52)
26	Do	So	So	Mi	Fr	Mo (26)	Mi	Sa	Di	Do	So	Di 2. Weihnacht.
27	Fr	Mo (9)	Mo (13)	Do	Sa	Di	Do	So	Mi	Fr	Mo (48)	Mi
28	Sa	Di	Di	Fr	So	Mi	Fr	Mo (35)	Do	Sa	Di	Do
29	So		Mi	Sa	Mo	Do	Sa	Di	Fr	So	Mi	Fr
30	Mo (5)		Do	So	Di	Fr	So	Mi	Sa	Mo (44)	Do	Sa
31	Di		Fr		Mi		Mo (31)	Do		Di Reformationstag		So

3. Aufgabe

• •

Situation 3

Stefanie Krämer, geb. am 09.07.1995, ledig, römisch-katholisch und kinderlos, ist seit November 2016 in der Zahnarztpraxis Dr. Spranger & Dr. Specht angestellt. Frau Krämer wird nach Tarif vergütet und erhält darüber hinaus einen Arbeitgeberanteil zu den vermögenswirksamen Leistungen in Höhe von 15,00 €. **(siehe Anlage 3)**

• •

10 Punkte

3.1 Berechnen Sie die Kirchensteuer, den Solidaritätszuschlag sowie die Beiträge für die Kranken- und Pflegeversicherung, die von Frau Krämer zu entrichten sind. Frau Krämers Krankenversicherung erhebt einen Zusatzbeitrag von 1,1 %. **(siehe Anlage 3)**

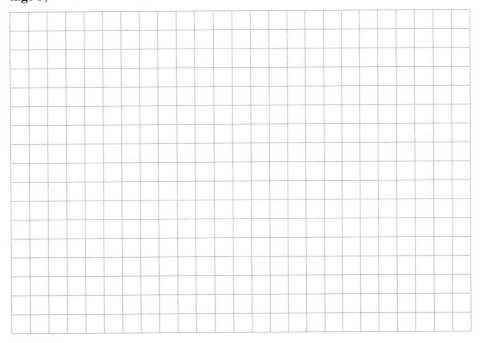

4 Punkte

3.2 a) Geben Sie an, wovon die Höhe der einbehaltenen Lohnsteuer abhängt. (2 Nennungen)

_____

_____

_____

4 Punkte

b) Erklären Sie, was mit dem Differenzbetrag von Frau Krämers Nettoeinkommen und Auszahlungsbetrag passiert.

_____

_____

_____

4 Punkte

3.3 a) Erklären Sie, ob Arbeitnehmer*innen grundsätzlich Anspruch auf die in Tarifverträgen getroffenen Vereinbarungen haben.

_____

_____

_____

6 Punkte

b) Nennen Sie je 2 Inhalte eines Mantel- und Vergütungstarifvertrages.

_____

_____

_____

_____

_____

_____

Anlage 3

Informationen zur Gehaltsabrechnung 2016

Kirchensteuer	9,0 %	
Solidaritätszuschlag	5,5 %	
Krankenversicherung	14,6 %*	
Rentenversicherung	18,7 %	
Arbeitslosenversicherung	3,0 %	
Pflegeversicherung	2,35 %**	

* Arbeitnehmer zahlen einen Zusatzbeitrag, den die jeweilige Krankenversicherung selbst festlegen kann.

** Kinderlose Arbeitnehmer über 23 Jahre zahlen zusätzlich zu ihrem Anteil 0,25 %.

Abrechnungsschema / Gehaltsabrechnung

Bruttogehalt	1.794,00 €
+ VL	15,00 €
= sozialversicherungspflichtiges Einkommen	1.809,00 €
– Lohnsteuer	155,58 €
– Kirchensteuer	
– Solidaritätszuschlag	
– KV	
– PV	
– RV	169,14 €
– AV	27,14 €
= Nettoeinkommen	1.261,36 €
– VL / Sparrate	35,00 €
= Auszahlungsbetrag	1.226,36 €

4. Aufgabe

• •

Situation 4

Als Frau Liebich (Fachwirtin für Zahnärztliches Praxismanagement) heute Morgen die Mahnkartei (Liste mit unbezahlten Liquidationen) überprüft, stellt sie fest, dass der Privat-patient Egon Müller seine Liquidation in Höhe von 1.584,90 € vom 23.11.2015 immer noch nicht bezahlt hat. Leider ist der Patient wegen seiner schlechten Zahlungsmoral in der Praxis schon häufiger aufgefallen. Er konnte aber bisher stets zur Zahlung bewegt werden, ohne dass gerichtliche Schritte eingeleitet werden mussten. Deshalb telefoniert Frau Liebich heute noch mit dem Patienten und dieser verspricht, die Liquidation kurz-fristig zu bezahlen.

• •

4 Punkte **4.1** a) Erklären Sie, wann diese Forderung gemäß BGB verjährt.

_____

_____

4 Punkte b) Erklären Sie die Bedeutung der Verjährung.

_____

_____

4 Punkte **4.2** Erklären Sie, welche gerichtlichen Schritte die Zahnarztpraxis ergreifen könnte. (1 Erklärung)

_____

_____

• •

Situationserweiterung

Kurz nach dem Telefonat erscheint Herr Müller tatsächlich in der Praxis und bekundet in einem persönlichen Gespräch mit Herrn Dr. Specht seine generelle Zahlungsbereitschaft. Er bietet an, sofort 2/3 des Liquidationsbetrages in bar zu zahlen. Die verbleibende Sum-me wird er nach Absprache mit Herrn Dr. Specht zu gleichen Teilen in den folgenden drei Monaten begleichen.

• •

6 Punkte **4.3** Berechnen Sie, wie hoch die jeweilige Rate in den drei Monaten ist.

4 Punkte **4.4** Erklären Sie, welche Auswirkung die erste Teilzahlung von Herrn Müller auf die Verjährungsfrist hat.

_____

_____

418 Punkte
🕐 **90 Minuten**

Teil 3: Abrechnungswesen

Hinweis: Bitte beachten Sie bei der Bearbeitung des Heil- und Kostenplans den Punktwert von 0,8605 und die Abrechnungshilfe, Stand: April 2016 auf dem Ausklappbogen.

Situation

Das Terminbuch der Praxis Dr. Spranger & Dr. Specht sieht für den heutigen Tag unter anderem folgende Behandlungen vor:

Freitag – 25. November 2016			
Uhrzeit	**Patient**	**Krankenkasse**	**Behandlung**
8:00 h	Frank, Henriette	Privat	Beschwerden
8:30 h	Rossi, Paolo	AOK Nordwest	ZE-Beratung
9:00 h	Werding, Juliane	Privat	Aufbaufüllung
10:00 h	Römer, Bettina	BARMER GEK	01
10:30 h	Fichtner, Christina	IKK Classic	ZE-Beratung
11:00 h	Schulz, Johannes	Privat	Kontrolle vor seinem Urlaub
11:30 h	Darkim, Ahmet	BARMER GEK	Nahtentfernung
12:00 h	Käfer, Martha	BKK Bertelsmann	ZE-Beratung
12:30 h	Winkler, Egon	Techniker Krankenkasse	Druckstelle
13:00 h	Wilczek, Manuela	AOK Nordwest	Eigenanteilsrechnung

Die Stiftkosten in der Praxis Dr. Spranger & Dr. Specht betragen je parapulpärem Stift 2,40 €.

1. Privatpatientin

Situation

Henriette Frank, Privatpatientin, 26 Jahre alt, erscheint mit starken Schmerzen unten links.

Zahn	Behandlung
regio 48	Lokale Untersuchung
	Orthopantomogramm angefertigt, Befund: 47 tief zerstört; 48 extrem verlagert; 11, 24, 36 kariös; 14 apikale Aufhellung
	Beratung über die bevorstehende chirurgische Behandlung
47, 48	Oberflächenanästhesie und Leitungsanästhesie
47	Entfernung des tieffrakturierten Zahnes, Naht
48	Entfernung des Zahnes durch umfangreiche Osteotomie bei anatomisch gefährdeten Nachbarstrukturen
48	erneute Leitungsanästhesie während der Osteotomie erforderlich wegen langer Dauer, zwei Nähte
	Schmerztabletten, Arbeitsunfähigkeitsbescheinigung und Verhaltensmaßregeln erläutert und mitgegeben
	21:15 Uhr außerhalb der Sprechstunde
	Telefonische Beratung durch Dr. Specht wegen leichter Nachblutung, Frau Frank soll morgen früh direkt in die Praxis kommen.

Auftrag:

36 Punkte   Tragen Sie die abrechnungsfähigen Leistungen in die folgende Tabelle ein.

Datum	Zahn	Gebührennummer	Anzahl

2. Kassenpatient

• •

Situation

Herr Paolo Rossi wird heute zum ZE-Beratungsgespräch erwartet. Er trägt unbrauchbare Prothesen, die Versorgungen sind 11 Jahre alt. Deshalb bittet Herr Dr. Specht Sie, den Heil- und Kostenplan für die Neuversorgungen zu erstellen. Herr Rossi, versichert bei der AOK Nordwest, war 2010 nicht zur zahnärztlichen Vorsorgeuntersuchung. Die Notwendigkeit für Teleskopkronen ist in beiden Kiefern gegeben.

• •

Auftrag:

50 Punkte

Erstellen Sie den Heil- und Kostenplan Teil 1 und Teil 2 (s. Anlagen). Verzichten Sie auf das Ausrechnen.

Befund:

18–14, 26–28,	
36–38, 46–48	ersetzte, aber erneuerungsbedürftige Zähne
13	erneuerungsbedürftige Teleskopkrone
25	nicht erhaltungswürdiger Zahn
24	unzureichende Retention
34, 35, 44, 45	erhaltungswürdige Zähne mit weitgehender Zerstörung

Planung:

OK, UK	Planungsmodelle
OK	Abdruck mit dem individuellen Löffel
OK	Modellgussprothese zum Ersatz der bereits ersetzten Zähne und des nicht erhaltungswürdigen Zahnes 25
13, 24	voll verblendete Teleskopkronen
UK	Abdruck mit dem individuellen Löffel
34, 35, 44, 45	voll verblendete Teleskopkronen
UK	Modellgussprothese zum Ersatz der bereits ersetzten Zähne
13, 24, 34, 35, 44, 45	provisorische Kronen

Anlagen: siehe folgende Seiten

Anlage: Planung HKP Teil 1

Name der Krankenkasse	Erklärung des Versicherten	Lfd.-Nr.

AOK Nordwest

Name, Vorname des Versicherten

Rossi, Paolo   geb. am

18.12.1951

Ich bin bei der genannten Krankenkasse versichert. Ich bin über Art, Umfang und Kosten der Regel-, der gleich- und andersartigen Versorgung sowie über den voraussichtlichen Herstellungsort bzw. das voraussichtliche Herstellungsland des Zahnersatzes _____ aufgeklärt worden und wünsche die Behandlung entsprechend dieses Kostenplanes.

Datum/Unterschrift des **Versicherten**

Stempel des Zahnarztes

Kassen-Nr.	Versicherten-Nr.	Status

Vertragszahnarzt-Nr.	VK gültig bis	Datum

Heil- und Kostenplan

Hinweis an den Versicherten:
Bonusheft bitte zur Zuschussfestsetzung beifügen.

I. Befund des gesamten Gebisses/Behandlungsplan   TP = Therapieplanung   R = Regelversorgung   B = Befund

Art der Versorgung

TP	E	E	E	E	E	TM					TM	E	E	E	E
R	E	E	E	E	E	TV					TV	E	E	E	E
B	ew	ew	ew	ew	ew	kw					kt	X	ew	ew	ew
	18	17	16	15	14	13	12	11	21	22	23	24	25	26	27	28
	48	47	46	45	44	43	42	41	31	32	33	34	35	36	37	38
B	ew	ew	ew		ww					ww	ww	ew	ew	ew
R	E	E	E	T	TV					TV	T	E	E	E
TP				TX	TM					TX	TM			

Der Befund ist bei Wiederherstellungs-maßnahmen nicht auszufüllen!

Bemerkungen (bei Wiederherstellung Art der Leistung)

II. Befunde für Festzuschüsse

(Spalten 1-3 vom Zahnarzt auszufüllen)

Befund Nr.1	Zahn/Gebiet 2	Anz. 3
31	UK	1
3.1	OK	1
3.2	B, 24	2
4.7	13, 24	2
11		

vorläufige Summe ▶

Nachträgliche Befunde:

IV. Zuschussfestsetzung

Betrag Euro	Ct

Die Krankenkasse übernimmt die nebenstehenden Festzuschüsse, höchstens jedoch die tatsächlichen Kosten. Voraussetzung ist, dass der Zahnersatz innerhalb von 6 Monaten in der vorgesehenen Weise eingegliedert wird.

Datum, Unterschrift
und Stempel der Krankenkasse

Hinweis:

☐ % Vorsorge-Bonus ist bereits in den Festzuschüssen enthalten.

☐ Es liegt ein Härtefall vor.

Unfall oder Unfallfolgen/ Berufskrankheit	Interimsversorgung	Unbrauchbare Prothese/Brücke/Krone	
Versorgungsleiden	Immediatversorgung	Alter ca.	Jahre	NEM

Erläuterungen

Befund (Kombinationen sind zulässig)

a = Adhäsivbrücke (Anker, Spanne)
b = Brückenglied
e = ersetzter Zahn
ew = ersetzter, aber erneuerungsbedürftiger Zahn
f = fehlender Zahn
i = Implantat mit intakter Suprakonstruktion
ix = zu entfernendes Implantat
k = klinisch intakte Krone
kw = erneuerungsbedürftige Krone
pw = erhaltungswürdiger Zahn mit partiellen Substanzdefekten

r = Wurzelstiftkappe
rw = erneuerungsbedürftige Wurzelstiftkappe
sw = erneuerungsbedürftige Suprakonstruktion
t = Teleskop
tw = erneuerungsbedürftiges Teleskop
ur = unzureichende Retention
ww = erhaltungswürdiger Zahn mit weitgehender Zerstörung
x = nicht erhaltungswürdiger Zahn
)(= Lückenschluss

Behandlungsplanung:

A = Adhäsivbrücke (Anker, Spanne)
B = Brückenglied
E = zu ersetzender Zahn
H = gegossene Halte- und Stützvorrichtung
K = Krone
M = Vollkeramische oder keramisch voll verblendete Restauration

O = Geschiebe, Steg etc.
PK = Teilkrone
R = Wurzelstiftkappe
S = implantatgetragene Suprakonstruktion
T = Teleskopkrone
V = Vestibuläre Verblendung

III. Kostenplanung

Bei Handbeschriftung unbedingt in Blockschrift schreiben

1 BEMA-Nrn.	Anz.	1 Fortsetzung	Anz.	1 Fortsetzung	Anz.
76	1	98g	2		
98a	2				
19	6		Euro	Ct
9c6	5			
96c	1			

✓

	Euro	Ct
2 Zahnärztliches Honorar BEMA:		
3 Zahnärztliches Honorar GOZ: (geschätzt)		
4 Material- und Laborkosten: (geschätzt)		
5 Behandlungskosten insgesamt: (geschätzt)		

Datum/Unterschrift des **Zahnarztes**

13 f   ,44, 34,55
5040.

V. Rechnungsbeträge (siehe Anlage)

		Euro	Ct
1	ZA-Honorar (BEMA siehe III)		
2	ZA-Honorar zusätzl. Leist. BEMA		
3	ZA-Honorar GOZ		
4	Mat.- und Lab.-Kosten Gewerbl.		
5	Mat.- und Lab.-Kosten Praxis		
6	Versandkosten Praxis		
7	Gesamtsumme		
8	Festzuschuss Kasse		
9	Versichertenanteil		

Gutachterlich befürwortet
☐ ja   ☐ nein   ☐ teilweise

Eingliederungs-datum:

Herstellungsort bzw. Herstellungsland des Zahnersatzes:

Der Zahnersatz wurde in der vorgesehenen Weise eingegliedert.

Datum/Unterschrift und Stempel des **Gutachters**

Datum/Unterschrift des **Zahnarztes**

Anschrift des **Versicherten**

Vordr. Z 311/3B 10.15 SCHÜTZDRUCK Tel. 05 11/32 73 44 · www.schuetzdruck.de

Anlage: Planung HKP Teil 2

Heil- und Kostenplan Teil 2

Name des Patienten

Rossi, Paolo

Zahnarztpraxis

Anlage zum Heil- und Kostenplan vom _____

Für Ihre prothetische Behandlung werden entsprechend nachfolgender Aufstellung voraussichtlich folgende Kosten/Eigenanteile anfallen:

Zahn/Gebiet	GOZ	Leistungsbeschreibung	Anzahl	Betrag EUR

Zahnärztliches Honorar GOZ (entsprechend Zeile III/3 HKP): .... EUR_____

Zahnärztliches Honorar BEMA (entsprechend Zeile III/1 und 2 HKP): .... EUR_____

Material und Laborkosten (entsprechend Zeile III/4 HKP): .... EUR_____

Gesamtkosten (entsprechend Zeile III/5 HKP): .... EUR_____

abzüglich Festzuschüsse: .... EUR_____

Ihr voraussichtlicher Eigenanteil wird hiernach betragen EUR_____

Kosten für allgemeine und konservierend-chirurgische Leistungen nach der GOZ sind in den Beträgen nicht enthalten. Unvorhersehbare Leistungen, die sich im Rahmen der Behandlung ergeben, werden gesondert berechnet. Unvorhersehbare Veränderungen der Schwierigkeit sowie des Zeitaufwandes der einzelnen Leistungen, der Umstände bei der Ausführung oder der Methode können zu Kostenveränderungen führen.

Ich wünsche eine Versorgung entsprechend
des Heil- und Kostenplans nebst dieser Anlage

_____
Datum / Unterschrift des **Zahnarztes**

_____
Datum / Unterschrift des **Versicherten**

Informationen über die Kosten der Regelversorgung

Die Kosten für eine dem Befund entsprechende Regelversorgung liegen voraussichtlich in Höhe des doppelten Festzuschusses.

doppelter Festzuschuss .... EUR_____

abzüglich von der Kasse festgesetzter Festzuschüsse .... EUR_____

Ihr Eigenanteil würde im Falle der Regelversorgung daher voraussichtlich .... EUR_____
zzgl. der möglicherweise anfallenden Edelmetallkosten betragen.

Vordr. 3b (2312/1 2005) SCHÜTZDRUCK Tel. (0511) 32 73 44 · www.schuetzdruck.de

3. Privatpatientin

Situation

Frau Juliane Werding (privat versichert) erscheint zum Termin und bittet um direkte Ausstellung der Privatliquidation.

Datum	Zahn	Behandlung
18.10.		Symptombezogene Untersuchung und Beratung
	44, 45	Vitalitätsprüfungen (44 – und 45 +)
	44, 45	Röntgenaufnahme, Befund: 44 tiefe Karies; 45 o. B.
	43 – 46	Kofferdam gespannt
	44	Trepanation, Wurzelkanalaufbereitung
	44	Anwendung einer elektrophysikalisch-chemischen Methode
	44	medikamentöse Einlage
	44	provisorischer speicheldichter Verschluss
15.10.	44	weitere Wurzelkanalaufbereitung
	44	elektrometrische Längenbestimmung
	44	Anwendung einer elektrophysikalisch-chemischen Methode
	44	Röntgenmessaufnahme, medikamentöse Einlage
	44	provisorischer speicheldichter Verschluss
22.10.	44	Anwendung einer elektrophysikalisch-chemischen Methode
	44	Wurzelkanalfüllung, Röntgenkontrollaufnahme
		Befund: Wurzelfüllung bis Apex
	44	provisorischer speicheldichter Verschluss
25.11.	44	Matrize zur Formung der Füllung
	44	Aufbaufüllung in Adhäsivtechnik o-d-li, adhäsiv befestigter Glasfaserstift
		Beratung über Kronenversorgung des Zahnes 44
		HKP ausgestellt und mitgegeben

Auftrag:

78 Punkte

Tragen Sie die abrechnungsfähigen Leistungen in die folgende Tabelle ein.

Anlage: Privatpatientin

Datum	Zahn	Gebührennummer	Anzahl

4. Kassenpatientin

Situation

Die Neupatientin Frau Bettina Römer, geboren am 09.01.1966, ist versichert bei der Barmer GEK.

Zahn	Behandlung
	Eingehende Untersuchung Befund: 13, 14, 41, 42 kariös; Zahnstein und Gingivitis vorhanden
	Beratung durch den Zahnarzt über die weitere Behandlung
13, 14, 41, 42	Vitalitätsprüfungen (+)
OK, UK	Orthopantomogramm angefertigt, Befund: 13, 14 Caries profunda
13, 14	Infiltrationsanästhesie, Kofferdam gespannt
13	übermäßige Papillenblutung gestillt, indirekte Überkappungen, mesialer und distaler Eckenaufbau unter Einbeziehung der Schneidekanten, Verankerung mit je einem parapulpären Stift
14	übermäßige Papillenblutung gestillt, Trepanation, Vitalexstirpationen, Wurzelkanalaufbereitungen, Röntgenmessaufnahme, nochmalige Wurzelkanalaufbereitungen, Wurzelfüllungen, prov. Verschluss, Röntgenkontrollaufnahme, Befund: WF bis Apex
OK, UK	Zahnstein entfernt erstmalig in diesem Kalenderjahr
OK, UK	Medikamentöse Behandlung der Gingivitis
	Frau Römer wird ohnmächtig, Hilfeleistung durch den Zahnarzt

Auftrag:

51 Punkte

Tragen Sie die abrechnungsfähigen Leistungen in die folgende Tabelle ein.

Datum	Zahn	BEMA-Leistung	Anzahl	Bemerkungen

Datum	Zahn	BEMA-Leistung	Anzahl	Bemerkungen

5. Kassenpatientin

● ●

Situation

Frau Christina Fichtner wird heute zum ZE-Beratungsgespräch erwartet, deshalb bittet Frau Dr. Spranger Sie, den Heil- und Kostenplan für die geplante Versorgung zu erstellen. Frau Fichtner, versichert bei der IKK Classic, war in den letzten Jahren unregelmäßig zur Behandlung.

● ●

Auftrag:

54 Punkte

Erstellen Sie den Heil- und Kostenplan Teil 1 und Teil 2 (s. Anlagen). Verzichten Sie auf das Ausrechnen.

Befund:

18, 28, 38, 36, 48	fehlende Zähne
14, 13–23, 24	10 Jahre alte erneuerungsbedürftige Brücke (14, 13, 23, 24 Brücken-anker, 12–22 Brückenglieder)
34, 37	erhaltungswürdige Zähne mit weitgehenden Zerstörungen
46, 47 pw	erhaltungswürdige Zähne mit partiellen Substanzdefekten

Planung:

OK, UK	Abdrücke mit dem individuellen Löffel
14, 13–23, 24	provisorische Brücke
34, 35–37	provisorische Brücke
46, 47	provisorische Kronen
34	adhäsiv befestigter Glasfaserstift
14, 13–23, 24	voll verblendete Brücke
34, 35–37	Brücke (34–36 voll verblendet; 37 Vollguss)
46, 47	metallische Teilkronen

Anlage: Planung HKP Teil 1

Name der Krankenkasse
IKK Classic

Name, Vorname des Versicherten
Fichtner, Christina

geb. am
12.11.1969

Kassen-Nr. | Versicherten-Nr. | Status

Vertragszahnarzt-Nr. | VK gültig bis | Datum

Erklärung des Versicherten

Ich bin bei der genannten Krankenkasse versichert. Ich bin über Art, Umfang und Kosten der Regel-, der gleich- und andersartigen Versorgung sowie über den voraussichtlichen Herstellungsort bzw. das voraussichtliche Herstellungsland des Zahnersatzes _____ aufgeklärt worden und wünsche die Behandlung entsprechend dieses Kostenplanes.

Datum/Unterschrift des **Versicherten**

Lfd.-Nr.

Stempel des Zahnarztes

Heil- und Kostenplan

Hinweis an den Versicherten:
Bonusheft bitte zur Zuschussfestsetzung beifügen.

I. Befund des gesamten Gebisses/Behandlungsplan

TP = Therapieplanung   R = Regelversorgung   B = Befund

	18	17	16	15	14	13	12	11	21	22	23	24	25	26	27	28
TP					KM	KM	BV	BV	BV	KM		KM	KM			
R					KV	KV	BV	BV	BV	BV		KV	KV			
B	+				kw	kw	e	e		e	e	kw	kw			+

	48	47	46	45	44	43	42	41	31	32	33	34	35	36	37	38
B	+	pw	pw									ww		+	ww	+
R		PK	PK									KV	K	B	K	
TP												KM	KM	BM	K	

Bemerkungen (bei Wiederherstellung Art der Leistung)

Der Befund ist bei Wiederherstellungsmaßnahmen nicht auszufüllen!

Art der Versorgung

II. Befunde für Festzuschüsse

(Spalten 1-3 vom Zahnarzt auszufüllen)

Befund Nr.1	Zahn/Gebiet 2	Anz. 3
11	37, 14	2

vorläufige Summe ▶
Nachträgliche Befunde:

IV. Zuschussfestsetzung

Betrag Euro	Ct

Die Krankenkasse übernimmt die nebenstehenden Festzuschüsse, höchstens jedoch die tatsächlichen Kosten. Voraussetzung ist, dass der Zahnersatz innerhalb von 6 Monaten in der vorgesehenen Weise eingegliedert wird.

Datum, Unterschrift und Stempel der Krankenkasse

Hinweis:

[ ] % Vorsorge-Bonus ist bereits in den Festzuschüssen enthalten.

[ ] Es liegt ein Härtefall vor.

Unfall oder Unfallfolgen/Berufskrankheit

Versorgungsleiden

Interimsversorgung

Immediatversorgung   Alter ca. 10 Jahre   NEM

X Unbrauchbare Prothese/Brücke/Krone

Erläuterungen

Befund (Kombinationen sind zulässig)
a = Adhäsivbrücke (Anker, Spanne)
b = Brückenglied
e = ersetzter Zahn
ew = ersetzter, aber erneuerungsbedürftiger Zahn
f = fehlender Zahn
i = Implantat mit intakter Suprakonstruktion
ix = zu entfernendes Implantat
k = klinisch intakte Krone
kw = erneuerungsbedürftige Krone
pw = erhaltungswürdiger Zahn mit partiellen Substanzdefekten
r = Wurzelstiftkappe
rw = erneuerungsbedürftige Wurzelstiftkappe
sw = erneuerungsbedürftige Suprakonstruktion
t = Teleskop
tw = erneuerungsbedürftiges Teleskop
ur = unzureichende Retention
ww = erhaltungswürdiger Zahn mit weitgehender Zerstörung
x = nicht erhaltungswürdiger Zahn
)(= Lückenschluss

Behandlungsplanung:
A = Adhäsivbrücke (Anker, Spanne)
B = Brückenglied
E = zu ersetzender Zahn
H = gegossene Halte- und Stützvorrichtung
K = Krone
M = Vollkeramische oder keramisch voll verblendete Restauration
O = Geschiebe, Steg etc.
PK = Teilkrone
R = Wurzelstiftkappe
S = implantatgetragene Suprakonstruktion
T = Teleskopkrone
V = Vestibuläre Verblendung

III. Kostenplanung

Bei Handbeschriftung unbedingt in Blockschrift schreiben

1 BEMA-Nrn.	Anz.	1 Fortsetzung	Anz.	1 Fortsetzung	Anz.
98a	2				
19	14				
20 C	2				
	4				

		Euro	Ct
2	Zahnärztliches Honorar BEMA:		
3	Zahnärztliches Honorar GOZ: (geschätzt)		
4	Material- und Laborkosten: (geschätzt)		
5	Behandlungskosten insgesamt: (geschätzt)		

Datum/Unterschrift des **Zahnarztes**

5010 . 14, 13 - 23 , 34
5070 36, 12 - 22 - 6

V. Rechnungsbeträge (siehe Anlage)

		Euro	Ct
1	ZA-Honorar (BEMA siehe III)		
2	ZA-Honorar zusätzl. Leist. BEMA		
3	ZA-Honorar GOZ		
4	Mat.- und Lab.-Kosten Gewerbl.		
5	Mat.- und Lab.-Kosten Praxis		
6	Versandkosten Praxis		
7	Gesamtsumme		
8	Festzuschuss Kasse		
9	Versichertenanteil		

Gutachterlich befürwortet
[ ] ja   [ ] nein   [ ] teilweise

Eingliederungsdatum:

Herstellungsort bzw. Herstellungsland des Zahnersatzes:

Der Zahnersatz wurde in der vorgesehenen Weise eingegliedert.

Datum/Unterschrift und Stempel des **Gutachters**

Datum/Unterschrift des **Zahnarztes**

Anschrift des **Versicherten**

Vordr. Z 311/3B 10.15 SCHÜTZDRUCK Tel. 05 11/32 73 44 · www.schuetzdruck.de

Anlage: Planung HKP Teil 2

Heil- und Kostenplan Teil 2

Name des Patienten

Fichtner, Christina

Zahnarztpraxis

Anlage zum Heil- und Kostenplan vom _____

Für Ihre prothetische Behandlung werden entsprechend nachfolgender Aufstellung voraussichtlich folgende Kosten/Eigenanteile anfallen:

Zahn / Gebiet	GOZ	Leistungsbeschreibung	Anzahl	Betrag EUR

Zahnärztliches Honorar GOZ (entsprechend Zeile III/3 HKP): .... EUR _____

Zahnärztliches Honorar BEMA (entsprechend Zeile III/1 und 2 HKP): .... EUR _____

Material und Laborkosten (entsprechend Zeile III/4 HKP): .... EUR _____

Gesamtkosten (entsprechend Zeile III/5 HKP): .... EUR _____

abzüglich Festzuschüsse: .... EUR _____

Ihr voraussichtlicher Eigenanteil wird hiernach betragen EUR _____

Kosten für allgemeine und konservierend-chirurgische Leistungen nach der GOZ sind in den Beträgen nicht enthalten. Unvorhersehbare Leistungen, die sich im Rahmen der Behandlung ergeben, werden gesondert berechnet. Unvorhersehbare Veränderungen der Schwierigkeit sowie des Zeitaufwandes der einzelnen Leistungen, der Umstände bei der Ausführung oder der Methode können zu Kostenveränderungen führen.

Ich wünsche eine Versorgung entsprechend
des Heil- und Kostenplans nebst dieser Anlage

_____ _____
Datum / Unterschrift des **Zahnarztes** Datum / Unterschrift des **Versicherten**

Informationen über die Kosten der Regelversorgung

Die Kosten für eine dem Befund entsprechende Regelversorgung liegen voraussichtlich in Höhe des doppelten Festzuschusses.

doppelter Festzuschuss .... EUR _____

abzüglich von der Kasse festgesetzter Festzuschüsse .... EUR _____

Ihr Eigenanteil würde im Falle der Regelversorgung daher voraussichtlich .... EUR _____
zzgl. der möglicherweise anfallenden Edelmetallkosten betragen.

Vordr. 3b (Z312/1 2005) SCHÜTZDRUCK Tel. (05 11) 32 73 44 www.schuetzdruck.de

6. Privatpatient

● ●

Situation

Herr Johannes Schulz (privat versichert) kommt heute zur eingehenden Untersuchung (letzte war vor 5 Monaten) und bittet um direkte Ausstellung der Privatliquidation, da er demnächst für längere Zeit verreisen wird.

Befund

f				k	k	b	b	k	k	b	b	k	b	k	f
18	17	16	15	14	13	12	11	21	22	23	24	25	26	27	28
48	47	46	45	44	43	42	41	31	32	33	34	35	36	37	38
f	k	k	k	k								k	k	k	f

Zahn	Behandlung
	Eingehende Untersuchung und Beratung
17–15, 25–27, 37–35, 45–47	Bissflügelaufnahmen, Befund: 45 überstehender Kronenrand
	PSI-Code erhoben (das zweite Mal in diesem Jahr)
45	Kronenrand geglättet
44	Politur einer alten Füllung
33–43	Zahnsteinentfernung
33–43	Behandlung überempfindlicher Zahnflächen

● ●

Auftrag:

24 Punkte

Tragen Sie die abrechnungsfähigen Leistungen in die folgende Tabelle ein.

Datum	Zahn	Gebührennummer	Anzahl

7. Kassenpatient

Situation

Herr Ahmet Darkim erscheint heute zur Nahtentfernung und bringt seine neue elektronische Gesundheitskarte mit, die vorherige war nicht lesbar. Deshalb sollen erst heute alle erbrachten Leistungen dieses Quartals abgerechnet werden.

Datum	Zahn	Behandlung
04.11.		Eingehende Untersuchung (letzte war am 01.07. in diesem Jahr)
		Befund: 18, 28, 38, 48 fehlen; 14 zerstört; 16 tief frakturiert
		Zahnstein und Mundkrankheit vorhanden
	14–16	Röntgenaufnahme, Befund: 14 Ostitis, Knochenatrophie
		Beratung über die weitere Behandlung
	14	Infiltrationsanästhesie, Eröffnung des oberflächlichen Abszesses, Tamponade gelegt; Rezept: Penicillin
		Verhaltensmaßregeln erteilt
09.11.	14	Tamponade gewechselt
11.11.	16	Infiltrationsanästhesie, Extraktion, Wundversorgung
		Arbeitsunfähigkeitsbescheinigung ausgestellt
	14	Tamponade gewechselt
16.11.	14	Tamponade entfernt
	14	Infiltrationsanästhesie, Entfernung des Zahnes durch
	14	Osteotomie, Stillung einer übermäßigen Blutung mit erheblichem Zeitaufwand Verhaltensmaßregeln besprochen
16.11.		**19:50 Uhr außerhalb der Sprechstunde**
		Telefonische Beratung durch den Zahnarzt wegen anhaltender Beschwerden an der Wunde 14
25.11.	14, 16	Nachbehandlung der Wunden (14 Nahtentfernung)
		Beratung über notwendigen Zahnersatz

Auftrag:

45 Punkte   Tragen Sie die abrechnungsfähigen Leistungen in die folgende Tabelle ein.

Anlage: Kassenpatient

Datum	Zahn	BEMA-Leistung	Anzahl	Bemerkungen

8. Kassenpatientin

Situation

Frau Martha Käfer wird heute zum ZE-Beratungsgespräch erwartet, deshalb bittet Herr Dr. Specht Sie, den Heil- und Kostenplan für die geplante Versorgung zu erstellen. Frau Käfer, versichert bei der BKK Bertelsmann, hat ihren Bonus nicht erfüllt. Ihr erneuerungsbedürftiger Zahnersatz im OK und UK ist bereits 15 Jahre alt.

Auftrag:

43 Punkte

Erstellen Sie den Heil - und Kostenplan für Frau Käfer (s. Anlagen). Nutzen Sie auch die Rechenhilfe.

Befund:

18–28, 38–34,	
32–42, 44–48	ersetzte, aber erneuerungsbedürftige Zähne
33, 43	erneuerungsbedürftige Teleskopkronen

Planung:

OK, UK	Funktionsabdrücke mit dem individuellen Löffel
OK	Totalprothese
33, 43	vestibulär verblendete Teleskopkronen
33, 43	provisorische Kronen
UK	Cover-Denture-Prothese zum Ersatz der bereits ersetzten Zähne
OK, UK	Intraorale Stützstiftregistrierung zur Festlegung der Zentrallage

Material und Laborkosten geschätzt: 1.780,00 €

Welchen Eigenanteil hat Frau Käfer zu erwarten? [€   ]

47 ?

Anlage: Planung HKP

Name der Krankenkasse	**Erklärung des Versicherten**

Barmer GEK   BBK

Name, Vorname des Versicherten

Käfer, Martha

geb. am   25.03.1945   20.4.1943

Kassen-Nr.	Versicherten-Nr.	Status

Vertragszahnarzt-Nr.	VK gültig bis	Datum

Erklärung des Versicherten

Ich bin bei der genannten Krankenkasse versichert. Ich bin über Art, Umfang und Kosten der Regel-, der gleich- und andersartigen Versorgung sowie über den voraussichtlichen Herstellungsort bzw. das voraussichtliche Herstellungsland des Zahnersatzes _____ aufgeklärt worden und wünsche die Behandlung entsprechend dieses Kostenplanes.

Datum/Unterschrift des **Versicherten**

Lfd.-Nr.

Stempel des Zahnarztes

Heil- und Kostenplan

Hinweis an den Versicherten:
Bonusheft bitte zur Zuschussfestsetzung beifügen.

I. Befund des gesamten Gebisses/Behandlungsplan   TP = Therapieplanung   R = Regelversorgung   B = Befund

Art der Versorgung

TP
R
B

18	17	16	15	14	13	12	11	21	22	23	24	25	26	27	28
48	47	46	45	44	43	42	41	31	32	33	34	35	36	37	38

B
R
TP

Der Befund ist bei Wiederherstellungsmaßnahmen nicht auszufüllen!

Bemerkungen (bei Wiederherstellung Art der Leistung)

II. Befunde für Festzuschüsse

Befund Nr.1 | Zahn/Gebiet 2 | Anz. 3

(Spalten 1-3 vom Zahnarzt auszufüllen)

vorläufige Summe ▶

Nachträgliche Befunde:

IV. Zuschussfestsetzung

Betrag Euro | Ct

Die Krankenkasse übernimmt die nebenstehenden Festzuschüsse, höchstens jedoch die tatsächlichen Kosten. Voraussetzung ist, dass der Zahnersatz innerhalb von 6 Monaten in der vorgesehenen Weise eingegliedert wird.

Datum, Unterschrift und Stempel der Krankenkasse

Hinweis:

☐ % Vorsorge-Bonus ist bereits in den Festzuschüssen enthalten.

☐ Es liegt ein Härtefall vor.

Unfall oder Unfallfolgen/Berufskrankheit   Interimsversorgung   Unbrauchbare Prothese/Brücke/Krone

Versorgungsleiden   Immediatversorgung   Alter ca. 7   Jahre   NEM

Erläuterungen

Befund (Kombinationen sind zulässig)

a	= Adhäsivbrücke (Anker, Spanne)	r	= Wurzelstiftkappe
b	= Brückenglied	rw	= erneuerungsbedürftige Wurzelstiftkappe
e	= ersetzter Zahn		
ew	= ersetzter, aber erneuerungsbedürftiger Zahn	sw	= erneuerungsbedürftige Suprakonstruktion
f	= fehlender Zahn	t	= Teleskop
i	= Implantat mit intakter Suprakonstruktion	tw	= erneuerungsbedürftiges Teleskop
ix	= zu entfernendes Implantat	ur	= unzureichende Retention
k	= klinisch intakte Krone	ww	= erhaltungswürdiger Zahn mit weitgehender Zerstörung
kw	= erneuerungsbedürftige Krone		
pw	= erhaltungswürdiger Zahn mit partiellen Substanzdefekten	x	= nicht erhaltungswürdiger Zahn
		)(	= Lückenschluss

Behandlungsplanung:

A	= Adhäsivbrücke (Anker, Spanne)	O	= Geschiebe, Steg etc.
B	= Brückenglied	PK	= Teilkrone
E	= zu ersetzender Zahn	R	= Wurzelstiftkappe
H	= gegossene Halte- und Stützvorrichtung	S	= implantatgetragene Suprakonstruktion
K	= Krone	T	= Teleskopkrone
M	= Vollkeramische oder keramisch voll verblendete Restauration	V	= Vestibuläre Verblendung

III. Kostenplanung

1 BEMA-Nrn.	Anz.	1 Fortsetzung	Anz.	1 Fortsetzung	Anz.
					Euro	Ct

2 Zahnärztliches Honorar BEMA:

3 Zahnärztliches Honorar GOZ: (geschätzt)

4 Material- und Laborkosten: (geschätzt)

5 Behandlungskosten insgesamt: (geschätzt)

Datum/Unterschrift des **Zahnarztes**

V. Rechnungsbeträge (siehe Anlage) | Euro | Ct

1	ZA-Honorar (BEMA siehe III)		
2	ZA-Honorar zusätzl. Leist. BEMA		
3	ZA-Honorar GOZ		
4	Mat.- und Lab.-Kosten Gewerbl.		
5	Mat.- und Lab.-Kosten Praxis		
6	Versandkosten Praxis		
7	Gesamtsumme		
8	Festzuschuss Kasse		
9	Versichertenanteil		

Gutachterlich befürwortet
☐ ja ☐ nein ☐ teilweise

Eingliederungsdatum:

Herstellungsort bzw. Herstellungsland des Zahnersatzes:

Der Zahnersatz wurde in der vorgesehenen Weise eingegliedert.

Anschrift des **Versicherten**

Datum/Unterschrift und Stempel des **Gutachters**

Datum/Unterschrift des **Zahnarztes**

Vordr. Z 311/3B 10.15 SCHÜTZDRUCK Tel. (0511) 32 73 44 · www.schuetzdruck.de

Bei Handbeschriftung unbedingt in Blockschrift schreiben

Anlage: Planung Rechenhilfe

Rechenhilfe zum Heil- und Kostenplan 2016

III. 1+2 Kostenplanung Berechnung zahnärztliches Honorar BEMA

BEMA-Nr. 1	Anzahl 2	Bew.-Zahl 3	Spalte 2 × Spalte 3
98 10	1	57	57
88 c	1	76	76
89 a	1	250	250
91 b	20	190	380
19	2	19	38
87 b	1	250	250
88 d	1	23	23

Gesamtsumme Spalte 4   1.114

X Punktwert 0,8605 = zahnärztliches Honorar   958,60.

V.2 Rechnungsbeträge ZA-Honorar zusätzl. Leistungen BEMA

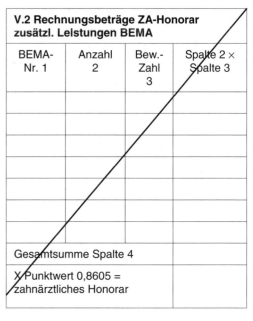

BEMA-Nr. 1	Anzahl 2	Bew.-Zahl 3	Spalte 2 × Spalte 3

Gesamtsumme Spalte 4

X Punktwert 0,8605 = zahnärztliches Honorar

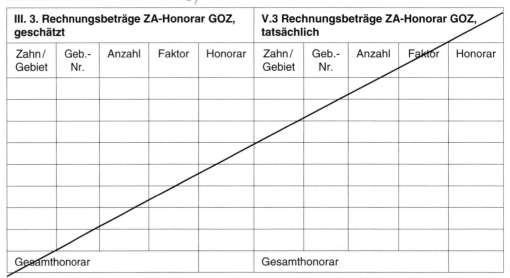

III. 3. Rechnungsbeträge ZA-Honorar GOZ, geschätzt

Zahn/Gebiet	Geb.-Nr.	Anzahl	Faktor	Honorar

Gesamthonorar

V.3 Rechnungsbeträge ZA-Honorar GOZ, tatsächlich

Zahn/Gebiet	Geb.-Nr.	Anzahl	Faktor	Honorar

Gesamthonorar

V. Rechnungsbeträge
5. Material- und Laborkosten Praxis: z. B.;

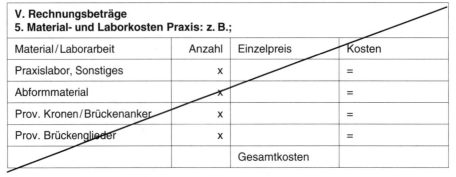

Material/Laborarbeit	Anzahl	Einzelpreis	Kosten
Praxislabor, Sonstiges	x		=
Abformmaterial	x		=
Prov. Kronen/Brückenanker	x		=
Prov. Brückenglieder	x		=
		Gesamtkosten	

9. Kassenpatient

• •

Situation

Herr Egon Winkler, versichert bei der Techniker Krankenkasse, erscheint heute zu seinem vereinbarten Termin. Die letzte eingehende Untersuchung und Unterfütterung der Oberkieferprothese fand am 25.06. dieses Jahres statt.

Befund

f	e	e	e	e	e	e	e	e	e	e	e	e	e	e	f
18	17	16	15	14	13	12	11	21	22	23	24	25	26	27	28
48	47	46	45	44	43	42	41	31	32	33	34	35	36	37	38
f	e	e	e	e	t	c	c	c	c	t	e	e	e	e	f

Zahn	Behandlung
	Eingehende Untersuchung, Befund siehe oben
43 – 33	Zahnsteinentfernung erstmalig in diesem Kalenderjahr
42 – 32	Intraligamentäre Anästhesien
42 – 32	Füllungen je vestibulär / zervical
regio 15, 27	Druckstellenentfernung und Salbenbehandlung
	ausführliche Beratung über die erwünschte Erneuerung der Oberkieferprothese

• •

Auftrag:

18 Punkte

Tragen Sie die abrechnungsfähigen Leistungen in die folgende Tabelle ein.

Datum	Zahn	BEMA-Leistung	Anzahl	Bemerkungen

10. Kassenpatientin

••

Situation

Frau Manuela Wilczek erscheint, um ihre Eigenanteilsrechnung abzuholen.

••

Auftrag:

19 Punkte

Rechnen Sie den HKP (s. Anlage) für Frau Wilczek ab.

Bei den Anproben wurden die provisorischen Kronen im Oberkiefer und die provisorischen Brücken im Unterkiefer zweimal abgenommen und wiederbefestigt. Zwischenzeitlich musste die provisorische Brücke 43–48 zusätzlich einmal erneuert werden.

tatsächliche Material- und Laborkosten (Labor in Münster) 3.600,99 €

Praxismaterial

Abdruckmaterial insgesamt	35,90 €
je provisorische Krone	2,00 €
je provisorisches Brückenglied	2,20 €
Eingliederungsdatum	24.11.2016

V.2 Rechnungsbeträge ZA-Honorar zusätzliche Leistungen BEMA

BEMA- Nr. 1	Anzahl 2	Bew.-Zahl 3	Spalte 2 × Spalte 3 4
Gesamtsumme Spalte 4			
X Punktwert 0,8605 = zahnärztliches Honorar			

V. Rechnungsbeträge
5. Material- und Laborkosten Praxis: z. B.;

Material/Laborarbeit	Anzahl	Einzelpreis	Kosten
Praxislabor/Sonstiges			=
Abformmaterial			=
Prov. Kronen/Brückenanker			=
Prov. Brückenglieder			=
		Gesamtkosten	

Anlage: Abrechnung HKP

Name der Krankenkasse	Erklärung des Versicherten	Lfd.-Nr.
AOK Nordwest		

Erklärung des Versicherten

Ich bin bei der genannten Krankenkasse versichert. Ich bin über Art, Umfang und Kosten der Regel-, der gleich- und andersartigen Versorgung sowie über den voraussichtlichen Herstellungsort bzw. das voraussichtliche Herstellungsland des Zahnersatzes _____ aufgeklärt worden und wünsche die Behandlung entsprechend dieses Kostenplanes.

Datum/Unterschrift des **Versicherten**

Stempel des Zahnarztes

Name, Vorname des Versicherten	
Wilczek, Manuela	geb. am **13.05.1955**

Kassen-Nr.	Versicherten-Nr.	Status

Vertragszahnarzt-Nr.	VK gültig bis	Datum

Heil- und Kostenplan

Hinweis an den Versicherten:
Bonusheft bitte zur Zuschussfestsetzung beifügen.

I. Befund des gesamten Gebisses/Behandlungsplan   TP = Therapieplanung   R = Regelversorgung   B = Befund

Art der Versorgung

TP							M	M		M	M						
R							KV	KV		KV	KV						
B	f						ww	ww		ww	ww						f
	18	17	16	15	14	13	12	11		21	22	23	24	25	26	27	28
	48	47	46	45	44	43	42	41		31	32	33	34	35	36	37	38
B	ww	kw	b	b	b	kw							k	kw	kx	kw	f
R	K	K	B	B	BV	KV							K	B	K		
TP	K	KM	BM	BM	BM	KM							KM	BM	KM		

Der Befund ist bei Wiederherstellungsmaßnahmen nicht auszufüllen!

Bemerkungen (bei Wiederherstellung Art der Leistung)

II. Befunde für Festzuschüsse   ## IV. Zuschussfestsetzung

Befund Nr. 1	Zahn/Gebiet 2	Anz. 3	Betrag Euro	Ct
1.1	12-22,48	5	696	65
1.3	12-22	4	201	60
2.1	35-37	1	330	13
2.3	43-47	1	425	25
2.7	43, 44	2	98	20

vorläufige Summe ▶		1.751	83

Nachträgliche Befunde:

(Spalten 1-3 vom Zahnarzt auszufüllen)

Unfall oder Unfallfolgen/Berufskrankheit		Interimsversorgung	**X** Unbrauchbare Prothese/Brücke/Krone
Versorgungsleiden		Immediatversorgung	Alter ca. **10** Jahre NEM

Die Krankenkasse übernimmt die nebenstehenden Festzuschüsse, höchstens jedoch die tatsächlichen Kosten. Voraussetzung ist, dass der Zahnersatz innerhalb von 6 Monaten in der vorgesehenen Weise eingegliedert wird.

Datum, Unterschrift und Stempel der Krankenkasse

Hinweis:

[0] % Vorsorge-Bonus ist bereits in den Festzuschüssen enthalten.

[ ] Es liegt ein Härtefall vor.

Erläuterungen

Befund (Kombinationen sind zulässig)
- a = Adhäsivbrücke (Anker, Spanne)
- b = Brückenglied
- e = ersetzter Zahn
- ew = ersetzter, aber erneuerungsbedürftiger Zahn
- f = fehlender Zahn
- i = Implantat mit intakter Suprakonstruktion
- ix = zu entfernendes Implantat
- k = klinisch intakte Krone
- kw = erneuerungsbedürftige Krone
- pw = erhaltungswürdiger Zahn mit partiellen Substanzdefekten
- r = Wurzelstiftkappe
- rw = erneuerungsbedürftige Wurzelstiftkappe
- sw = erneuerungsbedürftige Suprakonstruktion
- t = Teleskop
- tw = erneuerungsbedürftiges Teleskop
- ur = unzureichende Retention
- ww = erhaltungswürdiger Zahn mit weitgehender Zerstörung
- x = nicht erhaltungswürdiger Zahn
-)(= Lückenschluss

Behandlungsplanung:
- A = Adhäsivbrücke (Anker, Spanne)
- B = Brückenglied
- E = zu ersetzender Zahn
- H = gegossene Halte- und Stützvorrichtung
- K = Krone
- M = Vollkeramische oder keramisch voll verblendete Restauration
- O = Geschiebe, Steg etc.
- PK = Teilkrone
- R = Wurzelstiftkappe
- S = implantatgetragene Suprakonstruktion
- T = Teleskopkrone
- V = Vestibuläre Verblendung

III. Kostenplanung   1 Fortsetzung   Anz.   1 Fortsetzung   Anz.

1 BEMA-Nrn.	Anz.
19	13
20a	1

	Euro	Ct
2 Zahnärztliches Honorar BEMA:	314	08
3 Zahnärztliches Honorar GOZ: (geschätzt)	1.739	08
4 Material- und Laborkosten: (geschätzt)	3.700	00
5 Behandlungskosten insgesamt: (geschätzt)	5.753	16

Datum/Unterschrift des **Zahnarztes**

V. Rechnungsbeträge (siehe Anlage)

		Euro	Ct
1	ZA-Honorar (BEMA siehe III)		
2	ZA-Honorar zusätzl. Leist. BEMA		
3	ZA-Honorar GOZ		
4	Mat.- und Lab.-Kosten Gewerbl.		
5	Mat.- und Lab.-Kosten Praxis		
6	Versandkosten Praxis		
7	Gesamtsumme		
8	Festzuschuss Kasse		
9	Versichertenanteil		

Gutachterlich befürwortet
[ ] ja   [ ] nein   [ ] teilweise

Eingliederungsdatum:

Herstellungsort bzw. Herstellungsland des Zahnersatzes:

Der Zahnersatz wurde in der vorgesehenen Weise eingegliedert.

Anschrift des **Versicherten**

Datum/Unterschrift und Stempel des **Gutachters**

Datum/Unterschrift des **Zahnarztes**

Vordr. Z 311/2B 10.15. SCHÜTZDRUCK Tel. 05 11) 32 73 44 · www.schuetzdruck.de

Bei Handbeschriftung unbedingt in Blockschrift schreiben

100 Punkte
⏱ 60 Minuten

Teil 4: Praxisorganisation und -verwaltung

1. Aufgabe

• •

Situation 1

Frau Liebich (Fachwirtin für Zahnärztliches Praxismanagement) befindet sich seit Mitte Oktober in Elternzeit. Frau Dr. Spranger und Herr Dr. Specht sind daher froh, dass sie zum 01.11.2016 Angelika Brand als neue Mitarbeiterin einstellen konnten, um die umfangreichen Verwaltungsarbeiten in der Zahnarztpraxis zu übernehmen.

In der Teambesprechung kommt es heute zu einer unschönen Situation. Die langjährige Mitarbeiterin, Nicole Kamp (ZFA), beschwert sich über das Führungs- und Kommunikationsverhalten von Frau Brand. „Wie die Brand mit uns umspringt, das geht gar nicht. Den ganzen Tag kommandiert sie uns herum. Ich habe das auch schon mit den anderen besprochen, die sind auch alle meiner Meinung."

Frau Brand wird von den Anschuldigungen ganz offensichtlich sehr überrascht. Sie reagiert zunächst wütend und bricht dann in Tränen aus.

• •

4 Punkte **1.1** Nennen Sie zwei mögliche Gründe für Frau Brands Reaktion.

_____

_____

2 Punkte **1.2** a) Nennen Sie den Führungsstil, den Frau Brand offenbar anwendet.

_____

_____

6 Punkte b) Nennen Sie drei wesentliche Merkmale dieses Führungsstils.

_____

_____

_____

6 Punkte c) Erklären Sie, welche negativen Folgen dieser Führungsstil ggf. hat.
(2 Erklärungen)

_____

_____

_____

8 Punkte **1.3** Erklären Sie, wie Frau Kamp sich in diesem Konflikt hätte professioneller verhalten können. (2 Erklärungen)

_____

_____

_____

2. Aufgabe

Situation 2

Der Postzusteller bringt heute – unter anderem – den unten abgebildeten Brief sowie die zum 31.10.2016 fristgerecht gekündigte Fachzeitschrift „Praxis dental" in die Zahnarztpraxis Dr. Spranger & Dr. Specht. Eine entsprechende Kündigungsbestätigung des Verlags liegt in der Praxis vor. In einem weiteren Brief befindet sich die Rechnung für diese Fachzeitschrift mit dem Hinweis auf den Lieferzeitraum (11/2016–10/2017) des Abonnements.

Zahnärztekammer Westfalen-Lippe
Auf der Horst 29–31
48147 Münster

Einschreiben

Herrn
Dr. Stephan Specht
Goldbergstraße 60
45894 Gelsenkirchen

2.1 Begründen Sie, ob der Brief der Zahnärztekammer von einer Mitarbeiterin der Zahnarztpraxis angenommen werden darf.

3 Punkte

_____

_____

_____

2.2 Nennen Sie die wesentlichen Arbeitsschritte, die im Rahmen des Posteingangs grundsätzlich anfallen.

8 Punkte

_____

_____

_____

_____

_____

_____

_____

_____

_____

_____

10 Punkte **2.3** Formulieren Sie eine situationsgerechte E-Mail an den Verlag (dentalverlag@office.com), unter Berücksichtigung der wesentlichen inhaltlichen und formalen Kriterien.

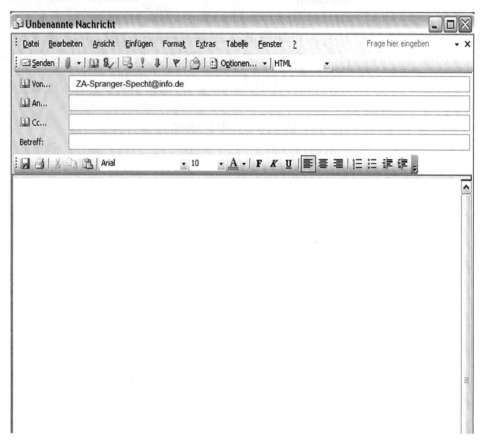

3 Punkte 2.4 Erklären Sie die Funktion der Betreffzeile in einer E-Mail.

_____

_____

_____

_____

_____

_____

3. Aufgabe

Situation 3

Frau Dr. Spranger ist verärgert. Kira Schulte (Auszubildende) hat sie auf Bleachinggel hingewiesen, bei dem das Verwendbarkeitsdatum weit überschritten war. Zehn Ampullen einer angebrochenen Packung müssen entsorgt werden.

„So geht das nicht weiter!", schimpft Frau Dr. Spranger kurze Zeit später, als sie die entsprechende Rechnung betrachtet (**siehe Anlage 1**). „Offensichtlich stand die angebrochene Packung über einen längeren Zeitraum ganz hinten im Regal. Da hat wohl jemand beim Einräumen ordentlich geschlafen."

5 Punkte   **3.1**   Berechnen Sie den Warenwert (netto), den das zu entsorgende Bleachinggel hatte.

4 Punkte   **3.2**   a) Erklären Sie, wie beim Einräumen der Ware zukünftig verfahren werden sollte, damit dieses Problem nicht mehr auftritt.

2 Punkte   b) Nennen Sie das Prinzip der Lagerhaltung, gegen das in diesem Fall verstoßen wurde.

8 Punkte   **3.3**   Erklären Sie die Bedeutung der Begriffe Mindest- und Meldebestand.

6 Punkte   **3.4**   Nennen Sie drei weitere Faktoren, die im Zusammenhang mit der Lagerung von Waren Kosten in einer Zahnarztpraxis verursachen können.

Anlage 1

Dentaldepot Schneider

Marienweg 12 • 48565 Steinfurt
Telefon: 02551-123-0 • Telefax: 02551-123-124

Dentaldepot Schneider • Marienweg 12 • 48565 Steinfurt

Zahnarztpraxis
Dr. Spranger & Dr. Specht
Goldbergstr. 60
45894 Gelsenkirchen

Rechnungs-Datum	Angebots-Nr.	**Kunden-Nr.**	Seite
14.01.2014	1452368	**84526**	1

Liefer-Datum
15.01.2014

Ihr Ansprechpartner
Gerald Brund

Telefon
02551-123-11

Rechnungsnummer 469 132

Sehr geehrte Damen und Herren,

mit der Lieferung der unten aufgeführten Produkte erhalten Sie folgende Rechnung.

Position	Artikel/Beschreibung	Verpackungseinheit	Menge	Einzelpreis je Verpackungseinheit EUR	Gesamtpreis EUR
1	**Bleachinggel** Opalescence Boost 40 % – Großpackung Set	20 × 1,2 ml Ampullen pro Packung	3	451,80	1.355,40
2	**Tiutol dent** Desinfektionsmittelkonzentrat zur Sanitation von Absauganlagen und Amalgamabscheidern	5 l/Kanister	5	31,50	157,50

Warenwert:		1.512,90
Warenwert Netto:		1.512,90
19 % USt:		287,45
Rechnungssumme		1.800,35

Mit freundlichen Grüßen

Dentaldepot Schneider

G. Brund

G. Brund

Bankverbindungen Steinfurt
Kreissparkasse Steinfurt:
IBAN DE 03 4036 1906 0073 8854 01
BIC: KRSOZEM1IAS

VR Bank Kreis Steinfurt eG:
IBAN DE 03 4008 6698 0243 8274 03
BIC: GENODEM1IBB

Handelsregister Steinfurt HRA 5623
USt-IdNr.: DE 451289 Steuer-Nr.: 203/8596/0047
Geschäftsführer: Gerald Brund, Dipl.-Kfm

4. Aufgabe

Situation 4

Der Bürostuhl an der Anmeldung der Zahnarztpraxis Dr. Spranger & Dr. Specht muss ersetzt werden. Nachdem eine Armlehne abgebrochen war, hatte Herr Dr. Specht zunächst einen Stuhl (Bild 1) aus dem Wartebereich der Praxis an die Anmeldung gestellt. Er beauftragte Kira Schulte (Auszubildende) jedoch umgehend mit einer Internetrecherche, um einen Bestellvorschlag für einen neuen Stuhl zu machen. Kira präsentiert ihm auf der Internetseite eines Büroausstatters den unten abgebildeten Stuhl (Bild 2).

Herr Dr. Specht findet Kiras Vorschlag sehr gut. „Diese Neuanschaffung sollten wir allerdings auch zum Anlass nehmen, um uns über eine generelle Neugestaltung unseres Anmeldebereichs Gedanken zu machen", merkt er an. „Vielleicht ist ja nicht nur der Stuhl in die Jahre gekommen."

Bild 1
© ajt/canstock

Bild 2
Frank C. Müller/wikipedia, CC BY-SA 4.0

9 Punkte **4.1** Erklären Sie drei Vorteile, die der von Kira vorgeschlagene Stuhl (Bild 2) für eine Verwendung im Anmeldebereich der Zahnarztpraxis aufweist.

_____

_____

_____

_____

_____

_____

6 Punkte **4.2** Erklären Sie zwei mögliche negative Folgen für die Zahnarztpraxis oder für die Mitarbeiterinnen, wenn bei der Anschaffung des neuen Stuhls nicht auf ergonomische Aspekte Rücksicht genommen wird.

_____

_____

_____

_____

_____

6 Punkte | **4.3** Nennen Sie drei weitere Aspekte, die grundsätzlich bei der Neugestaltung des Anmeldebereichs berücksichtigt werden sollten.

_____

_____

_____

_____

_____

_____

_____

_____

4 Punkte | **4.4** Erklären Sie anhand eines weiteren Beispiels, wie eine Zahnarztpraxis ihre Mitarbeiterinnen bei gesundheitsfördernden Maßnahmen unterstützen kann.

_____

_____

_____

_____

_____

Lösungen

Teil 1: Behandlungsassistenz

___ von 2 P.

1. Aufgabe

✎ *Hinweis: Überlegen Sie hier, wann eine indirekte Überkappung durchgeführt wird und zu welchem Zweck. Bei einer nur noch sehr dünnen Dentinschicht über der Pulpa kann ein bestimmtes Medikament helfen, Bakterien in den Dentinkanälchen abzutöten und Odontoblasten zur Reizdentinbildung anzuregen.*

- Die indirekte Überkappung wird zur Vitalerhaltung der gefährdeten Pulpa durchgeführt.
- Zum Schutz der Pulpa wird die Tertiärdentinbildung angeregt, indem eine dünne Schicht eines geeigneten Medikamentes (z. B. $Ca(OH)_2$) als dauerhafte Einlage auf das Dentin gegeben wird.

___ von 2 P.

2. Aufgabe

Die Matrize dient der Wiederherstellung der Zahnform bei der Füllungstherapie. In diesem Fall muss die distale Wand des Zahnes 45 rekonstruiert werden.

___ von 8 P.

3. Aufgabe

✎ *Hinweis: Als Vorteil können Sie hier auch „ausreichende Abriebfestigkeit" oder „einfache Verarbeitung und Anwendung" nennen. Als Alternative zu den hier genannten Nachteilen könnten Sie auch „guter Wärmeleiter" oder „Möglichkeit einer Allergie" aufführen.*

z. B.:

Vorteil	Nachteil
Hohe mechanische Belastbarkeit	Enthält Quecksilber
Keine Zuzahlung durch GKV-Patienten	Dunkle Farbe

___ von 3 P.

4. Aufgabe

- quecksilberhaltige Reste müssen unter Luftabschluss gehalten werden
- Entsorgung nur mit Nachweis durch geeignete Unternehmen
- keine Berührung der quecksilberhaltigen Reste mit der ungeschützten Hand

___ von 2 P.

5. Aufgabe

✎ *Hinweis: Beginnen Sie hier am besten mit der Erklärung des Begriffs „Perkussion". Anschließend können Sie die Aufgabe leicht lösen.*

„Perkussion" bedeutet Abklopfen des Zahnes. Ein perkussionsempfindlicher Zahn reagiert mit Schmerzen auf diese Untersuchungsmethode.

___ von 12 P.

6. Aufgabe

Hinweis: Achten Sie darauf, dass die Vitalexstirpation ausführlich zu beschreiben ist.

Zuerst wird der Zahn anästhesiert. Nach einer kurzen Einwirkzeit kann dann der Zahn unter absoluter Trockenlegung zuerst trepaniert werden, bevor dann die Wurzelkanaleingänge aufgesucht werden. Mithilfe der Exstirpationsnadeln wird nun die Pulpa entfernt. Nun kann entweder mithilfe einer Röntgenmessaufnahme oder aber mit einem Apexfinder die Länge des Wurzelkanals bestimmt werden. Die Wurzelkanäle werden nun mit speziellen Kanalinstrumenten aufbereitet. Anschließend werden die Wurzelkanäle gespült, desinfiziert, getrocknet und mit einer Wurzelfüllung (Guttaperchaspitzen und Wurzelfüllmaterial) versehen. Danach wird eine Röntgenkontrollaufnahme angefertigt und der Zahn kann provisorisch versorgt werden.

___ von 8 P.

7. Aufgabe

Hinweis: Unter Postexpositionsprophylaxe versteht man Maßnahmen zur Vorbeugung einer Infektion nach direktem Kontakt mit erregerhaltigem Material. Für jeden aufgeführten Aspekt werden zwei Punkte vergeben.

- Wunde gut bluten lassen
- Wunde antiseptisch spülen mit einem vireninaktivierenden Desinfektionsmittel
- Dokumentation des Unfallgeschehens und Information des ZA/der ZÄ
- Vorstellung beim Durchgangsarzt und ggf. weitere medikamentöse Behandlung

8. Aufgabe

Hinweis: API steht für Approximalraum-Plaque-Index.

___ von 4 P.

a) Beim API wird nach Anfärben der Plaque beurteilt, ob Beläge im Approximalraum vorhanden sind oder nicht (ja/nein-Entscheidung): 1. und 3. Quadrant oral, 2. und 4. Quadrant vestibulär. Anschließend wird der prozentuale Plaquebefall ermittelt und bewertet.

___ von 1 P.

b) 16 positive Messungen/23 Messstellen = 70 % (unzureichende Mundhygiene)

___ von 3 P.

9. Aufgabe

Hinweis: Folgende Begriffe sind Beispiele. Achten Sie genau auf die Aufgabenstellung, Plaque/Biofilm wurde hier ausgeschlossen.

- food debris
- materia alba
- Zahnstein
- Konkremente

10. Aufgabe

___ von 1 P.

a) z. B. Bass-Technik

___ von 4 P.

b) Das Borstenfeld wird bei der Bass-Technik schräg im Winkel von ca. 45° zum Zahnfleisch gerichtet. Die Zahnbürste ruht dabei jeweils zum Teil auf dem Zahnfleisch und der Zahnoberfläche. Von dieser Grundhaltung aus erfolgen kleine rüttelnde Hin- und

Herbewegungen, die in jedem Zahnabschnitt ca. 10-mal ausgeführt werden. Dabei dringen die Borsten gezielt in die Interdentalräume und entfernen supra- und subgingivale Plaque. Gleichzeitig wird die marginale Gingiva stimuliert. Um die Rückseite der Schneidezähne zu putzen, stellt man die Zahnbürste senkrecht und putzt auch hier mit kleinen Hin- und Herbewegungen. Die Kauflächen werden mit senkrecht aufliegenden Borsten gesäubert.

_____ von 4 P.

11. Aufgabe

🖊 *Hinweis: Pro Nennung erhalten Sie einen Punkt. Die Nennung von zwei Speicheldrüsen (auf Deutsch und mit Fachbegriff) ist zur Lösung ausreichend.*

- Ohrspeicheldrüse (glandula parotis)
- Unterzungenspeicheldrüse (gl. sublingualis)
- Unterkieferspeicheldrüse (gl. submandibularis)

_____ von 6 P.

12. Aufgabe

🖊 *Hinweis: Die folgenden Aspekte sollten in Ihrer Beschreibung (in dieser Reihenfolge) vorkommen.*

1. Befragung gemäß RöV
   Strahlenschutzschürze den Rücken bedeckend anlegen oder Strahlenschutzmantel anlegen
2. Pat. im OPG-Gerät positionieren
   Pat. hält sich an Handgriffen fest
   Füße zusammen, Pat. tritt leicht vor zur HWS-Streckung
   Pat. legt Stirn an Stütze an
   Pat. beißt auf Aufbissblock in Kopfbiss-Stellung
   Ausrichten der Ebenen mithilfe der Lichtvisiere (Frankfurter Horizontale, Bipupillarebene, Eckzahnebene, Sagittalebene)
   Kopf mit Halterungen fixieren
3. Kontrollbereich einhalten
   Auslösen unter ständigem Sicht-/Sprechkontakt zu Pat.
4. Bleischürze abnehmen
   alle kontaminierten Flächen wischdesinfizieren, Aufbissblock in TDI oder Schutzfolie entsorgen
5. ggf. Rö-Speicherfolie einscannen
   Rö-Aufnahme im PC aufrufen
6. Dokumentation im Rö-Kontrollbuch und ggf. im Röntgenpass

13. Aufgabe

🖊 *Hinweis: Statt Übergangsprothese wäre auch provisorische Prothese mit zeitlich begrenzter Tragedauer richtig. Achten Sie bei b) auf die Aufgabenstellung, es ist nur der Behandlungsablauf in Stichpunkten gefordert. Denken Sie daran, die erforderlichen Materialien zu nennen.*

_____ von 2 P.

a) Übergangsprothese, welche später durch definitiven ZE ersetzt wird

___ von 6 P.

b) **1. Erste Sitzung „Abformung"**

Alginatabformungen von OK & UK; ggf. Bissnahme

Grundbesteck, konfektionierte Abformlöffel, Messzylinder, Messlöffel, Alginatpulver, kaltes Wasser, Anmischbecher, Anmischspatel, Abformdesinfektionsbad, Kurzzeitwecker, ggf. Bissnahmematerial

Zahnfarbe- (& ggf. Form) bestimmen

Farbring, Technikauftragszettel

Abformungen ins zahntechnische Labor, die Interimsprothese wird nach einem halben bis max. 1,5 Tagen geliefert:

2. Zweite Sitzung „Eingliedern"

Interimsprothese wird eingegliedert

Grundbesteck

Okklusionskontrolle

Okklusionspapier oder -folie (mit Folienhalter) ggf. Technikhandstück, Fräse, Polierer

Pflegehinweise

Dokumentation

Karteikarte, Konformitätserklärung

nach einigen Tagen Tragezeit:

3. Dritte Sitzung „ZE-Kontrolle"

Okklusionskontrolle, Kontrolle auf Druckstellen

Grundbesteck

Okklusionspapier oder -folie (mit Folienhalter)

ggf. Technikhandstück, Fräse, Polierer

___ von 10 P.

14. Aufgabe

✎ Hinweis: Bei der folgenden Ausführung handelt es sich um eine Beispielformulierung. Achten Sie aber auf jeden Fall auf eine ausführliche Darstellung mit Instrumenten und Materialien.

Für diese Präparationssitzung muss zuerst der Arbeitsplatz mit Grundbesteck, Becher, Papierserviette (Umhang), persönlicher Schutzausrüstung (PSA), Karteikarte, der genehmigte Heil- und Kostenplan (HKP), die Anästhesie mit Spritze, Injektionskanüle und dem Anästhetikum sorgfältig vorbereitet werden.

Wenn der Patient nun bereitsitzt, werden Alginatabformungen des Ober- und Unterkiefers mit Abdrucklöffel, Messzylinder, Messlöffel, Alginatpulver, kaltem Wasser, Anmischbecher und Anmischspatel genommen.

Die Zahnfarbe kann mithilfe eines Farbrings ermittelt werden.

Falls Aufbauauffüllungen notwendig sind, werden diese mithilfe der Turbine und einem Diamanten präpariert, mit dem grünen oder blauen Winkelstück und rotierendem Rosenbohrer wird die Karies entfernt. Anschließend wird eine Matrize gelegt und das Aufbaumaterial wird mithilfe eines Anmischspatels und einer Glasplatte angemischt und mit einem Heidemannspatel und Kugelstopfer eingebracht. Dafür muss mit Watterollen, Speichelzieher und Absauger die Region trocken gehalten werden.

Anschließend werden die Zähne mit der Turbine oder dem roten Winkelstück präpariert. Jetzt werden die Fäden (ggf. getränkt) mit einem Heidemannspatel oder Fadenstopfer in die Gingiva gedrückt.

Nun kann der Korrekturabdruck vorgenommen werden (Abformung). Es wird ein Abdruck mit einem konfektionierten Löffel und einem knetbaren Silikon-Abformmaterial genommen. Diese erste Abformung wird mit einem Skalpell so beschnitten, dass anschließend der Abdrucklöffel ohne erkennbare Störung rein- und rausgenommen werden kann. Nun werden die Fäden entfernt und die zweite Abduckphase mit einem dünnfließenden Material kann erfolgen.

Die Bissnahme wird mit Wachs oder einem speziellen Bissnahmematerial durchgeführt.

Nun kann mithilfe eines provisorischen Kunststoffmaterials und einem zuvor genommenen Alginatabdruck das Provisorium erstellt werden. Dazu benötigt man: Technikhandstück, Fräse, Polierer. Das Provisorium kann mit einem provisorischen Zement (Anmischspatel, Anmischblock, Zement, Heidemannspatel) eingesetzt werden. Die Okklusion wird mit Okklusionspapier überprüft.

Jetzt werden die Abformungen für den Versand vorbereitet. Sie werden in einem Tauchbad desinfiziert und der Laborauftrag wird geschrieben.

Abschließend müssen das Zimmer und die Instrumente hygienisch aufbereitet werden, alle scharfen Instrumente in einem stichfesten Behälter entsorgt und die gesamte Sitzung dokumentiert werden.

_____ von 10 P.

15. Aufgabe

Hinweis: Es sind Beispiele aufgeführt.

1. Karteikarte, Röntgenbilder, Einverständniserklärung
2. sterile Schutzhandschuhe, Mundschutz, Schutzbrille
3. Spritze, Anästhetikum, Kanüle
4. chirurgischer Sauger
5. Skalpell, Raspatorium, Wundhaken
6. chirurgisches Winkelstück mit Rosenbohrer, Lindemann-Fräse o. Ä.
7. Beinscher Hebel, eventuell abgewinkelte Hebel, Wurzelrestzange
8. scharfer Löffel, Kochsalzlösung
9. Nadel und Faden/Nahtmaterial, Nadelhalter, chirurgische Pinzette, Schere
10. Tupfer, u. v. m.

_____ von 3 P.

16. Aufgabe

Hinweis: Es sind nur drei Nennungen verlangt. Andere Beispiele sind auch möglich.

- Lagerung im Behandlungszimmer (nicht im Aufbereitungsraum)
- staubdichte Lagerung
- First-in-First-Out-Regel beachten
- Lagerfristen beachten

___ von 1 P.

17. Aufgabe

Hinweis: Hypotonie bedeutet zu hoher Blutdruck.

Da Herr Höhler in der Anamnese eine Hypotonie angegeben hat, muss mit einem Kollaps gerechnet werden. (Blässe, kalter Schweiß u. Ä. sind die ersten Anzeichen, dass es zu einem Kollaps kommt. Auf die Sofortmaßnahmen bei einem Kollaps sollten Behandler und Assistenz vorbereitet sein.)

___ von 8 P.

18. Aufgabe

1. Klassifizierung: kritisch A
2. Trocken-Entsorgung ggf. mit grober Vorreinigung
3. Reinigung und Desinfektion im RDG
4. Sichtkontrolle, Pflege
5. Verpackung
6. Sterilisation
7. Kontrolle und Freigabe
8. Dokumentation, Lagerung

So viele Punkte habe ich erreicht: _____

So lange habe ich gebraucht: _____

Teil 2: Wirtschafts- und Sozialkunde

_____ von 4 P. **1.1** a) ⟋ *Hinweis: Beachten Sie, dass Nicole Schneider zu Beginn der Ausbildung 17 Jahre alt und somit noch nicht volljährig ist.*

Nicole Schneider kann den Ausbildungsvertrag ohne ihre Eltern nicht rechtswirksam abschließen, da sie beschränkt geschäftsfähig ist. Sie benötigt die Zustimmung ihrer Eltern/Erziehungsberechtigten, damit der Vertrag gültig wird.

_____ von 4 P. b) Am Anfang der Berufsausbildung steht eine Probezeit (von mindestens 1 Monat und maximal 4 Monaten), damit in dieser Zeit Auszubildende und Ausbildende feststellen können, ob die Auszubildende für den Beruf geeignet ist und ob er ihr gefällt.

_____ von 8 P. c) ⟋ *Hinweis: Sie müssen hier nur zwei Erklärungen aufführen.*

Während der Probezeit kann Nicole Schneider mit Einwilligung ihrer Eltern ohne Angabe von Gründen fristlos schriftlich kündigen.

Nach der Probezeit kann Nicole Schneider (ggf. mit Einwilligung ihrer Eltern) mit einer Frist von 4 Wochen schriftlich kündigen, wenn sie den Ausbildungsberuf aufgeben oder in einen anderen Ausbildungsberuf wechseln möchte.

Nicole Schneider könnte mit ihrem Ausbildenden einen Aufhebungsvertrag vereinbaren und so das Ausbildungsverhältnis einvernehmlich beenden.

_____ von 4 P. **1.2** ⟋ *Hinweis: Es sind nur vier Inhalte gefordert.*

- Beginn und Dauer der Berufsausbildung
- Dauer der regelmäßigen täglichen Ausbildungszeit
- Dauer der Probezeit
- Dauer des Urlaubs
- Kündigungsvoraussetzungen

_____ von 4 P. **1.3** ⟋ *Hinweis: Beachten Sie zur Lösung der Aufgabe Anlage 1. Nicole Schneider ist zu Beginn des Kalenderjahres (2016) noch nicht 17 Jahre alt. Daher würden ihr für dieses Jahr 27 Werktage zustehen. Da sie aber erst Anfang Dezember mit der Ausbildung beginnt, stehen ihr für einen Monat nur anteilig 2 Urlaubstage zu.*

$27 : 12 = 2{,}25 \approx$ **2 Werktage**

_____ von 4 P. **1.4** Durch das JArbSchG wird die besondere Situation von Jugendlichen berücksichtigt, die noch in ihrer geistigen und körperlichen Entwicklung stehen und eines besonderen Schutzes bedürfen. So sollen minderjährige Arbeitnehmer vor Arbeiten geschützt werden, die ihre physische und psychische Gesundheit gefährden.

_____ von 6 P. **2.1** Die Mutterschutzfrist beginnt sechs Wochen vor der Geburt, d. h. am 27.05.2017. Sie endet acht Wochen nach der Geburt, d. h. am 02.09.2017.

____ von 4 P.

2.2 In den acht Wochen nach der Geburt herrscht ein absolutes Beschäftigungsverbot, d. h. Franziska Spatz darf auf keinen Fall bereits vier Wochen nach der Geburt wieder arbeiten.

____ von 8 P.

2.3 ✐ *Hinweis: Pro Nennung werden 2 Punkte vergeben, Sie müssen nur vier Tätigkeiten nennen.*

- Aktualisierungen am QM-Handbuch vornehmen
- neue Dokumente erstellen (Checklisten, Arbeitsanweisungen …)
- Abrechnungen durchführen
- Telefonate/Aufklärungsgespräche mit Patienten führen
- Termine vergeben

____ von 4 P.

2.4 Werdende Mütter genießen gemäß Mutterschutzgesetz einen erhöhten gesetzlichen Kündigungsschutz, sofern die Schwangerschaft bekannt ist. Franziska Spatz sollte ihrem Arbeitgeber deshalb innerhalb von zwei Wochen nach Zugang des Kündigungsschreibens ihre Schwangerschaft mitteilen und nachweisen. In diesem Fall würde ein Kündigungsverbot herrschen und das Arbeitsverhältnis weiter bestehen.

____ von 10 P.

3.1 ✐ *Hinweis: Die Kirchensteuer können Sie ermitteln, indem Sie 9 % von der Lohnsteuer (siehe Anlage 3) berechnen. Beim Solidaritätszuschlag gehen Sie genauso vor, allerdings mit 5,5 %. Bei der Berechnung der Krankenversicherung müssen Sie den Zusatzbeitrag von 1,1 % berücksichtigen, sodass Sie auf 8,4 % kommen. Für die Pflegeversicherung berechnen Sie 1,175 % vom sozialversicherungspflichtigen Einkommen. Stefanie Krämer war zum Zeitpunkt der Prüfung (November 2016) noch unter 23 Jahre. Die Punkteverteilung gestaltet sich wie folgt: je 2 Punkte für Kirchensteuer und Solidaritätszuschlag, je 3 Punkte für Krankenversicherung und Pflegeversicherung.*

Bruttogehalt	1.794,00 €
+ VL	15,00 €
= sozialversicherungspflichtiges Einkommen	1.809,00 €
– Lohnsteuer	155,58 €
– Kirchensteuer	**14,00 €**
– Solidaritätszuschlag	**8,56 €**
– KV	**151,96 €**
– PV	**21,26 €**
– RV	169,14 €
– AV	27,14 €
= Nettoeinkommen	1.261,36 €
– VL/Sparrate	35,00 €
= Auszahlungsbetrag	1.226,36 €

____ von 4 P.

3.2 a) ✐ *Hinweis: Beachten Sie, dass nur zwei Nennungen gefordert sind.*

- Höhe des Gehaltes
- Lohnsteuerklasse
- Freibeträge

____ von 4 P.

b) Die vermögenswirksamen Leistungen von Frau Krämer werden direkt von ihrem Arbeitgeber auf ein von ihr angegebenes Anlagekonto, z. B. Bausparvertrag, überwiesen.

___ von 4 P.

3.3 a) Grundsätzlich gelten die ausgehandelten Tarifverträge nur für Arbeitneh-mer*innen und Arbeitgeber*innen, die Tarifvertragsparteien angehören, d. h. Arbeitnehmer*innen müssen Mitglied in einer Gewerkschaft und Arbeitge-ber*innen Mitglied in einem Arbeitgeberverband sein.

___ von 6 P.

b) ✎ *Hinweis: Je Nennung werden 1,5 Punkte vergeben, es sind nur jeweils zwei Nennungen gefordert.*

Manteltarifvertrag:
- Probezeit
- Urlaub
- Arbeitszeit

Vergütungstarifvertrag:
- Gehalt
- Tätigkeitsgruppen
- Ausbildungsvergütung

___ von 4 P.

4.1 a) Die Verjährung der Honorarforderung aus dem Behandlungsvertrag beträgt drei Jahre. Sie beginnt am Ende des Entstehungsjahres (hier: 31.12.2015) und endet in dieser Situation somit am 31.12.2018 um 24 Uhr.

___ von 4 P.

b) Verjährung bedeutet, dass ein Gläubiger innerhalb bestimmter Fristen seine Rechte geltend machen muss, da sie ansonsten nicht mehr gerichtlich eingeklagt werden können. Die Folge ist, dass der Schuldner danach die Leistung verwei-gern kann.

___ von 4 P.

4.2 ✎ *Hinweis: Eine Erklärung ist hier ausreichend.*

Die Zahnarztpraxis Dr. Spranger & Dr. Specht kann einen Antrag auf Erlass eines Mahnbescheids beim zuständigen Amtsgericht stellen, um die Forderung einzu-treiben.

Die Zahnarztpraxis Dr. Spranger & Dr. Specht könnte (mithilfe eines Rechtsan-waltes) den Anspruch in einem Klageverfahren durchsetzen.

___ von 6 P.

4.3 ✎ *Hinweis: Die Gesamtsumme finden Sie in der Situationsbeschreibung zu Beginn.*

1.584,90 € : 3 = 528,30 €

528,30 € : 3 = **176,10 €**

___ von 4 P.

4.4 Die erste Teilzahlung des Patienten Müller verändert den Zeitablauf der Verjährung. Diese Zahlung bewirkt eine sog. Unterbrechung. Dies bedeutet, dass die Verjährung von Neuem beginnt.

So viele Punkte habe ich erreicht: _____

So lange habe ich gebraucht: _____

Teil 3: Abrechnungswesen

1. Privatpatientin

✎ *Hinweis: Bei der Gebührenposition Ä5 muss in der Privatliquidation keine Zahnangabe eingetragen werden, auch wenn diese in der Aufgabenstellung genannt wird. Beachten Sie, dass die Pos. 0080 nur je Frontzahnbereich oder Kieferhälfte abzurechnen ist. Daher wird sie in diesem Fall im Unterkiefer nur einmalig aufgeführt. Lesen Sie den OPG-Befund genau. Um die Entfernung der Zähne 47, 48 richtig zu berechnen, müssen Sie die Formulierung „47 tief zerstört, 48 extrem verlagert" beachten. Folglich wird hier die Pos. 3045 plus Zuschlag 0510 für den Zahn 48 und die Pos. 3020 für den Zahn 47 abgerechnet. An einem Behandlungstag kann lediglich ein OP-Zuschlag berechnet werden, hier der höhere Zuschlag 0510. Um 21:15 Uhr kann zusätzlich zur Beratung der Zuschlag B notiert werden. Achten Sie auch darauf, dass das Datum und die Uhrzeit bei einer 2. Sitzung am gleichen Behandlungstag wiederholt eingetragen werden muss.*

Datum	Zahn	Gebührennummer	Anzahl
25.11.		Ä5	1
		Ä5004	1
		Ä1	1
	47, 48	0080	1
	47, 48	0100	1
	47	3020	1
	48	3045	1
		0510	1
	48	0100	1
		Ä70	1
25.11.		Ä1	1
21:15 Uhr		ÄB	1

_____ von 50 P.

2. Kassenpatient

Hinweis: Der Patient Herr Paolo Rossi war 2010 nicht zur Vorsorge, es kann geschlussfolgert werden, dass er 2011 bis 2016 eine Kontrolluntersuchung wahrgenommen hat, daher ist der Bonus mit 20 % zu vermerken. Für Ober- und Unterkiefer ist Befundgruppe 3 relevant. In der Regelversorgung bekommen im Unterkiefer alle zu versorgenden Zähne nur den Festzuschuss für Kronen plus Verblendung. Planungsmodelle werden nach der BEMA-Nummer 7b abgerechnet.

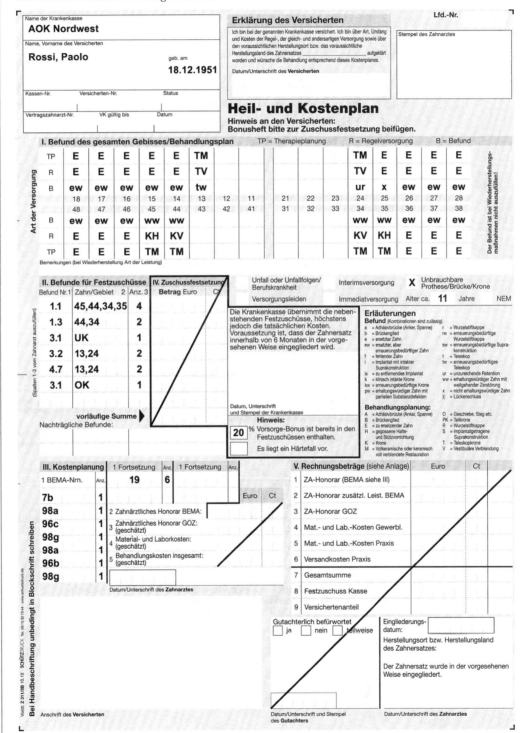

Heil- und Kostenplan

Name der Krankenkasse: **AOK Nordwest**

Name, Vorname des Versicherten: **Rossi, Paolo** — geb. am **18.12.1951**

I. Befund des gesamten Gebisses/Behandlungsplan — TP = Therapieplanung, R = Regelversorgung, B = Befund

	18	17	16	15	14	13	12	11	21	22	23	24	25	26	27	28
TP	E	E	E	E	E	TM						TM	E	E	E	E
R	E	E	E	E	E	TV						TV	E	E	E	E
B	ew	ew	ew	ew	ew	tw						ur	x	ew	ew	ew

	48	47	46	45	44	43	42	41	31	32	33	34	35	36	37	38
B	ew	ew	ew	ww	ww							ww	ww	ew	ew	ew
R	E	E	E	KH	KV							KV	KH	E	E	E
TP	E	E	E	TM	TM							TM	TM	E	E	E

II. Befunde für Festzuschüsse

Befund Nr. 1	Zahn/Gebiet 2	Anz. 3
1.1	45,44,34,35	4
1.3	44,34	2
3.1	UK	1
3.2	13,24	2
4.7	13,24	2
3.1	OK	1

vorläufige Summe ▶

IV. Zuschussfestsetzung

20 % Vorsorge-Bonus ist bereits in den Festzuschüssen enthalten.

III. Kostenplanung

1 BEMA-Nrn.	Anz.	1 Fortsetzung	Anz.	1 Fortsetzung	Anz.
7b	1	19	6		
98a	1				
96c	1				
98g	1				
98a	1				
96b	1				
98g	1				

Anlage: Planung HKP Teil 2

Heil- und Kostenplan Teil 2

Name des Patienten

Rossi, Paolo

Zahnarztpraxis

Anlage zum Heil- und Kostenplan vom _____

Für Ihre prothetische Behandlung werden entsprechend nachfolgender Aufstellung voraussichtlich folgende Kosten/Eigenanteile anfallen:

Zahn/Gebiet	GOZ	Leistungsbeschreibung	Anzahl	Betrag EUR
13, 24, 35, 34 44, 45	5040	voll verblendete Teleskopkronen	6	

Zahnärztliches Honorar GOZ (entsprechend Zeile III/3 HKP): .... EUR_____

Zahnärztliches Honorar BEMA (entsprechend Zeile III/1 und 2 HKP): .... EUR_____

Material und Laborkosten (entsprechend Zeile III/4 HKP): .... EUR_____

Gesamtkosten (entsprechend Zeile III/5 HKP): .... EUR_____

abzüglich Festzuschüsse: .... EUR_____

Ihr voraussichtlicher Eigenanteil wird hiernach betragen EUR

Kosten für allgemeine und konservierend-chirurgische Leistungen nach der GOZ sind in den Beträgen nicht enthalten. Unvorhersehbare Leistungen, die sich im Rahmen der Behandlung ergeben, werden gesondert berechnet. Unvorhersehbare Veränderungen der Schwierigkeit sowie des Zeitaufwandes der einzelnen Leistungen, der Umstände bei der Ausführung oder der Methode können zu Kostenveränderungen führen.

Ich wünsche eine Versorgung entsprechend des Heil- und Kostenplans nebst dieser Anlage

Datum / Unterschrift des **Zahnarztes**

Datum / Unterschrift des **Versicherten**

Informationen über die Kosten der Regelversorgung

Die Kosten für eine dem Befund entsprechende Regelversorgung liegen voraussichtlich in Höhe des doppelten Festzuschusses.

doppelter Festzuschuss .... EUR_____

abzüglich von der Kasse festgesetzter Festzuschüsse .... EUR_____

Ihr Eigenanteil würde im Falle der Regelversorgung daher voraussichtlich .... EUR_____ zzgl. der möglicherweise anfallenden Edelmetallkosten betragen.

Vordr. 3b (231/21 2006) SCHÜTZDRUCK Tel. (0511) 32 73 44 www.schuetzdruck.de

3. Privatpatientin

Hinweis: Am 15.10. kann die Wurzelkanalaufbereitung (2410) nicht erneut abgerechnet werden, da in der Abrechnungsbestimmung die erneute Berechnung dieser Position nur mit medizinischer Begründung beschrieben wurde. Im vorliegenden Fall ist diese nicht vorhanden. Am 25.11. kann die Pos. 2030 für die Matrize abgerechnet werden, da sie lediglich bei Pos. 2050, 2070, 2090, 2110 für das Legen einer Matrize ausgeschlossen wurde. Die adhäsive Befestigung (2197) kann sowohl für die Befestigung des Glasfaserstiftes als auch für die der Aufbaufüllung vermerkt werden. Die Position Ä1 kann am 25.11. erneut abgerechnet werden, da hier die vorgeschriebenen 30 Tage bereits vergangen sind.

Datum	Zahn	Gebührennummer	Anzahl
18.10.		Ä1	1
		Ä5	1
	44, 45	0070	1
	44, 45	Ä5000	1
	43−46	2040	1
	44	2390	1
	44	2410	1
	44	2420	1
	44	2430	1
	44	2020	1
15.10.	44	2400	1
	44	2420	1
	44	Ä5000	1
	44	2430	1
	44	2020	1
22.10.	44	2420	1
	44	2440	1
	44	Ä5000	1
	44	2020	1
25.11.	44	2030	1
	44	2180	1
	44	2197	1
	44	2195	1
	44	2197	1
		Ä1	1
		0030	1

4. Kassenpatientin

Hinweis: Für das Legen von Kofferdam/Spanngummi gibt es im BEMA keine eigenständige Position, es wird bei der Kassenabrechnung als bMF/12 vermerkt. Da diese BEMA-Leistung bereits berechnet wurde, kann sie für die übermäßige Papillenblutung nicht nochmals berechnet werden. Die BEMA-Leistung Cp/25 kann hier zweifach abgerechnet werden, da die Abrechnungsbestimmung die Berechnung je Kavität vorsieht. Die parapulpären Stifte (BEMA-Leistung St/16) können nur einmalig je Zahn notiert werden, auch wenn in diesem Fall die Verankerung mit je einem parapulpären Stift beschrieben wurde.

Datum	Zahn	BEMA-Leistung	Anzahl	Bemerkungen
25.11.		U/01	1	
	13, 14, 41, 42	Vipr/8	1	
	OK, UK	Ä935d	1	1
	13, 14	I/40	1	
	13, 14	bMF/12	1	
	13	Cp/25	2	
	13	F4/13d	1	mivp/1245
	13	F4/13d	1	divp/2345
	13	3l/16	1	
	14	VitE/28	2	
	14	WK/32	2	
	14	Rö2/Ä925a	1	1
	14	WF/35	2	
	14	Rö2/Ä925a	1	1
	OK, UK	Zst/107	1	
	OK, UK	Mu/105	1	
		Ohn/02	1	

5. Kassenpatientin

*Hinweis: Geplante konfektionierte und gegossene Stifte sind in das Bemerkungsfeld ein-
zutragen (hier: 34 adhäsiv befestigter Glasfaserstift). Achten Sie darauf, dass die Zähne
46, 47 und 37 in der endgültigen Versorgung Regelversorgung bleiben und somit als
BEMA-Leistung 91a (Zahn 37) und 20c (Zahn 46, 47) berücksichtigt werden müssen.
Die Zähne 14, 24 stehen nicht im direkten Brückenverband und müssen bei den Festzuschüssen und der Berechnung nach Einzelkronen eingestuft werden.*

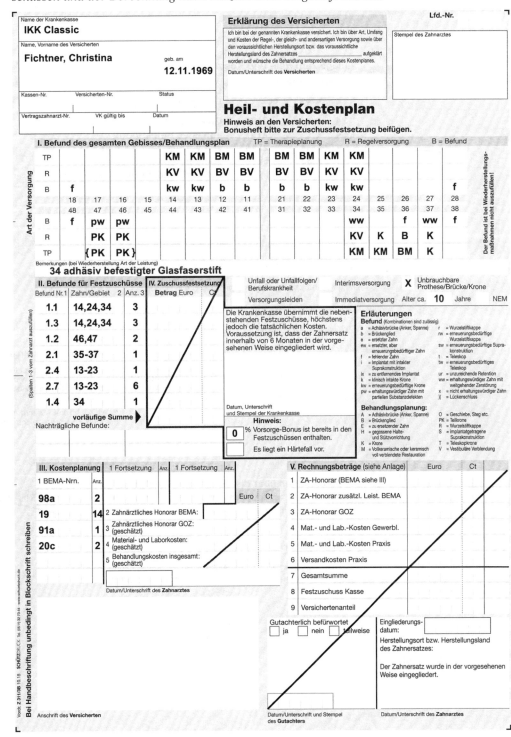

Heil- und Kostenplan Teil 2

Name des Patienten

Fichtner, Christina

Zahnarztpraxis

Anlage zum Heil- und Kostenplan vom _____

Für Ihre prothetische Behandlung werden entsprechend nachfolgender Aufstellung voraussichtlich folgende Kosten/Eigenanteile anfallen:

Zahn/Gebiet	GOZ	Leistungsbeschreibung	Anzahl	Betrag EUR
34	2195	Glasfaserstift	1	
34	2197	adhäsive Befestigung	1	
14, 24, 34	2210	voll verblendete Kronen	3	
13, 23, 35	5010	voll verblendete Brückenanker	3	
12-22, 36	5070	voll verblendete Brückenspannen	2	

Zahnärztliches Honorar GOZ (entsprechend Zeile III/3 HKP): .... EUR _____

Zahnärztliches Honorar BEMA (entsprechend Zeile III/1 und 2 HKP): .... EUR _____

Material und Laborkosten (entsprechend Zeile III/4 HKP): .... EUR _____

Gesamtkosten (entsprechend Zeile III/5 HKP): .... EUR _____

abzüglich Festzuschüsse: .... EUR _____

Ihr voraussichtlicher Eigenanteil wird hiernach betragen EUR _____

Kosten für allgemeine und konservierend-chirurgische Leistungen nach der GOZ sind in den Beträgen nicht enthalten. Unvorhersehbare Leistungen, die sich im Rahmen der Behandlung ergeben, werden gesondert berechnet. Unvorhersehbare Veränderungen der Schwierigkeit sowie des Zeitaufwandes der einzelnen Leistungen, der Umstände bei der Ausführung oder der Methode können zu Kostenveränderungen führen.

Ich wünsche eine Versorgung entsprechend
des Heil- und Kostenplans nebst dieser Anlage

_____
Datum / Unterschrift des **Zahnarztes**

_____
Datum / Unterschrift des **Versicherten**

Informationen über die Kosten der Regelversorgung

Die Kosten für eine dem Befund entsprechende Regelversorgung liegen voraussichtlich in Höhe des doppelten Festzuschusses.

doppelter Festzuschuss .... EUR _____

abzüglich von der Kasse festgesetzter Festzuschüsse .... EUR _____

Ihr Eigenanteil würde im Falle der Regelversorgung daher voraussichtlich .... EUR _____
zzgl. der möglicherweise anfallenden Edelmetallkosten betragen.

Vordr. 3b (2312/1 2009) SCHÜTZENDRUCK Tel. (09 11) 32 72 44 · www.schuetzdruck.de

___ von 24 P.

6. Privatpatient

✐ *Hinweis: In der Privatabrechnung kann das Erheben des PSI-Codes zweimal im Kalenderjahr abgerechnet werden. Da es sich bei der Politur (Zahn 44) um eine alte Füllung handelt, darf die Gebührennummer 2130 abgerechnet werden.*

Datum	Zahn	Gebührennummer	Anzahl
25.11.		0010	1
		Ä1	1
	17–15, 25–27, 35–37, 45–47	Ä5000	2
		4005	1
	45	4030	1
	44	2130	1
	33–43	4050	6
	33–43	2010	1

___ von 45 P.

7. Kassenpatient

✐ *Hinweis: Da die letzte eingehende Untersuchung am 01.07. dieses Jahres erfolgte, kann sie in diesem Behandlungsfall nicht abgerechnet werden. Die Tamponade am 04.11. (Zahn 14) kann hier nicht zusätzlich als Nachbehandlung abgerechnet werden, da die primäre Wundversorgung Inhalt der BEMA-Leistung Inzision darstellt. Achten Sie bei Zahn 16 auf den Röntgenbefund (tief frakturiert), daher kann hier mit BEMA-Leistung X3/45 abgerechnet werden. Am 16.11. kann die Stillung der Nachblutung zusätzlich als BEMA-Leistung Nbl1/36 abgerechnet werden, da es mit erheblichen Zeitaufwand verbunden war. Die 2. Behandlungssitzung am selben Tag muss mit wiederholtem Eintrag des Datums erfolgen. Bei der Berechnung der BEMA-Leistung Zu/03 ist die Uhrzeit unter Bemerkung anzugeben.*

Datum	Zahn	BEMA-Leistung	Anzahl	Bemerkungen
04.11.	14–16	Rö2/Ä925a	1	1
		Ber/Ä1	1	
	14	I/40	1	
	14	Inz1/Ä161	1	
09.11.	14	N/38	1	
11.11.	16	I/40	1	
	16	X3/45	1	
		7700	1	
	14	N/38	1	
16.11.	14	I/40	1	
	14	Ost1/47a	1	
	14	Nbl1/36	1	
16.11.		Ber/Ä1	1	
		Zu/03	1	19:50 Uhr
25.11.	14, 16	N/38	1	

___ von 43 P.

8. Kassenpatientin

✦ *Hinweis: Hier kommt Festzuschussgruppe 4 zum Tragen, da sich im Oberkiefer kein Zahn und sich im Unterkiefer nur zwei Zähne befinden. Festzuschuss 4.9 und BEMA-Nr. 98d sind nur bei zahnlosem Kiefer oder Restzahnbestand von bis zu drei Zähnen je Kiefer abrechenbar. Den voraussichtlichen Eigenanteil berechnen Sie, indem Sie die vorläufige Summe von Behandlungskosten insgesamt subtrahieren.*

Welchen Eigenanteil hat Frau Käfer zu erwarten?   **1.462,16 €**

Name der Krankenkasse		Erklärung des Versicherten		Lfd.-Nr.
Barmer GEK				

Ich bin bei der genannten Krankenkasse versichert. Ich bin über Art, Umfang und Kosten der Regel-, der gleich- und andersartigen Versorgung sowie über den voraussichtlichen Herstellungsort bzw. das voraussichtliche Herstellungsland des Zahnersatzes _____ aufgeklärt worden und wünsche die Behandlung entsprechend dieses Kostenplanes.

Stempel des Zahnarztes

Name, Vorname des Versicherten
Käfer, Martha   geb. am   **26.09.1945**

Datum/Unterschrift des **Versicherten**

Kassen-Nr.   Versicherten-Nr.   Status

Vertragszahnarzt-Nr.   VK gültig bis   Datum

Heil- und Kostenplan

Hinweis an den Versicherten:
Bonusheft bitte zur Zuschussfestsetzung beifügen.

I. Befund des gesamten Gebisses/Behandlungsplan   TP = Therapieplanung   R = Regelversorgung   B = Befund

Art der Versorgung

TP																
R	E	E	E	E	E	E	E	E	E	E	E	E	E	E	E	E
B	ew	ew	ew	ew	ew	ew	ew	ew	ew	ew	ew	ew	ew	ew	ew	ew
	18	17	16	15	14	13	12	11	21	22	23	24	25	26	27	28
	48	47	46	45	44	43	42	41	31	32	33	34	35	36	37	38
B	ew	ew	ew	ew	ew	tw	ew	ew	ew	ew	tw	ew	ew	ew	ew	ew
R	E	E	E	E	E	TV	E	E	E	E	TV	E	E	E	E	E
TP																

Bemerkungen (bei Wiederherstellung Art der Leistung)

Der Befund ist bei Wiederherstellungsmaßnahmen nicht auszufüllen!

II. Befunde für Festzuschüsse | IV. Zuschussfestsetzung

Befund Nr.1	Zahn/Gebiet 2	Anz. 3	Betrag Euro	Ct
4.2	OK	1	307	67
4.3	UK	1	330	80
4.6	33,43	2	515	66
4.7	33,43	2	63	96
4.9	OK, UK	1	58	35
	vorläufige Summe ▶		1.276	44

Nachträgliche Befunde:

(Spalten 1–3 vom Zahnarzt auszufüllen)

Unfall oder Unfallfolgen/ Berufskrankheit		Interimsversorgung		X Unbrauchbare Prothese/Brücke/Krone
Versorgungsleiden		Immediatversorgung	Alter ca. **15** Jahre	NEM

Die Krankenkasse übernimmt die nebenstehenden Festzuschüsse, höchstens jedoch die tatsächlichen Kosten. Voraussetzung ist, dass der Zahnersatz innerhalb von 6 Monaten in der vorgesehenen Weise eingegliedert wird.

Datum, Unterschrift und Stempel der Krankenkasse

Hinweis:
0 % Vorsorge-Bonus ist bereits in den Festzuschüssen enthalten.
☐ Es liegt ein Härtefall vor.

Erläuterungen
Befund (Kombinationen sind zulässig)
a = Adhäsivbrücke (Anker, Spanne)
b = Brückenglied
e = ersetzter Zahn
ew = ersetzter, aber erneuerungsbedürftiger Zahn
f = fehlender Zahn
i = Implantat mit intakter Suprakonstruktion
ix = zu entfernendes Implantat
k = klinisch intakte Krone
kw = erneuerungsbedürftige Krone
pw = erhaltungswürdige Zahn mit partiellen Substanzdefekten

r = Wurzelstiftkappe
rw = erneuerungsbedürftige Wurzelstiftkappe
sw = erneuerungsbedürftige Suprakonstruktion
t = Teleskop
tw = erneuerungsbedürftiges Teleskop
ur = unzureichende Retention
ww = erhaltungswürdiger Zahn mit weitgehender Zerstörung
x = nicht erhaltungswürdiger Zahn
)(= Lückenschluss

Behandlungsplanung:
A = Adhäsivbrücke (Anker, Spanne)
B = Brückenglied
E = zu ersetzender Zahn
H = gegossene Halte- und Stützvorrichtung
K = Krone
M = Vollkeramische oder keramisch voll verblendete Restauration

O = Geschiebe, Steg etc.
PK = Teilkrone
R = Wurzelstiftkappe
S = implantatgetragene Suprakonstruktion
T = Teleskopkrone
V = Vestibuläre Verblendung

III. Kostenplanung

1 BEMA-Nrn.	Anz.	1 Fortsetzung	Anz.	1 Fortsetzung	Anz.
98b	1				
98c	1				
97a	1				
91d	2				
19	2				
97b	1				
98d	1				

		Euro	Ct
2	Zahnärztliches Honorar BEMA:	958	60
3	Zahnärztliches Honorar GOZ: (geschätzt)	- - -	- - -
4	Material- und Laborkosten: (geschätzt)	1.780	00
5	Behandlungskosten insgesamt: (geschätzt)	2.738	60

Datum/Unterschrift des **Zahnarztes**

V. Rechnungsbeträge (siehe Anlage)

		Euro	Ct
1	ZA-Honorar (BEMA siehe III)		
2	ZA-Honorar zusätzl. Leist. BEMA		
3	ZA-Honorar GOZ		
4	Mat.- und Lab.-Kosten Gewerbl.		
5	Mat.- und Lab.-Kosten Praxis		
6	Versandkosten Praxis		
7	Gesamtsumme		
8	Festzuschuss Kasse		
9	Versichertenanteil		

Gutachterlich befürwortet
☐ ja ☐ nein ☐ teilweise

Eingliederungsdatum:

Herstellungsort bzw. Herstellungsland des Zahnersatzes:

Der Zahnersatz wurde in der vorgesehenen Weise eingegliedert.

Datum/Unterschrift und Stempel des **Gutachters**

Datum/Unterschrift des **Zahnarztes**

Anschrift des **Versicherten**

Vordr. Z 311/3B 10.15 SCHÜTZDRUCK Tel. 85 15 32 75 44 · www.schuetzdruck.de

Bei Handbeschriftung unbedingt in Blockschrift schreiben

Anlage: Planung Rechenhilfe

Rechenhilfe zum Heil- und Kostenplan 2016

III. 1+2 Kostenplanung Berechnung zahnärztliches Honorar BEMA

BEMA-Nr. 1	Anzahl 2	Bew.-Zahl 3	Spalte 2 × Spalte 3
98b	1	57	57
98c	1	76	76
97a	1	250	250
91d	2	190	380
19	2	19	38
97b	1	290	290
98d	1	23	23
Gesamtsumme Spalte 4			1.114
X Punktwert 0,8605 = zahnärztliches Honorar			958,60 €

V.2 Rechnungsbeträge ZA-Honorar zusätzl. Leistungen BEMA

BEMA-Nr. 1	Anzahl 2	Bew.-Zahl 3	Spalte 2 × Spalte 3
Gesamtsumme Spalte 4			
X Punktwert 0,8605 = zahnärztliches Honorar			

III. 3. Rechnungsbeträge ZA-Honorar GOZ, geschätzt

Zahn/Gebiet	Geb.-Nr.	Anzahl	Faktor	Honorar
Gesamthonorar				

V.3 Rechnungsbeträge ZA-Honorar GOZ, tatsächlich

Zahn/Gebiet	Geb.-Nr.	Anzahl	Faktor	Honorar
Gesamthonorar				

V. Rechnungsbeträge
5. Material- und Laborkosten Praxis: z. B.;

Material/Laborarbeit	Anzahl	Einzelpreis	Kosten
Praxislabor, Sonstiges	x		=
Abformmaterial	x		=
Prov. Kronen/Brückenanker	x		=
Prov. Brückenglieder	x		=
		Gesamtkosten	

9. Kassenpatient

✦ *Hinweis: Die Füllungen der Zähne 42–32 vestibulär/zervikal sind nur mit der BEMA-Leistung F1/13a abzurechnen, da die Flächenkennzeichnung zervikal keine eigenständige Fläche darstellt. Sie muss aber unter Bemerkungen eingetragen werden.*

Datum	Zahn	BEMA-Leistung	Anzahl	Bemerkungen
25.11.		01/U	1	
	43–33	Zst/107	1	
	42–32	I/40	4	
	42–32	F1/13a	4	vz/47
	15, 27	sK/106	1	
	15, 27	Mu/105	1	

10. Kassenpatientin

✦ *Hinweis: Durch die Neuanfertigung der provisorischen Brücke von 43–48 fallen zusätzlich Materialkosten für die provisorischen Brückenanker und die drei provisorischen Brückenglieder an. Für das Abnehmen und Wiederbefestigen beider Brücken wird jeweils die BEMA-Nr. 95d zweimal abgerechnet. Der Zahn 48 wird beim Provisorium nicht zusätzlich als 24c abgerechnet, da es sich um eine provisorische Brückenkonstruktion handelt.*

V.2 Rechnungsbeträge ZA-Honorar zusätzliche Leistungen BEMA

BEMA- Nr. 1	Anzahl 2	Bew.-Zahl 3	Spalte 2 × Spalte 3 4
24c	8	7	56
95d	4	18	72
19	6	19	114
Gesamtsumme Spalte 4			242
X Punktwert 0,8605 = zahnärztliches Honorar			208,24 €

V. Rechnungsbeträge
5. Material- und Laborkosten Praxis: z. B.;

Material/Laborarbeit	Anzahl	Einzelpreis	Kosten
Praxislabor/Sonstiges			
Abformmaterial	1×		35,90 €
Prov. Kronen/Brückenanker	12×	2,00	24,00 €
Prov. Brückenglieder	7×	2,20	15,40 €
		Gesamtkosten	75,30 €

Heil- und Kostenplan

Name der Krankenkasse
AOK Nordwest

Name, Vorname des Versicherten
Wilczek, Manuela   geb. am **13.05.1955**

Kassen-Nr.   Versicherten-Nr.   Status

Vertragszahnarzt-Nr.   VK gültig bis   Datum

Erklärung des Versicherten

Ich bin bei der genannten Krankenkasse versichert. Ich bin über Art, Umfang und Kosten der Regel-, der gleich- und andersartigen Versorgung sowie über den voraussichtlichen Herstellungsort bzw. das voraussichtliche Herstellungsland des Zahnersatzes _____ aufgeklärt worden und wünsche die Behandlung entsprechend dieses Kostenplanes.

Datum/Unterschrift des **Versicherten**

Lfd.-Nr.

Stempel des Zahnarztes

Hinweis an den Versicherten:
Bonusheft bitte zur Zuschussfestsetzung beifügen.

I. Befund des gesamten Gebisses/Behandlungsplan   TP = Therapieplanung   R = Regelversorgung   B = Befund

Art der Versorgung		18	17	16	15	14	13	12	11	21	22	23	24	25	26	27	28
	TP							M	M	M	M						
	R							KV	KV	KV	KV						
	B	f						ww	ww	ww	ww						f
		48	47	46	45	44	43	42	41	31	32	33	34	35	36	37	38
	B	ww	kw	b	b	b	kw							k	kw	kx	kw	f
	R	K	K	B	B	BV	KV							K	B	K	
	TP	K	KM	BM	BM	BM	KM							KM	BM	KM	

Bemerkungen (bei Wiederherstellung Art der Leistung)

Der Befund ist bei Wiederherstellungsmaßnahmen nicht auszufüllen!

II. Befunde für Festzuschüsse

Befund Nr. 1	Zahn/Gebiet 2	Anz. 3
1.1	12-22,48	5
1.3	12-22	4
2.1	35-37	1
2.3	43-47	1
2.7	43,44	2

vorläufige Summe ▶
Nachträgliche Befunde:

IV. Zuschussfestsetzung

Betrag Euro	Ct
696	65
201	60
330	13
425	25
98	20
1.751	**83**

Datum, Unterschrift und Stempel der Krankenkasse

Die Krankenkasse übernimmt die nebenstehenden Festzuschüsse, höchstens jedoch die tatsächlichen Kosten. Voraussetzung ist, dass der Zahnersatz innerhalb von 6 Monaten in der vorgesehenen Weise eingegliedert wird.

Hinweis:
0 % Vorsorge-Bonus ist bereits in den Festzuschüssen enthalten.
☐ Es liegt ein Härtefall vor.

Unfall oder Unfallfolgen/ Berufskrankheit   Interimsversorgung   **X** Unbrauchbare Prothese/Brücke/Krone

Versorgungsleiden   Immediatversorgung   Alter ca. **10** Jahre   NEM

Erläuterungen
Befund (Kombinationen sind zulässig)
a = Adhäsivbrücke (Anker, Spanne)
b = Brückenglied
e = ersetzter Zahn
ew = ersetzter, aber erneuerungsbedürftiger Zahn
f = fehlender Zahn
i = Implantat mit intakter Suprakonstruktion
ix = zu entfernendes Implantat
k = klinisch intakte Krone
kw = erneuerungsbedürftige Krone
pw = erhaltungswürdiger Zahn mit partiellen Substanzdefekten

r = Wurzelstiftkappe
rw = erneuerungsbedürftige Wurzelstiftkappe
sw = erneuerungsbedürftige Suprakonstruktion
t = Teleskop
tw = erneuerungsbedürftiges Teleskop
ur = unzureichende Retention
ww = erhaltungswürdiger Zahn mit weitgehender Zerstörung
x = nicht erhaltungswürdiger Zahn
)(= Lückenschluss

Behandlungsplanung:
A = Adhäsivbrücke (Anker, Spanne)
B = Brückenglied
E = zu ersetzender Zahn
H = gegossene Halte- und Stützvorrichtung
K = Krone
M = Vollkeramische oder keramisch voll verblendete Restauration

O = Geschiebe, Steg etc.
PK = Teilkrone
R = Wurzelstiftkappe
S = implantatgetragene Suprakonstruktion
T = Teleskopkrone
V = Vestibuläre Verblendung

III. Kostenplanung

1 BEMA-Nrn.	Anz.	1 Fortsetzung	Anz.	1 Fortsetzung	Anz.
19	13				
20a	1				

	Euro	Ct
2 Zahnärztliches Honorar BEMA:	314	08
3 Zahnärztliches Honorar GOZ: (geschätzt)	1.739	08
4 Material- und Laborkosten: (geschätzt)	3.700	00
5 Behandlungskosten insgesamt: (geschätzt)	5.753	16

Datum/Unterschrift des **Zahnarztes**

V. Rechnungsbeträge (siehe Anlage)

		Euro	Ct
1	ZA-Honorar (BEMA siehe III)	314	08
2	ZA-Honorar zusätzl. Leist. BEMA	208	24
3	ZA-Honorar GOZ	1.739	08
4	Mat.- und Lab.-Kosten Gewerbl.	3.600	99
5	Mat.- und Lab.-Kosten Praxis	75	30
6	Versandkosten Praxis		
7	Gesamtsumme	5.937	69
8	Festzuschuss Kasse	1.751	83
9	Versichertenanteil	4.185	86

Gutachterlich befürwortet
☐ ja   ☐ nein   ☐ teilweise

Eingliederungs-datum: **24.11.2016**

Herstellungsort bzw. Herstellungsland des Zahnersatzes: **D-Münster**

Der Zahnersatz wurde in der vorgesehenen Weise eingegliedert.

Datum/Unterschrift und Stempel des **Gutachters**

Datum/Unterschrift des **Zahnarztes**

Anschrift des **Versicherten**

Bei Handbeschriftung unbedingt in Blockschrift schreiben
(Spalten 1–3 vom Zahnarzt auszufüllen)
Vordr. Z 311/88 10.15 SCHÜTZDRUCK Tel. 05113/272744 www.schuetzdruck.de

---

So viele Punkte habe ich erreicht: _____

So lange habe ich gebraucht: _____

Teil 4: Praxisorganisation und -verwaltung

____ von 4 P.

1.1 / *Hinweis: Hier sind nur zwei mögliche Gründe verlangt. Weitere Alternativen sind auch möglich.*

Frau Brand ist ggf. verärgert, da sie …

- nicht im Vorfeld über die (anstehende) Beschwerde informiert wurde.
- die Anschuldigungen für nicht gerechtfertigt hält.
- aktuell mit den Arbeitsanforderungen überfordert ist.

____ von 2 P.

1.2 a) autoritärer Führungsstil

____ von 6 P.

b) / *Hinweis: Zur Lösung sind drei Merkmale ausreichend.*

- einseitiger Informationsfluss von oben nach unten (Anordnungen)
- Entscheidungen werden ohne Beteiligung der Mitarbeiterinnen getroffen
- Bevormundung und Kontrolle der Mitarbeiterinnen
- „Teamgedanke" wird nicht unterstützt

____ von 6 P.

c) / *Hinweis: Es sind nur zwei Erklärungen verlangt, auch andere sind denkbar.*

- Die Motivation ist bei den Mitarbeiterinnen gering, weil sie keine positive Einstellung zur/zum Vorgesetzten haben.
- Die Mitarbeiterinnen arbeiten nicht selbstständig und zeigen keine Eigeninitiative, weil sie keine positiven Rückmeldungen vom Führenden erwarten (können).
- Der Krankenstand in der Praxis ist vergleichsweise hoch, weil das Betriebsklima schlecht ist.

____ von 8 P.

1.3 / *Hinweis: Im Folgenden sind drei mögliche Beispiele angegeben, Sie müssen nur zwei Erklärungen geben.*

Frau Kamp hätte …

- vor der Teambesprechung das persönliche Gespräch mit Frau Brand suchen sollen, um das Problem ggf. ohne Beteiligung der Praxisinhaber zu lösen.
- in der Teambesprechung sachlicher kommunizieren sollen, um Frau Brand nicht so stark persönlich anzugreifen.
- nicht hinter dem Rücken von Frau Brand mit den anderen Mitarbeiterinnen das Problem diskutieren sollen, da so das Vertrauensverhältnis (noch mehr) gestört wird.

____ von 3 P.

2.1 / *Hinweis: Eine alternative Lösung wäre: Der Brief darf angenommen werden, weil davon auszugehen ist, dass eine entsprechende (Post-)Vollmacht vom Praxisinhaber erteilt wurde.*

Der Brief darf angenommen werden, weil angestellten Personen des Empfängers (= Ersatzempfänger) Einschreiben ausgehändigt werden dürfen.

_____ von 8 P.

2.2 ✎ *Hinweis: Hier können natürlich auch etwas abweichende Formulierungen gewählt werden.*

- Sortieren (privat – Praxis – Irrläufer)
- Öffnen und ggf. Eingangsdatum notieren
- Kontrolle (auf Vollständigkeit)
- Verteilung (an die zuständigen Mitglieder des Praxisteams)

_____ von 10 P.

2.3 ✎ *Hinweis: Beachten Sie, die richtige Adresse und einen eindeutigen Betreff einzutragen (dies gibt 2 Punkte). Für den Text werden 8 Punkte vergeben. Dieser sollte kurz und sachlich sein und alle relevanten Informationen enthalten.*

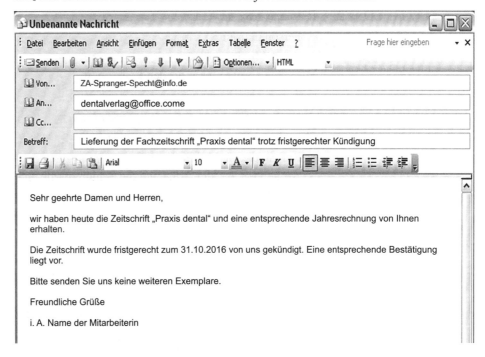

_____ von 3 P.

2.4 Durch einen aussagefähig formulierten Betreff soll der Empfänger bereits beim Lesen der Betreffzeile erkennen können, worum es inhaltlich geht, ohne ggf. dafür die E-Mail öffnen zu müssen.

_____ von 5 P.

3.1 ✎ *Hinweis: Berücksichtigen Sie zur Lösung Anlage 1. Hier ist der Preis für 20 Ampullen angegeben. Um den Preis für 10 Ampullen zu berechnen, können Sie den Dreisatz nutzen.*

20 Ampullen = 451,80 €

10 Ampullen = X €

$$X = \frac{451,80 \text{ € } \cdot 10 \text{ Ampullen}}{20 \text{ Ampullen}} = \mathbf{225,90 \text{ €}}$$

_____ von 4 P.

3.2 a) Die für das Einräumen der Ware zuständige Mitarbeiterin muss darauf achten, dass neu gelieferte Ware nicht vor die alten Warenbestände geräumt wird, sondern dahinter.

___ von 2 P.

b) FiFo-Prinzip (First in, First out)

___ von 8 P.

3.3 Als Mindestbestand (auch „eiserner Bestand" oder „Sicherheitsbestand") bezeichnet man den Bestand, der immer am Lager vorhanden sein muss. Dieser Bestand darf nur angegriffen werden, wenn unvorhersehbare Ereignisse eine planmäßige Lieferung verzögern.

Wird der Meldebestand erreicht, muss die Nachbestellung erfolgen. Wenn die Lieferung dann planmäßig erfolgt, wird der Mindestbestand nicht unterschritten.

___ von 6 P.

3.4 ✎ *Hinweis: Sie müssen hier nur drei weitere Faktoren aufführen.*
- Energiekosten
- Personalkosten
- Kapitalbindungskosten
- Miete/Abschreibung für den Lagerraum

___ von 9 P.

4.1 ✎ *Hinweis: Es sind nur drei Vorteile zu nennen.*

Der vorgeschlagene Stuhl verfügt über …
- Rollen, die die Mobilität erhöhen.
- Armlehnen, die die Arme und die Schulterpartie entlasten.
- eine Rückenlehne, die die untere Rückenpartie unterstützt.
- viele Verstellmöglichkeiten, damit unterschiedliche Personen den Stuhl auf ihre körperlichen Gegebenheiten anpassen können.

___ von 6 P.

4.2 ✎ *Hinweis: Es sind nur zwei mögliche negative Folgen zu erklären.*

Die Mitarbeiterinnen …
- nehmen auf nicht-ergonomischen Stühlen dauerhaft eine ungesunde Sitzhaltung ein. Dies kann zu gesundheitlichen Beeinträchtigungen (z. B. Rücken- oder Nackenschmerzen) führen.
- sind aufgrund einer unbequemen Sitzposition nicht mehr so konzentriert bei der Arbeit. Dies kann zu einer Beeinträchtigung der Arbeitsergebnisse führen.
- könnten im Extremfall krankheitsbedingt ausfallen. Dies führt zu erhöhten Personalkosten.

___ von 6 P.

4.3 ✎ *Hinweis: Nur drei weitere Aspekte sind gefordert. Natürlich sind auch andere Möglichkeiten richtig.*
- Monitor so aufstellen, dass er nicht von Patienten eingesehen werden kann
- Diskretionszone einrichten
- Anmeldebereich hell und freundlich gestalten
- auf genügend große Ablageflächen achten

4.4 🖋 *Hinweis: Sie müssen hier nur ein Beispiel erklären. Alternative Beispiele sind hier auch denkbar.*

Die Zahnarztpraxis könnte …

- sich an Sportkursen finanziell beteiligen, um die Gesunderhaltung der Mitarbeiterinnen zu unterstützen (z. B. „Rückenschule").
- gesunde Pausenkost für die Mitarbeiterinnen kostenlos zur Verfügung stellen, um einen Beitrag zur gesunden Ernährung zu leisten (z. B. Obstteller).

So viele Punkte habe ich erreicht: _____

So lange habe ich gebraucht: _____

✦ 71

Schriftliche Abschlussprüfung zur / zum Zahnmedizinischen Fachangestellten der Zahnärztekammer Westfalen-Lippe, März 2017

100 Punkte
🕐 **150 Minuten**

Teil 1: Behandlungsassistenz

Situationsbeschreibung

Terminbuch:

Uhrzeit	Dr. E. Spranger	Dr. St. Specht	Prophylaxe
08:00 – 08:30	**Peter Schmidt** 45, Extraktion	Yasmin Yilmaz 01	Marius May PZR
08:30 – 09:00	Franz Sondermann Unterfütterung	**Katrin Schneider** Krone verloren?	
09:00 – 09:30	**Sanja Ostmann** Dent. diff 38	–	**Annika Meier** IP1, IP2, IP4
09:30 – 10:00	Sonja Janzen 45 – 47 Brücke eingliedern	**Klaus Altmann** Präparation 3 Zähne	
10:00 – 10:30	Otto Kleinschmidt Füllung verloren		Silvia Schmidt PZR
10:30 – 11:00	Claudia Wiemann PAR-Antrag	Manfred Krumme Prothesenreparatur	
11:00 – 11:30	Jason Müller 3 Füllungen	Fatma Gülsen Schwellung UK rechts	Leon Dräger IP5 16, 26, 36, 46
11:30 – 12:00	Robert Hansen 01	**Ilse Weichmann** ZE-Planung	
12:00 – 12:30	Hanna Bender Nahtentfernung	Christian Plein Schmerzen	

● ●

Peter Schmidt (Situation zur 1. bis 4. Aufgabe):

Herr Peter Schmidt ist in der letzten Woche zur Schmerzbehandlung des Zahnes 45 in der
Praxis gewesen. Der Zahn war devital und zeigte im Röntgenbild eine ausgedehnte apikale
Aufhellung sowie eine tiefe Karies. Seit der Trepanation vor 4 Tagen ist der Zahn jetzt
schmerzfrei. Dr. Spranger hat den Patienten ausführlich über die Notwendigkeit der Extraktion beraten und die möglichen Komplikationen und Risiken aufgezeigt. Heute soll der
Zahn extrahiert werden. Der Patient hat vor Aufregung nicht gefrühstückt und ist sehr nervös. Die assistierende ZFA versucht vergeblich, den Patienten vorab zu beruhigen. Dr.
Spranger ordnet die Blutdruckmessung vor Behandlungsbeginn an. Die Extraktion erfolgt
zunächst ohne Komplikationen, die Blutgerinnung verläuft jedoch auffällig langsam und
es kommt direkt nach der Extraktion zu einer starken Nachblutung.

● ●

2 Punkte

1. Aufgabe

Die gemessenen Werte bei Herrn Schmidt sind leicht erhöht. Wie sind die Normalwerte für Blutdruck und Puls bei einem gesunden Erwachsenen in Ruhe?

120/80

8 Punkte

2. Aufgabe

Sie bereiten die Extraktion des Zahnes 45 vor. Welche Instrumente und Materialien legen Sie für Frau Dr. Spranger in logischer Reihenfolge bereit?

Grundbesteck (Spiegel, Sonde, Pinzette)

Spritze, Kanüle, Anästika, Anästhikum

Chirurgische Sauger

Skalpel

Raspartorium

Hebel
Extraktionszeeng, Scharflöffel, Naht, (Nadel, Nadhal
Knopfsond (MAV), Schere.

4 Punkte

3. Aufgabe

Frau Dr. Spranger hat die Nachblutung erfolgreich behandelt. Nennen Sie vier Anweisungen für den Patienten, damit eine erneute Blutung verhindert wird.

– kein Nikotinhaltige Getränke trinkt

nicht rauchen

8 Punkte

4. Aufgabe

Die verwendete Extraktionszange muss hygienisch aufbereitet werden. Beschreiben Sie ausführlich alle Aufbereitungsmaßnahmen beginnend mit der Benutzung der Zange bis zur Einlagerung. (Die Praxis verfügt über einen validierten Thermodesinfektor/RDG.)

Katrin Schneider (Situation zur 5. bis 7. Aufgabe):

Die Patientin Katrin Schneider ist vor kurzer Zeit umgezogen und hat für heute zum ersten Mal einen Termin in der Praxis vereinbart. Die Krone auf dem Zahn 11 hat sich vor drei Tagen gelöst. Der Zahn verursacht keine Schmerzen. Die Krone ist vor 15 Jahren angefertigt worden. Dr. Specht untersucht den Zahn und stellt anhand einer Röntgenaufnahme fest, dass eine Wurzelfüllung bis zum Apex vorhanden ist. Der Zahn selbst weist eine Wurzelkaries auf, sodass die Krone nicht definitiv wiederbefestigt werden kann.

Dr. Specht klärt die Patientin darüber auf, dass zuerst die Karies beseitigt werden muss und im Anschluss daran eine Neuanfertigung der Krone notwendig wird. Die Patientin ist darüber sehr aufgebracht und kann nicht verstehen, wie sich unter einer Krone Karies bilden könne.

4 Punkte

5. Aufgabe

Wie kann es möglich sein, dass sich bei Frau Schneider Karies am Zahn 11 gebildet hat?

8 Punkte

6. Aufgabe

Nennen und beschreiben Sie die vier Stadien der Karies.

6 Punkte

7. Aufgabe

Nennen Sie der Patientin drei hemmende und drei begünstigende Faktoren für die Kariesentstehung.

• •

Sanja Ostmann (Situation zur 8. bis 9. Aufgabe):

Sie sollen auf Anweisung von Dr. Spranger bei der Patientin Sanja Ostmann ein OPG anfertigen. Die Patientin ist 24 Jahre alt und gesetzlich krankenversichert. Sie klagt über Beschwerden bei der Mundöffnung und eine Schwellung unten links. Dr. Spranger stellt eine *Dentitio difficilis* fest und führt heute die Behandlung der damit verbundenen Beschwerden durch.

• •

8 Punkte **8. Aufgabe**

Beschreiben Sie die Durchführung des OPGs beginnend mit der Anordnung bis zur Vorlage im Behandlungsraum. (Ihre Praxis verwendet ein analoges Röntgengerät.)

_____

_____

_____

_____

_____

_____

_____

_____

2 Punkte **9. Aufgabe**

Was versteht man unter einer „Dentitio difficilis"?

Schmerzhafte durchbruch von den Zähnen

• •

Klaus Altmann (Situation zur 10. bis 14. Aufgabe):

Herr Klaus Altmann ist seit dem 19.01.2016 Patient der Praxis. Den Behandlungsverlauf entnehmen Sie den beigefügten Auszügen der Karteikarte. Die allgemeine Anamnese des Patienten ist unauffällig.

Datum	Zahn	Behandlung	Datum	Zahn	Behandlung
19.01.2016		Ä1; Anamnese			Verdacht auf rad. Zyste
	26	Vipr +++			Behandlungsvorschlag:
	"	Rö			Extraktion 24
		Indikation: Verdacht auf Karies			(s. Aufklärungsbogen)
		Befund: tiefe Karies			später Zahnersatz
	26	I (Ultracain)			Patient lehnt heute
		Trepanation und			weitere Behandlung

		Vit-E (4 Kanäle)			ab und vereinbart
		bmF (Kofferdam)			neuen Termin!
			01.08.2016		Patient nicht er-schienen
	26	Rö	18.08.2016		Patient nicht er-schienen
		Indikation:	13.10.2016		Ä 1
		Nadelmess-Aufnahme		24	tief frakturiert
		Befund: bis Apex auf-bereitet		26	palatinale Wand
		WK (4 Kanäle)			abgebrochen
		WF (4×) (AH 26, Guttapercha)			Aufklärung Extraktion
		mb1 ⌀ 30; 19 mm			24 + 26 wiederholt
		mb2 ⌀ 30; 17 mm			(s. Aufklärungsbogen)
		d ⌀ 30; 20 mm			Patient willigt ein
		pal ⌀ 35; 21 mm	20.10.2016	24	I (Ultracain)
	26	Rö			Extraktion und
		Indikation: WF Kontrolle			komplette Entfernung der Zyste
		Befund: WF bis Apex			
	26	F 4 / Aufbaufüllung modb (Ketac)			Nasenblasversuch negativ
04.03.2016		01			1 Naht
	24	Vipr (–)		26	I (Ultracain)
		Patient lehnt heute die			Extraktion
		weitere Rö und Be-handlung 24 ab!			Nasenblasversuch positiv
27.06.2016	24	Rö			plastische Deckung
		Indikation: Verdacht auf apikale Verände-rung			erneuter Nasenblas-versuch
		Befund: apicale			negativ
		Aufhellung/Verdacht		24, 26	Tupfer aufgelegt
		auf radikuläre Zyste			Verhaltensanweisun-gen mündlich und schriftlich gegeben
		Aufklärung des Patienten zu 24:			
		tiefer kariöser Defekt;			Blutungen stehen
		devitale Pulpa;			Kontrolltermin ver-einbart
					AU 20.10.2016 – 23.10.2016

2 Punkte

10. Aufgabe

Nennen Sie vier Bestandteile der Pulpa.

_____

_____

_____

_____

11. Aufgabe

2 Punkte

a) Am 19.01.2016 wurden die Wurzelkanäle maschinell aufbereitet. In welche Risiko-
klasse gemäß MPG wird das Endowinkelstück eingeordnet?

_____

4 Punkte

b) Begründen Sie Ihre Entscheidung.

_____

_____

3 Punkte

12. Aufgabe

Von welchen Materialien, die am 19.01.2016 benutzt wurden, müssen die entsprechenden
Chargennummern dokumentiert werden?

_____

_____

_____

16 Punkte

13. Aufgabe

Nennen Sie alle Behandlungsschritte und die dabei benötigten Instrumente vom
20.10.2016 in richtiger Reihenfolge. Erstellen Sie dazu eine Tabelle.

_____

_____

_____

_____

_____

_____

_____

_____

6 Punkte

14. Aufgabe

Das Ergebnis der histologischen Untersuchung des eingesandten Gewebes von Herrn Altmann hat ergeben: „radikuläre Zyste, kein Anhalt auf Malignität".
Nennen Sie jeweils drei Merkmale von gutartigen und bösartigen Tumoren.

_____

_____

_____

_____

_____

_____

Annika Meier (Situation zur 15. bis 16. Aufgabe):

Annika Meier ist 10 Jahre alt und hat heute einen Termin zur Individual-Prophylaxe. Sie wird von ihrer Mutter begleitet. Annika ist aufgeschlossen und wenig ängstlich, hat aber bereits mehrere Milchzahnfüllungen und wurde daher von Dr. Spranger als ein Kind mit hohem Kariesrisiko eingestuft.

4 Punkte

15. Aufgabe

Annika Meier zeigt stolz einen „Wackelzahn". Nennen Sie die Reihenfolge des Zahndurchbruchs der bleibenden Dentition.

_____

_____

_____

3 Punkte

16. Aufgabe

Welches sind die Inhalte der heutigen Prophylaxesitzung bei der ZMP Monika Engel?
Nennen Sie diese.

_____

_____

_____

• •

Ilse Weichmann (Situation zur 17. bis 18. Aufgabe):

Heute hat Frau Weichmann einen Beratungstermin für neuen Zahnersatz vereinbart. In vorherigen Untersuchungen wurden die Zähne geröntgt und Planungsmodelle erstellt. Der Befund ergab:

Intraoraler Befund:

f	c	f	f	c	c				c	f		f		f
18	17	16	15	14	13	12	11	21	22	23	24	25	26	27	28
48	47	46	45	44	43	42	41	31	32	33	34	35	36	37	38
f	e	e	e	k	k				k	e	e	e	f

Zst: X   Mu: X

• •

3 Punkte

17. Aufgabe

Im Rahmen der prothetischen Gesamtplanung wünscht Frau Weichmann im Oberkiefer die Versorgung mit Brücken. Nennen Sie drei hier mögliche Brückenarten.

_____

_____

_____

7 Punkte

18. Aufgabe

Nach Genehmigung des Heil- und Kostenplanes werden die Zähne 17, 14, 13, 23, 25 und 27 präpariert. Beschreiben Sie ausführlich die anschließende Durchführung der Korrekturabformung einschließlich der Hygienemaßnahmen.

_____

_____

_____

_____

_____

_____

_____

_____

_____

100 Punkte
🕐 **60 Minuten**

Teil 2: Wirtschafts- und Sozialkunde

1. Aufgabe

Situation 1

Susanne Liebich (Fachwirtin für Zahnärztliches Praxismanagement) hat heute Morgen telefonisch Frau Dr. Spranger davon unterrichtet, dass sie voraussichtlich für eine Woche nicht zur Arbeit kommen kann. Sie müsse sich um die Pflege ihres Vaters kümmern, der am nächsten Tag als Pflegefall aus dem Krankenhaus nach Hause entlassen wird.
Da bereits krankheitsbedingt zwei Mitarbeiterinnen ausfallen und Frau Engel (ZFA) sich im Mutterschutz befindet, ist Frau Dr. Spranger trotz aller Anteilnahme besorgt, wie der Praxisbetrieb mit den verbleibenden drei Mitarbeiterinnen unter diesen Umständen gewährleistet werden kann.

4 Punkte   **1.1**   Erklären Sie, ob die Praxisinhaber Frau Liebich so kurzfristig für eine Woche von der Arbeit freistellen müssen. **(siehe Anlage 1)**

_____

_____

_____

Situationserweiterung

Nachdem Frau Liebich wieder arbeitet, stellt sie sehr schnell fest, dass ihr Vater mehr Pflege und Unterstützung benötigt, als sie gedacht hat, und sie auch für den neu zu organisierenden Tagesablauf noch mehr Zeit benötigt. Sie überlegt daher, sich in dieser Übergangsphase für die nächsten drei Monate von der Arbeit freistellen zu lassen.

4 Punkte   **1.2**   a)   Erklären Sie, welche Möglichkeit das Pflegezeitgesetz – abgesehen von einer kurzzeitigen Arbeitsverhinderung – für die Vereinbarkeit von Berufstätigkeit und Pflege eines Angehörigen bietet. **(siehe Anlage 1)**

_____

_____

4 Punkte   b)   Erklären Sie, ob Frau Dr. Spranger und Herr Dr. Specht einem Antrag von Frau Liebich auf Freistellung zustimmen müssen. **(siehe Anlage 1)**

_____

_____

_____

6 Punkte

1.3   a)   Nennen Sie drei unterschiedliche Leistungen der gesetzlichen Pflegeversicherung.

_____

_____

_____

2 Punkte

b)   Nennen Sie den Träger der gesetzlichen Pflegeversicherung.

_____

_____

_____

6 Punkte

c)   Erklären Sie, wie sich die gesetzliche Pflegeversicherung finanziert.

_____

_____

_____

Anlage 1 (Auszüge aus dem Pflegezeitgesetz – PflegeZG)

§ 2 Kurzzeitige Arbeitsverhinderung
(1) Beschäftigte haben das Recht, bis zu zehn Arbeitstage der Arbeit fernzubleiben, wenn dies erforderlich ist, um für einen pflegebedürftigen nahen Angehörigen in einer akut aufgetretenen Pflegesituation eine bedarfsgerechte Pflege zu organisieren oder eine pflegerische Versorgung in dieser Zeit sicherzustellen.
(2) [...]

§ 3 Pflegezeit und sonstige Freistellungen
(1) Beschäftigte sind von der Arbeitsleistung vollständig oder teilweise freizustellen, wenn sie einen pflegebedürftigen nahen Angehörigen in häuslicher Umgebung pflegen (Pflegezeit). Der Anspruch nach Satz 1 besteht nicht gegenüber Arbeitgebern mit in der Regel 15 oder weniger Beschäftigten.
(2) [...]
(3) Wer Pflegezeit beanspruchen will, muss dies dem Arbeitgeber spätestens zehn Arbeitstage vor Beginn schriftlich ankündigen und gleichzeitig erklären, für welchen Zeitraum und in welchem Umfang die Freistellung von der Arbeitsleistung in Anspruch genommen werden soll. Wenn nur teilweise Freistellung in Anspruch genommen wird, ist auch die gewünschte Verteilung der Arbeitszeit anzugeben. [...]
(4) [...]

§ 4 Dauer der Inanspruchnahme
(1) Die Pflegezeit nach § 3 beträgt für jeden pflegebedürftigen nahen Angehörigen längstens sechs Monate (Höchstdauer). Für einen kürzeren Zeitraum in Anspruch genommene Pflegezeit kann bis zur Höchstdauer verlängert werden, wenn der Arbeitgeber zustimmt. [...] Pflegezeit und Familienpflegezeit nach § 2 des Familienpflegezeitgesetzes dürfen gemeinsam die Gesamtdauer von 24 Monaten je pflegebedürftigem nahen Angehörigen nicht überschreiten. [...]
(2) [...]

2. Aufgabe

● ●

Situation 2

Franz-Josef Scherer (53), pflichtversichert bei der AOK München, ist zurzeit mit seiner Firma auf einer Baustelle in Gelsenkirchen tätig. Herr Scherer hat starke Zahnschmerzen und sucht heute die Zahnarztpraxis Dr. Spranger & Dr. Specht auf, um sich behandeln zu lassen. Als er bei der Anmeldung um seine elektronische Gesundheitskarte (eGK) gebeten wird, stellt er fest, dass er sie leider zu Hause in München vergessen hat, verspricht aber, sie bald nachzureichen.

Nach der Behandlung bittet Herr Scherer um die Herausgabe seiner Patientenakte, damit er diese seinem Zahnarzt in München zur Weiterbehandlung vorlegen kann. Frau Liebich teilt ihm daraufhin mit, dass die Praxis grundsätzlich nur Kopien der Behandlungsunterlagen herausgibt.

● ●

4 Punkte **2.1** a) Nennen Sie zwei Gründe, warum Herr Scherer vor der Behandlung um seine eGK gebeten wird.

_____

_____

4 Punkte b) Begründen Sie, ob Frau Dr. Spranger die Behandlung wegen der fehlenden eGK auch hätte ablehnen können.

_____

_____

4 Punkte c) Erklären Sie, wie die Zahnarztpraxis vorgehen kann, wenn Herr Scherer die eGK trotz wiederholter Mahnung nicht vorlegt. (1 Erklärung)

_____

_____

4 Punkte **2.2** Begründen Sie, warum Frau Liebich Herrn Scherer nur Kopien der Behandlungsunterlagen aushändigt.

_____

_____

_____

6 Punkte **2.3** Nennen Sie drei Sachverhalte, wann eine Ablehnung oder ein Abbruch einer Behandlung durch den Zahnarzt gerechtfertigt ist.

_____

_____

_____

3. Aufgabe

Situation 3

Nach Gesprächen mit Kollegen haben Frau Dr. Spranger und Herr Dr. Specht festgestellt, dass ihre derzeitige Wartungsfirma, die Schmidt GmbH, sehr teuer ist. Aus diesem Grund suchen sie schnellstmöglich einen neuen Fachbetrieb, der ihre Geräte in Zukunft warten soll. Sie bitten Frau Liebich, sich um die sofortige Kündigung des Vertrages zu kümmern. Als Frau Liebich sich daraufhin den Wartungsvertrag, der am 12.04.2015 mit der Firma Schmidt GmbH geschlossen wurde, näher anschaut, findet sie unter § 5 Vertragsdauer, Kündigung, folgenden Eintrag: „Der Vertrag hat eine Laufzeit von einem Jahr und verlängert sich stillschweigend um jeweils 6 Monate, wenn er nicht spätestens einen Monat vor Ablauf schriftlich gekündigt wird."

6 Punkte **3.1** a) Erklären Sie, wann der Wartungsvertrag mit der Firma Schmidt GmbH endet, wenn er heute gekündigt wird.

_____

_____

_____

_____

4 Punkte b) Nennen Sie zwei Tätigkeiten, die Frau Liebich neben der Kündigung des Wartungsvertrages zu erledigen hat, um den Wechsel der Wartungsfirma vorzubereiten.

_____

_____

_____

3.2 Geben Sie an, …

4 Punkte a) wie ein Wartungsvertrag rechtlich zustande kommt.

_____

_____

_____

2 Punkte b) ob beim Abschluss eines Wartungsvertrages eine bestimmte Formvorschrift eingehalten werden muss.

_____

_____

_____

6 Punkte **3.3** a) Nennen Sie drei Wartungsarbeiten in einer Zahnarztpraxis, die regelmäßig vom Praxisteam oder von Wartungsfirmen durchgeführt werden.

_____

_____

_____

4 Punkte b) Nennen Sie zwei Gründe, warum eine Zahnarztpraxis für die Wartung bestimmter Geräte mit einer Spezialfirma einen Wartungsvertrag abschließen sollte.

_____

_____

_____

4. Aufgabe

Situation 4

Frau Dr. Spranger hat vor Kurzem bei einem Dental-Depot einen abschließbaren Arzneimittelschrank bestellt. Gestern Nachmittag ist die Warenlieferung in der Praxis eingetroffen. Beim Prüfen des Artikels stellt Emel Yilmaz (Auszubildende im dritten Ausbildungsjahr) fest, dass der einwandfrei verpackte Arzneimittelhängeschrank einige tiefe Kratzer hat.

4 Punkte **4.1** Geben Sie an, um welchen Mangel es sich hinsichtlich Erkennbarkeit und Mängelart handelt.

_____

_____

_____

8 Punkte **4.2** Erklären Sie situationsbezogen die vorrangigen Rechte, die den Praxisinhabern in diesem Fall zustehen.

_____

_____

_____

_____

_____

_____

_____

• •

Situationserweiterung

Nachdem Emel Yilmaz Frau Dr. Spranger von dem Mangel berichtet hat, erhält sie den Auftrag, sich telefonisch mit dem Dental-Depot in Verbindung zu setzen.

• •

4 Punkte **4.3** Nennen Sie zwei Aspekte, die Emel Yilmaz in dem Telefonat mit dem Dental-Depot ansprechen sollte.

_____

_____

_____

_____

4 Punkte **4.4** a) Geben Sie Dauer und Beginn der gesetzlichen Gewährleistungsfrist an.

_____

_____

_____

_____

_____

6 Punkte b) Erklären Sie den Unterschied zwischen „Gewährleistung" und „Garantie".

_____

_____

_____

_____

_____

_____

_____

401 Punkte
🕙 **90 Minuten**

Teil 3: Abrechnungswesen

✏ *Hinweis: Bitte beachten Sie bei der Bearbeitung des Heil- und Kostenplans den Punktwert von 0,8820 und die Abrechnungshilfe, Stand: Januar 2017 auf dem Ausklappbogen.*

● ●

Situation

Das Terminbuch der Praxis Dr. Spranger & Dr. Specht sieht für den heutigen Tag unter anderem folgende Behandlungen vor:

Freitag – 31. März 2017			
Uhrzeit	**Patient**	**Krankenkasse**	**Behandlung**
08:00	Brockhausen, Sieglinde	Privat	ZE-Eingliederung
08:30	Winter, Karl-Heinz	AOK Nordwest	ZE-Beratung
09:00	Böhm, Jannika	Privat	Nahtentfernung
10:00	Stieglitz, Barbara	Barmer GEK	Beschwerden
10:30	Mayer, Elfriede	IKK Classic	ZE-Beratung
11:00	Schulz, Heinrich	Privat	ZE-Kontrolle
11:30	Rose, Florian	Barmer GEK	01, Prophylaxe
12:00	Gremlich, Klara	AOK Nordwest	ZE-Beratung
12:30	Rodehüser, Kai	Techniker Krankenkasse	01, leichte Beschwerden
13:00	Wecker, Carla	AOK Nordwest	Eigenanteilsrechnung

Die Stiftkosten in der Praxis Dr. Spranger & Dr. Specht betragen je parapulpärem Stift 2,40 €.

● ●

1. Privatpatientin

● ●

Situation

Frau Sieglinde Brockhausen (privat versichert) erscheint zur Eingliederung ihres Zahnersatzes.

f				k	k	b	b	k	b	k	k				f
18	17	16	15	14	13	12	11	21	22	23	24	25	26	27	28
48	47	46	45	44	43	42	41	31	32	33	34	35	36	37	38
f			c								c	c	c		f

Zahn	Behandlung
14, 13, 21, 23, 24	Oberflächenanästhesien, Infiltrationsanästhesien
14, 13–21–23, 24	provisorische Brücke abgenommen
14, 13–21–23, 24	keramisch voll verblendete Brücke adhäsiv befestigt
45, 34, 35, 36	Kofferdam gelegt
45, 35	m-o-d Keramikinlay adhäsiv befestigt
36	m-o Keramikinlay adhäsiv befestigt
34	occlusales Keramikinlay adhäsiv befestigt

Auftrag:

39 Punkte

Tragen Sie die abrechnungsfähigen Leistungen in die folgende Tabelle ein.

Datum	Zahn	Gebührennummer	Anzahl

2. Kassenpatient

• •

Situation

Herr Karl-Heinz Winter, versichert bei der AOK Nordwest, wird heute zum ZE-Beratungsgespräch erwartet, deshalb bittet Herr Dr. Specht Sie, den Heil- und Kostenplan zu erstellen. Der vorhandene Zahnersatz ist unbrauchbar und bereits fünfzehn Jahre alt. Herr Winter entscheidet sich für die gleichartige Versorgung, er hat ein seit 15 Jahren lückenlos geführtes Bonusheft.

• •

Auftrag:

41 Punkte

Erstellen Sie den Heil- und Kostenplan Teil 1 und Teil 2 (s. Anlagen). Verzichten Sie auf das Ausrechnen.

Befund:

18–16, 14, 12–22, 25, 26	ersetzte, aber erneuerungsbedürftige Zähne
15, 13, 23, 24, 27	erneuerungsbedürftige Kronen
37–35, 44–47	vorhandene intakte Brücken
32, 31, 41, 42	nicht erhaltungswürdige Zähne
28, 38, 48	fehlen

Planung:

OK	Abdruck mit individuellem Löffel
OK	Modellgussprothese zum Ersatz der bereits ersetzten Zähne
15, 13, 23, 24, 27	voll verblendete Teleskopkronen anstatt der Regelversorgung
15, 13, 23, 24, 27	provisorische Kronen
33–43	keramisch voll verblendete Brücke
33–43	provisorische Brücke

Anlagen: siehe folgende Seiten

Anlage: Planung HKP Teil 1

Name der Krankenkasse		Erklärung des Versicherten		Lfd.-Nr.

AOK Nordwest

Ich bin bei der genannten Krankenkasse versichert. Ich bin über Art, Umfang und Kosten der Regel-, der gleich- und andersartigen Versorgung sowie über den voraussichtlichen Herstellungsort bzw. das voraussichtliche Herstellungsland des Zahnersatzes **D-Hagen** aufgeklärt worden und wünsche die Behandlung entsprechend dieses Kostenplanes.

Stempel des Zahnarztes

Name, Vorname des Versicherten

Winter, Karl-Heinz geb. am

18.12.1965

Datum/Unterschrift des **Versicherten**

Kassen-Nr.	Versicherten-Nr.	Status

Vertragszahnarzt-Nr.	VK gültig bis	Datum

Heil- und Kostenplan

Hinweis an den Versicherten:
Bonusheft bitte zur Zuschussfestsetzung beifügen.

I. Befund des gesamten Gebisses/Behandlungsplan   TP = Therapieplanung   R = Regelversorgung   B = Befund

Art der Versorgung

TP

R

B

18	17	16	15	14	13	12	11	21	22	23	24	25	26	27	28
48	47	46	45	44	43	42	41	31	32	33	34	35	36	37	38

B

R

TP

Bemerkungen (bei Wiederherstellung Art der Leistung)

Der Befund ist bei Wiederherstellungs- maßnahmen nicht auszufüllen!

II. Befunde für Festzuschüsse

(Spalten 1-3 vom Zahnarzt auszufüllen)

Befund Nr.1	Zahn/Gebiet	2	Anz. 3

vorläufige Summe ▶

Nachträgliche Befunde:

IV. Zuschussfestsetzung

Betrag Euro   Ct

Die Krankenkasse übernimmt die nebenstehenden Festzuschüsse, höchstens jedoch die tatsächlichen Kosten. Voraussetzung ist, dass der Zahnersatz innerhalb von 6 Monaten in der vorgesehenen Weise eingegliedert wird.

Datum, Unterschrift und Stempel der Krankenkasse

Hinweis:

☐ % Vorsorge-Bonus ist bereits in den Festzuschüssen enthalten.

☐ Es liegt ein Härtefall vor.

☐ Unfall oder Unfallfolgen/ Berufskrankheit	☐ Interimsversorgung	☐ Unbrauchbare Prothese/Brücke/Krone	
☐ Versorgungsleiden	☐ Immediatversorgung	Alter ca. Jahre	☐ NEM

Erläuterungen

Befund (Kombinationen sind zulässig)

a	= Adhäsivbrücke (Anker, Spanne)	r	= Wurzelstiftkappe
b	= Brückenglied	rw	= erneuerungsbedürftige Wurzelstiftkappe
e	= ersetzter Zahn		
ew	= ersetzter, aber erneuerungsbedürftiger Zahn	sw	= erneuerungsbedürftige Suprakonstruktion
f	= fehlender Zahn	t	= Teleskop
i	= Implantat mit intakter Suprakonstruktion	tw	= erneuerungsbedürftiges Teleskop
ix	= zu entfernendes Implantat	ur	= unzureichende Retention
k	= klinisch intakte Krone	ww	= erhaltungswürdiger Zahn mit weitgehender Zerstörung
kw	= erneuerungsbedürftige Krone		
pw	= erhaltungswürdiger Zahn mit partiellen Substanzdefekten	x	= nicht erhaltungswürdiger Zahn
		)(	= Lückenschluss

Behandlungsplanung:

A	= Adhäsivbrücke (Anker, Spanne)	O	= Geschiebe, Steg etc.
B	= Brückenglied	PK	= Teilkrone
E	= zu ersetzender Zahn	R	= Wurzelstiftkappe
H	= gegossene Halte- und Stützvorrichtung	S	= implantatgetragene Suprakonstruktion
K	= Krone	T	= Teleskopkrone
M	= Vollkeramische oder keramisch voll verblendete Restauration	V	= Vestibuläre Verblendung

III. Kostenplanung

1 BEMA-Nrn.	Anz.	1 Fortsetzung	Anz.	1 Fortsetzung	Anz.

Euro   Ct

2 Zahnärztliches Honorar BEMA:

3 Zahnärztliches Honorar GOZ: (geschätzt)

4 Material- und Laborkosten: (geschätzt)

5 Behandlungskosten insgesamt: (geschätzt)

Datum/Unterschrift des **Zahnarztes**

V. Rechnungsbeträge (siehe Anlage)   Euro   Ct

1 ZA-Honorar (BEMA siehe III)

2 ZA-Honorar zusätzl. Leist. BEMA

3 ZA-Honorar GOZ

4 Mat.- und Lab.-Kosten Gewerbl.

5 Mat.- und Lab.-Kosten Praxis

6 Versandkosten Praxis

7 Gesamtsumme

8 Festzuschuss Kasse

9 Versichertenanteil

Gutachterlich befürwortet
☐ ja   ☐ nein   ☐ teilweise

Eingliederungsdatum:

Herstellungsort bzw. Herstellungsland des Zahnersatzes:

Der Zahnersatz wurde in der vorgesehenen Weise eingegliedert.

Datum/Unterschrift und Stempel des **Gutachters**

Datum/Unterschrift des **Zahnarztes**

Anschrift des **Versicherten**

Vordr. Z 311/3B 10.15 SCHÜTZDRUCK Tel. (05 11) 32 73 44 www.schuetzdruck.de

Bei Handbeschriftung unbedingt in Blockschrift schreiben

Anlage: Planung HKP Teil 2

Heil- und Kostenplan Teil 2

Name des Patienten

Winter, Karl-Heinz

Zahnarztpraxis

Anlage zum Heil- und Kostenplan vom _____

Für Ihre prothetische Behandlung werden entsprechend nachfolgender Aufstellung voraussichtlich folgende Kosten/Eigenanteile anfallen:

Zahn/Gebiet	GOZ	Leistungsbeschreibung	Anzahl	Betrag EUR

Zahnärztliches Honorar GOZ (entsprechend Zeile III/3 HKP): .... EUR_____

Zahnärztliches Honorar BEMA (entsprechend Zeile III/1 und 2 HKP): .... EUR_____

Material und Laborkosten (entsprechend Zeile III/4 HKP): .... EUR_____

Gesamtkosten (entsprechend Zeile III/5 HKP): .... EUR_____

abzüglich Festzuschüsse: .... EUR_____

Ihr voraussichtlicher Eigenanteil wird hiernach betragen EUR_____

Kosten für allgemeine und konservierend-chirurgische Leistungen nach der GOZ sind in den Beträgen nicht enthalten. Unvorhersehbare Leistungen, die sich im Rahmen der Behandlung ergeben, werden gesondert berechnet. Unvorhersehbare Veränderungen der Schwierigkeit sowie des Zeitaufwandes der einzelnen Leistungen, der Umstände bei der Ausführung oder der Methode können zu Kostenveränderungen führen.

Ich wünsche eine Versorgung entsprechend
des Heil- und Kostenplans nebst dieser Anlage

_____
Datum / Unterschrift des **Zahnarztes**

_____
Datum / Unterschrift des **Versicherten**

Informationen über die Kosten der Regelversorgung

Die Kosten für eine dem Befund entsprechende Regelversorgung liegen voraussichtlich in Höhe des doppelten Festzuschusses.

doppelter Festzuschuss .... EUR_____

abzüglich von der Kasse festgesetzter Festzuschüsse .... EUR_____

Ihr Eigenanteil würde im Falle der Regelversorgung daher voraussichtlich................... EUR_____
zzgl. der möglicherweise anfallenden Edelmetallkosten betragen.

Vordr. 3b (2312/1 2005) SCHÜTZDRUCK Tel. 05 11) 32 73 44 · www.schuetzdruck.de

3. Privatpatientin

• •

Situation

Frau Jannika Böhm (privat versichert) erscheint zur Nahtentfernung und bittet um direkte Ausstellung der Privatliquidation.

Datum	Zahn	Behandlung
17.03.		Symptombezogene Untersuchung und Beratung
	14	Infiltrationsanästhesie
	14	Eröffnung des oberflächlichen Abszesses, Tamponade gelegt
		Rezept über ein Antibiotikum und Arbeitsunfähigkeitsbescheinigung ausgestellt
20.03.	14	Tamponade gewechselt
	14	Röntgenaufnahme, Befund: 14 WF nicht bis Apex, apicale Aufhellung
		Aufklärung über den bevorstehenden chirurgischen Eingriff
		Einverständniserklärung mitgegeben
23.03.		Patient gibt die unterschriebene Einverständniserklärung ab
	14	Infiltrationsanästhesie
	14	Trepanation des Zahnes, Wurzelkanalaufbereitungen
	14	elektrometrische Längenbestimmungen der Wurzelkanäle
	14	Anwendung von elektrophysikalisch-chemischen Methoden
	14	Wurzelfüllungen
	14	provisorischer speicheldichter Verschluss
	14	Wurzelspitzenresektionen (1 Schnittführung), Nähte gelegt
	14	Röntgenkontrollaufnahme, Befund: Zustand nach WR
		Aufklärung über die Verhaltensregeln nach dem chirurgischen Eingriff, Schmerztabletten und Arbeitsunfähigkeitsbescheinigung ausgestellt
24.03.	14	Wundkontrolle
31.03.	14	Nähte entfernt

• •

Auftrag:

60 Punkte

Tragen Sie die abrechnungsfähigen Leistungen in die folgende Tabelle ein.

Anlage: siehe folgende Seite

Anlage: Privatpatientin

Datum	Zahn	Gebührennummer	Anzahl

4. Kassenpatientin

• •

Situation

Die Neupatientin Frau Barbara Stieglitz, geboren am 08.01.1956, ist versichert bei der Barmer GEK und kommt mit starken Schmerzen oben rechts. Sie hat Angst vor der Behandlung und war deswegen die letzten 5 Jahre nicht zur zahnärztlichen Untersuchung.

Zahn	Behandlung
regio 18	Lokale Untersuchung
OK, UK	Orthopantomogramm angefertigt, Befund: 17 tief frakturiert; 18 verlagert; 46,47,35 kariös; Zahnstein vorhanden
	Beratung über die bevorstehende chirurgische Behandlung
18, 17	Infiltrationsanästhesie
17	Entfernung des Zahnes, Wunde mit dem scharfen Löffel ausgekratzt
18	Entfernung des Zahnes durch Osteotomie
18	erneute Infiltrationsanästhesie während der Osteotomie erforderlich wegen langer Dauer
17, 18	Nasenblasversuch, Nähte gelegt
	Schmerztabletten, Arbeitsunfähigkeitsbescheinigung und Verhaltensmaßregeln erläutert und mitgegeben
	Hilfeleistung durch den Zahnarzt bei Ohnmacht
	21:15 Uhr außerhalb der Sprechstunde
	Telefonische Beratung durch den Zahnarzt wegen leichter Schwellung;
	Frau Stieglitz soll morgen früh direkt in die Praxis kommen

• •

Auftrag:

27 Punkte

Tragen Sie die abrechnungsfähigen Leistungen in die folgende Tabelle ein.

Datum	Zahn	BEMA-Leistung	Anzahl	Bemerkungen

5. Kassenpatientin

Situation

Frau Elfriede Mayer wird heute zum ZE-Beratungsgespräch erwartet, deshalb bittet Frau Dr. Spranger Sie, den Heil- und Kostenplan für die geplante Versorgung zu erstellen. Frau Mayer, versichert bei der IKK Classic, war in den letzten Jahren unregelmäßig zur Behandlung.

Auftrag:

45 Punkte

Erstellen Sie den Heil- und Kostenplan Teil 1 (s. Anlage). Verzichten Sie auf das Ausrechnen.

Befund:

38, 48	fehlende Zähne
18–16, 26–28	ersetzte, aber erneuerungsbedürftige Zähne (Prothese 10 Jahre alt)
15, 14, 25	erhaltungswürdige Zähne mit weitgehenden Zerstörungen
46, 47	erhaltungswürdige Zähne mit partiellen Substanzdefekten

Planung:

OK	Abdruck mit individuellem Löffel
15, 14, 25	provisorische Kronen
15, 14, 25	Einzelkronen Regelversorgung ✓
15	konfektionierter metallischer Stiftaufbau ✓
OK	Modellgussprothese zum Ersatz der bereits ersetzten Zähne
15, 25	gegossene komplizierte Halte- und Stiftvorrichtungen
46, 47	provisorische Kronen
46, 47	metallische Teilkronen

Anlage: siehe folgende Seite

Anlage: Planung HKP

Name der Krankenkasse
IKK Classic

Name, Vorname des Versicherten

Mayer, Elfriede   geb. am
12.11.1939

Kassen-Nr.   Versicherten-Nr.   Status

Vertragszahnarzt-Nr.   VK gültig bis   Datum

Erklärung des Versicherten

Ich bin bei der genannten Krankenkasse versichert. Ich bin über Art, Umfang und Kosten der Regel-, der gleich- und andersartigen Versorgung sowie über den voraussichtlichen Herstellungsort bzw. das voraussichtliche Herstellungsland des Zahnersatzes ___D-Münster___ aufgeklärt worden und wünsche die Behandlung entsprechend dieses Kostenplanes.

Datum/Unterschrift des **Versicherten**

Lfd.-Nr.

Stempel des Zahnarztes

Heil- und Kostenplan
Hinweis an den Versicherten:
Bonusheft bitte zur Zuschussfestsetzung beifügen.

I. Befund des gesamten Gebisses/Behandlungsplan   TP = Therapieplanung   R = Regelversorgung   B = Befund

Art der Versorgung

TP
R
B

| 18 | 17 | 16 | 15 | 14 | 13 | 12 | 11 | 21 | 22 | 23 | 24 | 25 | 26 | 27 | 28 |
| 48 | 47 | 46 | 45 | 44 | 43 | 42 | 41 | 31 | 32 | 33 | 34 | 35 | 36 | 37 | 38 |

B
R
TP

Bemerkungen (bei Wiederherstellung Art der Leistung)

Der Befund ist bei Wiederherstellungsmaßnahmen nicht auszufüllen!

II. Befunde für Festzuschüsse
Befund Nr.1 | Zahn/Gebiet 2 | Anz. 3

IV. Zuschussfestsetzung
Betrag Euro | Ct

Unfall oder Unfallfolgen/Berufskrankheit   Interimsversorgung   Unbrauchbare Prothese/Brücke/Krone

Versorgungsleiden   Immediatversorgung   Alter ca.   Jahre   NEM

Die Krankenkasse übernimmt die nebenstehenden Festzuschüsse, höchstens jedoch die tatsächlichen Kosten. Voraussetzung ist, dass der Zahnersatz innerhalb von 6 Monaten in der vorgesehenen Weise eingegliedert wird.

Datum, Unterschrift und Stempel der Krankenkasse
Hinweis:
__ % Vorsorge-Bonus ist bereits in den Festzuschüssen enthalten.
__ Es liegt ein Härtefall vor.

vorläufige Summe ▶
Nachträgliche Befunde:

Erläuterungen
Befund (Kombinationen sind zulässig)
a = Adhäsivbrücke (Anker, Spanne)
b = Brückenglied
e = ersetzter Zahn
ew = ersetzter, aber erneuerungsbedürftiger Zahn
f = fehlender Zahn
i = Implantat mit intakter Suprakonstruktion
ix = zu entfernendes Implantat
k = klinisch intakte Krone
kw = erneuerungsbedürftige Krone
pw = erhaltungswürdiger Zahn mit partiellen Substanzdefekten
r = Wurzelstiftkappe
rw = erneuerungsbedürftige Wurzelstiftkappe
sw = erneuerungsbedürftige Suprakonstruktion
t = Teleskop
tw = erneuerungsbedürftiges Teleskop
ur = unzureichende Retention
ww = erhaltungswürdiger Zahn mit weitgehender Zerstörung
x = nicht erhaltungswürdiger Zahn
)(= Lückenschluss

Behandlungsplanung:
A = Adhäsivbrücke (Anker, Spanne)
B = Brückenglied
E = zu ersetzender Zahn
H = gegossene Halte- und Stützvorrichtung
K = Krone
M = Vollkeramische oder keramisch voll verblendete Restauration
O = Geschiebe, Steg etc.
PK = Teilkrone
R = Wurzelstiftkappe
S = implantatgetragene Suprakonstruktion
T = Teleskopkrone
V = Vestibuläre Verblendung

III. Kostenplanung 1 Fortsetzung | Anz. | 1 Fortsetzung | Anz.
1 BEMA-Nrn. | Anz.

Euro | Ct

2 Zahnärztliches Honorar BEMA:
3 Zahnärztliches Honorar GOZ: (geschätzt)
4 Material- und Laborkosten: (geschätzt)
5 Behandlungskosten insgesamt: (geschätzt)

Datum/Unterschrift des **Zahnarztes**

V. Rechnungsbeträge (siehe Anlage) | Euro | Ct
1 ZA-Honorar (BEMA siehe III)
2 ZA-Honorar zusätzl. Leist. BEMA
3 ZA-Honorar GOZ
4 Mat.- und Lab.-Kosten Gewerbl.
5 Mat.- und Lab.-Kosten Praxis
6 Versandkosten Praxis
7 Gesamtsumme
8 Festzuschuss Kasse
9 Versichertenanteil

Gutachterlich befürwortet
☐ ja ☐ nein ☐ teilweise

Eingliederungsdatum:
Herstellungsort bzw. Herstellungsland des Zahnersatzes:
Der Zahnersatz wurde in der vo... Weise eingegliedert.

Anschrift des **Versicherten**

Datum/Unterschrift und Stempel des **Gutachters**   Datum/...

6. Privatpatient

● ●

Situation

Herr Heinrich Schulz (privat versichert) erscheint heute zur ZE-Kontrolle, nachdem vorgestern sein Zahnersatz eingesetzt wurde, und bittet um direkte Ausstellung der Privatliquidation.

Befund

e	e	e	e	e	e	e	e	e	e	e	e	e	e	e	e
18	17	16	15	14	13	12	11	21	22	23	24	25	26	27	28
48	47	46	45	44	43	42	41	31	32	33	34	35	36	37	38
e	e	e	e	e	c	e	e	e	e	c	e	e	e	e	e

Datum	Zahn	Behandlung
10.02.		Eingehende Untersuchung
		Befund: OK Totalprothese, UK Modellgussprothese
		Beratung: OK, UK neuen Zahnersatz empfohlen
	33, 43	Röntgenaufnahmen, Befund: 33, 43 ohne apicale Besonderheiten
		Heil- und Kostenplan erstellt und mitgegeben
	33, 43	harte und weiche Zahnbeläge entfernt
10.03.	OK	Abdruck für Gegenbiss
	UK	Abdruck für provisorische Kronen
	33, 43	Leitungsanästhesien
	33, 43	Präparation der Zähne für Teleskopkronen
	33, 43	Matrizen zur Formung der Aufbaufüllungen
	33, 43	m-b-d Aufbaufüllungen in Adhäsivtechnik
	33, 43	Retraktionsfäden zur Darstellung der Präparationsgrenze
	UK	Korrekturabdruck mit individualisiertem Löffel
	33, 43	provisorische Kronen angefertigt und eingesetzt
17.03.	33, 43	provisorische Kronen abgenommen
	OK	Funktionsabformung mit dem individuellen Löffel
	UK	Abdruck mit individuellem Löffel
	OK, UK	Bissnahme
	33, 43	provisorische Kronen wiederbefestigt
24.03.	33, 43	provisorische Kronen abgenommen
	OK, UK	Anproben
	33, 43	provisorische Kronen wiederbefestigt
29.03.	33, 43	voll verblendete Teleskopkronen zementiert
	UK	Modellgussprothese eingegliedert
	OK	Totalprothese eingegliedert
31.03.		ZE-Kontrolle
	regio 35	scharfe Kante an der Prothese entfernt

● ●

Auftrag:

57 Punkte

Tragen Sie die abrechnungsfähigen Leistungen in die folgende Tabelle ein.

Datum	Zahn	Gebührennummer	Anzahl

7. Kassenpatient

Situation

Florian Rose, acht Jahre alt, erscheint heute zur halbjährlichen zahnärztlichen Untersuchung und Prophylaxe.

Zahn	Behandlung
	Eingehende Untersuchung und Beratung
	Befund: 65, 26 kariös
65, 26	Vitalitätsprüfungen positiv
65, 26	Stillen einer übermäßigen Papillenblutung
65	Matrize, Füllung m-o
26	Matrize, Füllung o-d
	Erhebung des Mundhygienestatus (API 60 % / SBI 30 %)
	Mundgesundheitsaufklärung über Krankheitsursachen und deren Vermeidung
36, 46	Kofferdam, Fissurenversiegelungen
OK, UK	Fluoridierung

Auftrag:

30 Punkte

Tragen Sie die abrechnungsfähigen Leistungen in die folgende Tabelle ein.

Datum	Zahn	BEMA-Leistung	Anzahl	Bemerkungen

8. Kassenpatientin

•••

Situation

Frau Klara Gremlich, versichert bei der AOK Nordwest, wird heute zum ZE-Beratungsgespräch erwartet, deshalb bittet Frau Dr. Spranger Sie, den Heil- und Kostenplan zu erstellen. Der vorhandene Zahnersatz ist unbrauchbar und bereits 15 Jahre alt.
Frau Gremlich hat seit 2002 regelmäßig Vorsorgeuntersuchungen durchführen lassen.

•••

Auftrag:

47 Punkte

Erstellen Sie den Heil - und Kostenplan für Frau Gremlich (s. Anlagen). Nutzen Sie auch die Rechenhilfe.

Befund:

18–28	unbrauchbare Totalprothese, Torus palatinus
33	erneuerungsbedürftige Teleskopkrone
48–32, 34–38	ersetzte, aber erneuerungsbedürftige Zähne

Planung:

OK	Funktionsabdruck mit individuellem Löffel
OK	neue Totalprothese mit Metallbasis wegen Torus palatinus
UK	Funktionsabdruck mit individuellem Löffel
33	provisorische Stiftkrone
33	Wurzelstiftkappe mit Kugelknopfanker
UK	Cover-Denture-Prothese zum Ersatz der bereits ersetzten Zähne
OK, UK	Intraorales Stützstiftregistrat

Material und Laborkosten geschätzt: 1.600,00 €
Welchen Eigenanteil hat Frau Gremlich zu erwarten? _____ €

Anlagen: siehe folgende Seiten

Anlage: Planung HKP

Name der Krankenkasse	
AOK Nordwest	

Erklärung des Versicherten   Lfd.-Nr.

Name, Vorname des Versicherten

Gremlich, Klara   geb. am

11.11.1938

Ich bin bei der genannten Krankenkasse versichert. Ich bin über Art, Umfang und Kosten der Regel-, der gleich- und andersartigen Versorgung sowie über den voraussichtlichen Herstellungsort bzw. das voraussichtliche Herstellungsland des Zahnersatzes **D-Münster** aufgeklärt worden und wünsche die Behandlung entsprechend dieses Kostenplanes.

Datum/Unterschrift des **Versicherten**

Stempel des Zahnarztes

Kassen-Nr.	Versicherten-Nr.	Status

Vertragszahnarzt-Nr.	VK gültig bis	Datum

Heil- und Kostenplan

Hinweis an den Versicherten:
Bonusheft bitte zur Zuschussfestsetzung beifügen.

I. Befund des gesamten Gebisses/Behandlungsplan   TP = Therapieplanung   R = Regelversorgung   B = Befund

Art der Versorgung

TP

R

B

18	17	16	15	14	13	12	11	21	22	23	24	25	26	27	28
48	47	46	45	44	43	42	41	31	32	33	34	35	36	37	38

B

R

TP

Der Befund ist bei Wiederherstellungsmaßnahmen nicht auszufüllen!

Bemerkungen (bei Wiederherstellung Art der Leistung)

II. Befunde für Festzuschüsse

(Spalten 1-3 vom Zahnarzt auszufüllen)

Befund Nr.1	Zahn/Gebiet	2 Anz. 3

IV. Zuschussfestsetzung

Betrag Euro	Ct

Unfall oder Unfallfolgen/ Berufskrankheit   Interimsversorgung   Unbrauchbare Prothese/Brücke/Krone

Versorgungsleiden   Immediatversorgung   Alter ca.   Jahre   NEM

Die Krankenkasse übernimmt die nebenstehenden Festzuschüsse, höchstens jedoch die tatsächlichen Kosten. Voraussetzung ist, dass der Zahnersatz innerhalb von 6 Monaten in der vorgesehenen Weise eingegliedert wird.

Erläuterungen
Befund (Kombinationen sind zulässig)
a = Adhäsivbrücke (Anker, Spanne)
b = Brückenglied
e = ersetzter Zahn
ew = ersetzter, aber erneuerungsbedürftiger Zahn
f = fehlender Zahn
i = Implantat mit intakter Suprakonstruktion
ix = zu entfernendes Implantat
k = klinisch intakte Krone
kw = erneuerungsbedürftige Krone
pw = erhaltungswürdiger Zahn mit partiellen Substanzdefekten

r = Wurzelstiftkappe
rw = erneuerungsbedürftige Wurzelstiftkappe
sw = erneuerungsbedürftige Suprakonstruktion
t = Teleskop
tw = erneuerungsbedürftiges Teleskop
ur = unzureichende Retention
ww = erhaltungswürdiger Zahn mit weitgehender Zerstörung
x = nicht erhaltungswürdiger Zahn
)(= Lückenschluss

Behandlungsplanung:
A = Adhäsivbrücke (Anker, Spanne)
B = Brückenglied
E = zu ersetzender Zahn
H = gegossene Halte- und Stützvorrichtung
K = Krone
M = Vollkeramische oder keramisch voll verblendete Restauration

O = Geschiebe, Steg etc.
PK = Teilkrone
R = Wurzelstiftkappe
S = implantatgetragene Suprakonstruktion
T = Teleskopkrone
V = Vestibuläre Verblendung

Datum, Unterschrift und Stempel der Krankenkasse

Hinweis:

vorläufige Summe ▶

Nachträgliche Befunde:

[ ] % Vorsorge-Bonus ist bereits in den Festzuschüssen enthalten.

[ ] Es liegt ein Härtefall vor.

III. Kostenplanung   1 Fortsetzung   Anz.   1 Fortsetzung   Anz.

(Bei Handbeschriftung unbedingt in Blockschrift schreiben)

1 BEMA-Nrn.	Anz.			Euro	Ct
2 Zahnärztliches Honorar BEMA:					
3 Zahnärztliches Honorar GOZ: (geschätzt)					
4 Material- und Laborkosten: (geschätzt)					
5 Behandlungskosten insgesamt: (geschätzt)					

Datum/Unterschrift des **Zahnarztes**

V. Rechnungsbeträge (siehe Anlage)

		Euro	Ct
1	ZA-Honorar (BEMA siehe III)		
2	ZA-Honorar zusätzl. Leist. BEMA		
3	ZA-Honorar GOZ		
4	Mat.- und Lab.-Kosten Gewerbl.		
5	Mat.- und Lab.-Kosten Praxis		
6	Versandkosten Praxis		
7	Gesamtsumme		
8	Festzuschuss Kasse		
9	Versichertenanteil		

Gutachterlich befürwortet
[ ] ja   [ ] nein   [ ] teilweise

Eingliederungsdatum:

Herstellungsort bzw. Herstellungsland des Zahnersatzes:

Der Zahnersatz wurde in der vorgesehenen Weise eingegliedert.

Datum/Unterschrift und Stempel des **Gutachters**

Datum/Unterschrift des **Zahnarztes**

Anschrift des **Versicherten**

Vordr. Z 311/3B 10.15 SCHÜTZDRUCK Tel. (05 11) 32 73 44 · www.schuetzdruck.de

Anlage: Planung Rechenhilfe

Rechenhilfe zum Heil- und Kostenplan 2017

III. 1+2 Kostenplanung Berechnung zahnärztliches Honorar BEMA

BEMA-Nr. 1	Anzahl 2	Bew.-Zahl 3	Spalte 2 × Spalte 3
Gesamtsumme Spalte 4			
X Punktwert 0,8820 = zahnärztliches Honorar			

V.2 Rechnungsbeträge ZA-Honorar zusätzl. Leistungen BEMA

BEMA-Nr. 1	Anzahl 2	Bew.-Zahl 3	Spalte 2 × Spalte 3
Gesamtsumme Spalte 4			
X Punktwert 0,8820 = zahnärztliches Honorar			

III. 3. Rechnungsbeträge ZA-Honorar GOZ, geschätzt

Zahn/Gebiet	Geb.-Nr.	Anzahl	Faktor	Honorar
Gesamthonorar				

V.3 Rechnungsbeträge ZA-Honorar GOZ, tatsächlich

Zahn/Gebiet	Geb.-Nr.	Anzahl	Faktor	Honorar
Gesamthonorar				

V. Rechnungsbeträge
5. Material- und Laborkosten Praxis: z. B.;

Material/Laborarbeit	Anzahl	Einzelpreis	Kosten
Praxislabor, Sonstiges	x		=
Abformmaterial	x		=
Prov. Kronen/Brückenanker	x		=
Prov. Brückenglieder	x		=
		Gesamtkosten	

9. Kassenpatient

● ●

Situation

Herr Kai Rodehüser, versichert bei der Techniker-Krankenkasse, erscheint heute zu seinem vereinbarten Termin. Er hat leichte Schmerzen an seiner Brücke im Oberkiefer. Die letzte eingehende Untersuchung fand am 01.12.2016 und der letzte PSI am 01.03.2015 statt.

Zahn	Behandlung
	Eingehende Untersuchung und Beratung
	Befund: 11 Karies, 15–17 insuffiziente Brücke
	Zahnstein vorhanden
	PSI-Code erhoben
11, 15, 17	Vitalitätsprüfungen (11 positiv; 15, 17 negativ)
OK, UK	Orthopantomogramm Befund: 15 WF vorhanden, apical ohne Besonderheiten, 17 apicale Aufhellung
11, 15, 17	Infiltrationsanästhesien
11	mesialer und distaler Eckenaufbau unter Einbeziehung der Schneidekante mit zwei parapulpären Stiften verankert
15–17	Entfernung der alten Brücke
15	Exzision von Granulationsgewebe
15	Aufbaufüllung m-o-d-b mit einem parapulpären Stift verankert
15	abgetrennten Brückenanker als provisorische Versorgung eingesetzt
17	Entfernung des Zahnes, Wundversorgung

● ●

Auftrag:

36 Punkte

Tragen Sie die abrechnungsfähigen Leistungen in die folgende Tabelle ein.

Datum	Zahn	BEMA-Leistung	Anzahl	Bemerkungen

10. Kassenpatientin

••

Situation

Frau Carla Wecker erscheint, um ihre Eigenanteilsrechnung abzuholen.

••

Auftrag:

19 Punkte

Rechnen Sie den HKP (s. Anlage) für Frau Wecker ab.

Bei den Anproben wurden die provisorischen Kronen im Oberkiefer und die provisorische Brücke im Unterkiefer viermal abgenommen und wiederbefestigt. Zwischenzeitlich musste die provisorische Brücke 45–47 zusätzlich einmal erneuert werden.

tatsächliche Material- und Laborkosten (Labor in Gütersloh)   2.107,99 €

Praxismaterial

Abdruckmaterial insgesamt   35,90 €
je provisorische Krone   2,00 €
je provisorisches Brückenglied   2,20 €

Eingliederungsdatum   30.03.2017

V.2 Rechnungsbeträge ZA-Honorar zusätzliche Leistungen BEMA			
BEMA- Nr. 1	Anzahl 2	Bew.-Zahl 3	Spalte 2 × Spalte 3 4
Gesamtsumme Spalte 4			
X Punktwert 0,8820 = zahnärztliches Honorar			

V. Rechnungsbeträge 5. Material- und Laborkosten Praxis: z. B.;			
Material / Laborarbeit	Anzahl	Einzelpreis	Kosten
Praxislabor / Sonstiges			=
Abformmaterial			=
Prov. Kronen / Brückenanker			=
Prov. Brückenglieder			=
		Gesamtkosten	

Anlage: siehe folgende Seite

Anlage: Abrechnung HKP

Name der Krankenkasse		
AOK Nordwest		Lfd.-Nr.

Erklärung des Versicherten

Ich bin bei der genannten Krankenkasse versichert. Ich bin über Art, Umfang und Kosten der Regel-, der gleich- und andersartigen Versorgung sowie über den voraussichtlichen Herstellungsort bzw. das voraussichtliche Herstellungsland des Zahnersatzes ___D-Gütersloh___ aufgeklärt worden und wünsche die Behandlung entsprechend dieses Kostenplanes.

Stempel des Zahnarztes

Name, Vorname des Versicherten	
Wecker, Carla	geb. am
	09.11.1960

Datum/Unterschrift des **Versicherten**

Kassen-Nr.	Versicherten-Nr.	Status

Vertragszahnarzt-Nr.	VK gültig bis	Datum

Heil- und Kostenplan

Hinweis an den Versicherten:
Bonusheft bitte zur Zuschussfestsetzung beifügen.

I. Befund des gesamten Gebisses/Behandlungsplan

TP = Therapieplanung   R = Regelversorgung   B = Befund

Art der Versorgung

TP							KM	KM	KM	KM						
R							KV	KV	KV	KV						
B	f		k				ww	ww	ww	ww				k		f
	18	17	16	15	14	13	12	11	21	22	23	24	25	26	27	28
	48	47	46	45	44	43	42	41	31	32	33	34	35	36	37	38
B	f		f													f
R		K	B	K												
TP		KM	BM	KM												

Der Befund ist bei Wiederherstellungsmaßnahmen nicht auszufüllen!

Bemerkungen (bei Wiederherstellung Art der Leistung)

II. Befunde für Festzuschüsse

(Spalten 1-3 vom Zahnarzt auszufüllen)

Befund Nr.1	Zahn/Gebiet 2	Anz. 3
1.1	**12,11,21,22**	**4**
1.3	**12,11,21,22**	**4**
2.1	**45-47**	**1**

vorläufige Summe ▶

Nachträgliche Befunde:

IV. Zuschussfestsetzung

Betrag Euro	Ct
682	64
246	40
403	80
1332	**84**

Die Krankenkasse übernimmt die nebenstehenden Festzuschüsse, höchstens jedoch die tatsächlichen Kosten. Voraussetzung ist, dass der Zahnersatz innerhalb von 6 Monaten in der vorgesehenen Weise eingegliedert wird.

Datum, Unterschrift und Stempel der Krankenkasse

Hinweis:
20 % Vorsorge-Bonus ist bereits in den Festzuschüssen enthalten.

☐ Es liegt ein Härtefall vor.

Unfall oder Unfallfolgen/ Berufskrankheit	Interimsversorgung		Unbrauchbare Prothese/Brücke/Krone
Versorgungsleiden	Immediatversorgung	Alter ca. Jahre	NEM

Erläuterungen

Befund (Kombinationen sind zulässig)
a = Adhäsivbrücke (Anker, Spanne)	r = Wurzelstiftkappe
b = Brückenglied	rw = erneuerungsbedürftige Wurzelstiftkappe
e = ersetzter Zahn	
ew = ersetzter, aber erneuerungsbedürftiger Zahn	sw = erneuerungsbedürftige Suprakonstruktion
f = fehlender Zahn	t = Teleskop
i = Implantat mit intakter Suprakonstruktion	tw = erneuerungsbedürftiges Teleskop
ix = zu entfernendes Implantat	ur = unzureichende Retention
k = klinisch intakte Krone	ww = erhaltungswürdiger Zahn mit weitgehender Zerstörung
kw = erneuerungsbedürftige Krone	
pw = erhaltungswürdiger Zahn mit partiellen Substanzdefekten	x = nicht erhaltungswürdiger Zahn
	)(= Lückenschluss

Behandlungsplanung:
A = Adhäsivbrücke (Anker, Spanne)	O = Geschiebe, Steg etc.
B = Brückenglied	PK = Teilkrone
E = zu ersetzender Zahn	R = Wurzelstiftkappe
H = gegossene Halte- und Stützvorrichtung	S = implantatgetragene Suprakonstruktion
K = Krone	T = Teleskopkrone
M = Vollkeramische oder keramisch voll verblendete Restauration	V = Vestibuläre Verblendung

III. Kostenplanung

1 BEMA-Nrn.	Anz.	1 Fortsetzung	Anz.	1 Fortsetzung	Anz.
19	**7**				

	Euro	Ct
2 Zahnärztliches Honorar BEMA:	**117**	**31**
3 Zahnärztliches Honorar GOZ: (geschätzt)	**1303**	**66**
4 Material- und Laborkosten: (geschätzt)	**2200**	**00**
5 Behandlungskosten insgesamt: (geschätzt)	**3620**	**97**

Datum/Unterschrift des **Zahnarztes**

V. Rechnungsbeträge (siehe Anlage)

		Euro	Ct
1	ZA-Honorar (BEMA siehe III)		
2	ZA-Honorar zusätzl. Leist. BEMA		
3	ZA-Honorar GOZ		
4	Mat.- und Lab.-Kosten Gewerbl.		
5	Mat.- und Lab.-Kosten Praxis		
6	Versandkosten Praxis		
7	Gesamtsumme		
8	Festzuschuss Kasse		
9	Versichertenanteil		

Gutachterlich befürwortet
☐ ja   ☐ nein   ☐ teilweise

Eingliederungsdatum:

Herstellungsort bzw. Herstellungsland des Zahnersatzes:

Der Zahnersatz wurde in der vorgesehenen Weise eingegliedert.

Anschrift des **Versicherten**

Datum/Unterschrift und Stempel des **Gutachters**

Datum/Unterschrift des **Zahnarztes**

Vordr. Z 311/3B 10.15 SCHÜTZDRUCK, Tel. 05 11 32 73 44 · www.schuetzdruck.de
Bei Handbeschriftung unbedingt in Blockschrift schreiben

100 Punkte
🕐 **60 Minuten**

Teil 4: Praxisorganisation und -verwaltung

1. Aufgabe

●●●

Situation

In der Woche nach Ostern ist die Zahnarztpraxis Dr. Spranger & Dr. Specht geschlossen. Frau Liebich (Fachwirtin für Zahnärztliches Praxismanagement) studiert daher die Checkliste „Vor Praxisurlaub zu erledigen". Unter anderem ist dort der Punkt „Zeitungsanzeige" vermerkt.

„Bitte kümmern Sie sich darum, dass unsere Patienten auch in diesem Jahr wieder durch eine Zeitungsanzeige über den bevorstehenden Praxisurlaub informiert werden", sagt sie zu Kira Schmidt (Auszubildende im dritten Ausbildungsjahr). „Wir möchten dieses Mal unsere Anzeige auffälliger gestalten. Daher soll im Anzeigenteil eine schwarz-weiße Anzeige mit einer Zusatzfarbe erscheinen, die 7 cm hoch sein soll."

Eine Anfrage bei der örtlichen Tageszeitung ergibt folgende Anzeigenpreise:

	Veröffentlichung im Anzeigenteil (je mm Höhe)	Veröffentlichung im Textteil (je mm Höhe)
s/w-Anzeige	1,35 €	3,15 €
s/w Anzeige + 1 Zusatzfarbe	1,64 €	4,40 €
s/w Anzeige + 2 oder 3 Zusatzfarben	2,05 €	5,74 €

●●●

6 Punkte

1.1 a) Berechnen Sie die Kosten für die Zeitungsanzeige.

4 Punkte   b) Erklären Sie ein Ziel, welches die Praxis unter Marketing-Aspekten mit der Veröffentlichung der Zeitungsanzeige verfolgt.

6 Punkte   **1.2** Nennen Sie drei Aspekte, die in der Zeitungsanzeige stehen sollten.

8 Punkte | **1.3**   Erklären Sie zwei weitere sinnvolle Aufgaben, die auf der Checkliste „Vor Praxis-urlaub zu erledigen" stehen könnten.

_____

_____

4 Punkte | **1.4**   Nennen Sie zwei weitere Beispiele für einen sinnvollen Einsatz von Checklisten in Zahnarztpraxen.

_____

_____

2. Aufgabe

• •

Situation

Frau Dr. Spranger hat sich bei ihrem Internetanbieter einen Cloud-Speicher eingerichtet und ist begeistert von den Nutzungsmöglichkeiten. Sie überlegt, ob sich damit nicht auch die Praxisdaten verwalten lassen.

Herr Dr. Specht reagiert auf den Vorschlag skeptisch und warnt zunächst vor den allgemeinen Gefahren des Internets. Bei einer Internetrecherche zum Thema Cloud-Nutzung findet er dann folgenden Artikel einer zahnärztlichen Fachzeitschrift.

Cloud-Nutzung für Zahnarztpraxen problematisch

Prinzipiell ist eine Cloud-Nutzung auch für Zahnarztpraxen denkbar und machbar. Die Probleme, die sich hierbei ergeben, sind allerdings zahlreich.

Wenn die gesamte Praxissoftware ins Internet „umziehen" soll, muss zunächst von jedem Patienten die ausdrückliche Erlaubnis der Speicherung seiner Daten eingeholt werden. Darüber hinaus erfordert auch das Speichern in einer Cloud eine regelmäßige Datensicherung. Es dürfte allerdings schwieriger sein, Daten aus der Cloud zu sichern, als die Sicherung eines Servers durchzuführen, der sich in den Räumen einer Zahnarztpraxis befindet. Schließlich erfordert die Übertragung personenbezogener Daten organisatorische und technische Maßnahmen. Das heißt, dass die Daten bereits in der Praxis verschlüsselt werden müssten, bevor sie in eine Cloud übertragen werden. Umgekehrt dürfen die dort gespeicherten Daten nur entschlüsselt werden, soweit sie bereits wieder auf die Rechner einer Praxis zurückübertragen wurden. Darüber hinaus dürfen Patientendaten nicht in sogenannten Drittländern gespeichert werden. Eine solche Übermittlung wäre bereits gegeben, wenn die Cloud eines US-amerikanischen Unternehmens genutzt würde.

Dr. Thomas H. Lenhard / Dr. Robert Kazemi, Datenschutz in der Zahnarztpraxis 28 Regeln zum Umgang mit Patientendaten, Deutscher Zahnärzte Verlag, Köln 2016, https://shop.aerzteverlag.de/img/cms/Datenschutz%20in%20der%20Zahnarztpraxis.pdf

• •

3 Punkte | **2.1**   a)   Erklären Sie, was unter einer Datenspeicherung in einer Cloud verstanden wird. (1 Erklärung)

_____

8 Punkte | b)   Nennen Sie vier im Text genannte Probleme, die gelöst werden müssen, damit die Zahnarztpraxis einen Cloud-Dienst nutzen kann.

_____

_____

3 Punkte | **2.2** Nennen Sie drei Beispiele für personenbezogene Daten, die eine Zahnarztpraxis von ihren Patienten speichert.

6 Punkte | **2.3** a) Erklären Sie zwei mögliche Gefahren, vor denen Herr Dr. Specht warnt.

4 Punkte | b) Nennen Sie zwei Maßnahmen, die die Zahnarztpraxis gegen diese Gefahren ergreifen sollte.

3. Aufgabe

Situation

In der Zahnarztpraxis Dr. Spranger & Dr. Specht sind die Patientenzahlen im vergangenen Jahr weiter zurückgegangen. In einer Teambesprechung stellt Frau Liebich (Fachwirtin für Zahnärztliches Praxismanagement) heute die aktuellen Zahlen vor und berichtet über Patienten, die sich negativ über die häufig wechselnden Mitarbeiterinnen in der Zahnarztpraxis geäußert haben.

Praxis Dr. Spranger & Dr. Specht – Patientenzahlen

	2014	2015	2016
Januar	621	574	564
Februar	638	555	534
März	665	580	595
April	480	424	413
Mai	640	577	558
Juni	685	628	630
Juli	350	312	299
August	617	556	520
September	621	543	551
Oktober	590	521	516
November	601	538	521
Dezember	512	552	503
insgesamt	**7.020**	**6.360**	**6.204**

4 Punkte **3.1** a) Begründen Sie, warum eine hohe Mitarbeiterfluktuation zu einem Rückgang der Patientenzahlen führen kann. (1 Begründung)

_____

_____

_____

_____

_____

4 Punkte b) Nennen Sie zwei weitere Gründe, die Patienten ggf. veranlassen, die Zahnarztpraxis zu wechseln.

_____

_____

4 Punkte **3.2** Berechnen Sie den durchschnittlichen Rückgang der Patientenzahlen pro Monat im Jahr 2016 (im Vergleich zum Vorjahr).

6 Punkte **3.3** Nennen Sie drei wesentliche Zielsetzungen oder Themen von Teambesprechungen.

_____

_____

_____

_____

_____

6 Punkte **3.4** Nennen Sie drei wesentliche Aspekte, die bei der Vorbereitung oder Durchführung einer Teambesprechung beachtet werden sollten.

_____

_____

_____

_____

_____

4. Aufgabe

Situation

Frau Liebich (Fachwirtin für Zahnärztliches Praxismanagement) hat am 27. März mehrere Büroartikel bei der Firma „büromarkt-discount" bestellt und die unten abgebildete E-Mail erhalten. Heute Vormittag wird die Ware von einem Paketdienst geliefert.

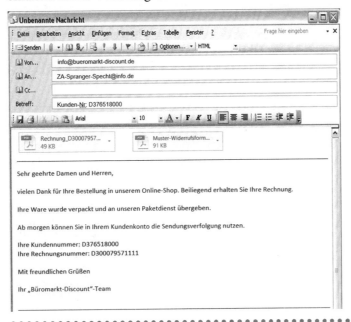

6 Punkte | **4.1** Nennen Sie drei wesentliche Tätigkeiten, die bei der Bearbeitung dieses Wareneingangs anfallen.

_____

_____

_____

10 Punkte | **4.2** Füllen Sie die Online-Überweisung zur Begleichung des Rechnungsbetrages ordnungsgemäß unter Ausnutzung der Skontoabzugsmöglichkeit aus.

ÜBERWEISUNG		Kontosaldo (EUR)
	IBAN	**2.922,43 H**
Girokonto 200222444	DE10420500010160000505	
Auftraggeber	Zahnarztpraxis Dr. Spranger & Dr. Specht	
Zahlungsempfänger		
IBAN		
BIC	– wird automatisch ausgefüllt –	
Bank	– wird automatisch ausgefüllt –	
Betrag		
Verwendungszweck		
Ausführung am	31.03.2017	

8 Punkte

4.3   Erklären Sie die Abwicklung von zwei alternativen Zahlungsarten, die zur Beglei-
chung von Rechnungen häufig genutzt werden.

_____

_____

_____

_____

_____

Anlage 1

BÜROMARKT-DISCOUNT.DE

- Bürobedarf
- Bürotechnik
- Druckerpatronen
- EDV-Zubehör
- Büromöbel

Büromarkt-Discount.de GmbH Berliner Str. 33 07747 Jena

Zahnarztpraxis
Dr. Spranger & Dr. Specht
Goldbergstr. 60
45894 Gelsenkirchen

RECHNUNG: D300079571111
KUNDE: D376518000
Datum: 27.03.2017
Bearbeiter: Wischmeier, Diana

Angaben bei Überweisung:
IBAN: DE45 8207 0000 0393 6069 99
BIC: DEUTDE8EXXX
Rechnungsnummer: 300079571111

Pos.	Artikelnummer/Beschreibung	Menge	E-Preis (brutto)	G-Preis (brutto)
	Das Leistungsdatum entspricht dem Rechnungs- / Lieferscheindatum.			
1	8700304 Kopierer- / Druckerwagen Maße 72 × 59 × 60 (B × H × T)	1 Stück	189,90 €	189,90 €
2	014063-R LED-Tischleuchte Riodo 450 Lumen	1 Stück	79,99 €	79,99 €
3	9105 Schere New-Office 21,5 cm Universalschere, aus Edelstahl, rostfrei, schwarz	1 Stück	4,89 €	4,89 €
4	712814 Toner für Multifunktionsgerät, Konan MF 65500 ca. 2.900 Seiten	2 Stück	55,99 €	111,98 €
5	7022 Textmarker Original Stichbreite 2–5 mm, gelb	5 Stück	0,70 €	3,50 €

Warenwert: 327,95 €
USt. 19 %: 52,31 €

Rechnungsbetrag: 390,26 €

Rechnungsbetrag zahlbar bis zum 31.03.2017 mit 2 % Skonto, bis zum 05.04.2017 ohne Abzug.

Büromarkt-Discount.de GmbH
Berliner Straße 33
07747 Jena
Geschäftsführer:
Birgit Müller-Weber & Udo Schneider

Telefon: 03641-123456
Telefax: 03641-123466
E-Mail: info@bueromarkt-discount.de
Internet: www.bueromarkt-discount.de

Registergericht: Jena, HRB 209210
Steuernummer: 362/426/48230
Ust-Ident-Nummer: DE 819636499

Lösungen

Teil 1: Behandlungsassistenz

___ von 2 P.

1. Aufgabe

Hinweis: Grundsätzlich unterscheidet man zwischen systolischem und diastolischem Blutdruck. Der systolische Blutdruck ist der höchste Druck, der während einer Herzaktion entsteht. Der diastolische Blutdruck stellt den niedrigsten Druck während einer Herzaktion dar. Zuerst müssen Sie den systolischen Wert angeben, dann folgt der diastolische Wert. Die Maßeinheit des Blutdrucks ist Millimeter-Quecksilbersäule (Abkürzung: mmHg). Beachten Sie, dass die Maßeinheit unbedingt angegeben werden muss.

Blutdruck: 120/80 mmHg $\quad$ (Männer: 110–140/60–90 mmHg
$\qquad\qquad\qquad\qquad\quad$ Frauen: 100–140/60–90 mmHg)

Puls: $\qquad$ 60–80 Schläge pro min

___ von 8 P.

2. Aufgabe

Hinweis: Achten Sie genau auf die Aufgabenstellung. Es müssen keine Arbeitsschritte beschrieben, sondern die Instrumente und Materialien in logischer Reihenfolge aufgezählt werden.

- Grundbesteck, Speichelzieher, Absaugkanüle/chirurgischer Sauger
- Spritze, Kanüle, Anästhetikum
- Hebel/Periotom
- UK-Prämolarenzange
- scharfer Löffel
- eventuell Luer'sche Zange
- Tupfer, sterile Pinzette/Kornzange
- Merkblatt Verhaltensmaßregeln

___ von 4 P.

3. Aufgabe

Hinweis: Es sind nur vier Anweisungen gefordert.

- Tupfer ca. 1 Stunde unter Druck belassen
- kein ASS als Schmerzmittel einnehmen
- heute keine koffein-, tein- oder alkoholhaltigen Getränke konsumieren
- keine körperlichen Anstrengungen/Sport/Sauna
- Wunde am ersten Tag nicht spülen, nicht daran saugen
- Vermeiden von Getränken, die das geronnene Blut auflösen wie Fruchtsäfte, Kohlensäurehaltiges, Heißes
- 24 h nicht rauchen

___ von 8 P.

4. Aufgabe

✦ *Hinweis: Die folgenden Aspekte sollten in Ihrer Beschreibung vorkommen.*

1. grobe Vorreinigung: Entfernung von Blutresten o. Ä. mit Zellstoff-Läppchen, Gelenk öffnen
2. Trockenentsorgung/Transport zum Aufbereitungsort in verschlossenem Behälter
3. Bereichskleidung anlegen (unreiner Bereich). Einsortieren, Reinigung und Desinfektion im Thermodesinfektor (RDG)
4. Bereichskleidung anlegen (reiner Bereich), Kontrolle auf Sauberkeit und Funktion, ggf. Pflege (Gelenk ölen)
5. Einschweißen/Sterilgutverpackung mit Kennzeichnung
6. Sterilisation im Autoklaven
7. Kontrolle der Sterilgutverpackung, Freigabe, Dokumentation
8. trockene und staubgeschützte Lagerung (Nutzung)

___ von 4 P.

5. Aufgabe

✦ *Hinweis: Beziehen Sie sich zur Lösung dieser Aufgabe auf die Situationsbeschreibung. Die Krone kann nicht definitiv eingesetzt werden und die Patientin wird auf eine Neuanfertigung der Krone hingewiesen. Berücksichtigen Sie sowohl die Ursachen als auch die Kariesentstehung im Allgemeinen. Für diese Aspekte gibt es jeweils zwei Punkte.*

Die Karies ist oberhalb des Kronenrandes entstanden.

Mögliche Ursachen hier:
- vermehrte Plaqueanlagerung aufgrund eines ggf. überstehenden oder insuffizienten Kronenrandes (Nischenbildung)
- Plaqueanlagerung am freiliegenden Zahnhals bei unzureichender Mundhygiene

Kariesentstehung allgemein:
Unzureichende Mundhygiene – Zeit – bakterielle Plaque/Biofilm – Kohlenhydrate – Säure als Stoffwechselprodukt der Bakterien führt zur Demineralisierung der Zahnhartsubstanz

___ von 8 P.

6. Aufgabe

✦ *Hinweis: Mit „Stadien der Karies" ist der Kariesverlauf gemeint.*

Initialkaries:
Säure vom Bakterienstoffwechsel dringt durch die Oberfläche in die Schmelzprismen und führt zur Entkalkung. Es entsteht ein „white spot".

Schmelzkaries/Caries superficialis:
Am Zahn entsteht ein bräunlicher Fleck. Dieser Schmelzdefekt ist mit der Sonde tastbar, da die Schmelzsubstanz weich wird.

Dentinkaries/Caries media:
Sobald die Karies die Schmelz-Dentingrenze überschreitet, spricht man von Dentinkaries. Im Dentin breitet sich die Karies schneller aus und es entsteht unterminierende Karies.

tiefe Karies/Caries profunda:
Die Karies schreitet entlang der Dentinkanälchen bis in den pulpanahen Bereich vor.

_____ von 6 P.

7. Aufgabe

✒ *Hinweis: Es sind je drei Faktoren verlangt. Auch andere Varianten sind hier denkbar.*

kariesfördernde Faktoren:

- häufiger Verzehr von zuckerhaltigen Lebensmitteln
- viel Plaque
- hoher Anteil von Kariesbakterien in der Mundhöhle
- Zahnfehlstellungen
- Mundatmung und Mundtrockenheit

karieshemmende Faktoren:

- hohe Speichelfließrate
- hohe Pufferkapazität des Speichels
- Remineralisation durch den Speichel
- sorgfältige Mundhygiene
- regelmäßige Fluoridierung

_____ von 8 P.

8. Aufgabe

✒ *Hinweis: Beschreiben Sie die einzelnen Schritte und beachten Sie dabei, dass ein analoges Röntgengerät vorhanden ist.*

Zur Durchführung eines OPGs findet zuerst eine Befragung gemäß Röntgenverordnung statt, dann wird die Patientin aufgefordert, Brille, Schmuck, Piercing u. Ä. abzulegen. Nachdem der Strahlenschutzmantel angelegt wurde, erfolgt die Positionierung der Patientin im Röntgengerät mit gestreckter Halswirbelsäule und Fixierung des Kopfes entsprechend des Lichtvisiers, sodass die Frankfurter Horizontale waagrecht verläuft. Nun können die Belichtungsdaten eingestellt werden. Nach dem Entfernen aus dem Kontrollbereich wird ausgelöst und abgewartet, bis das Röntgengerät zum Stehen gekommen ist. Die Patientin wird anschließend vom Strahlenschutzmantel befreit und zum Wartebereich begleitet. Die Filmkassette kann herausgenommen werden und das Röntgengerät muss desinfiziert und gereinigt werden. Nach dem der Film in der Dunkelkammer herausgenommen wurde, kann er entwickelt werden. Die Dokumentation wird im Röntgenkontrollbuch vorgenommen und anschließend kann die getrocknete, fertige OPG-Aufnahme Frau Dr. Spranger vorgelegt werden.

_____ von 2 P.

9. Aufgabe

Dentitio difficilis = erschwerter Zahndurchbruch

_____ von 2 P.

10. Aufgabe

Nerven, Blutgefäße, Lymphgefäße, Bindegewebe mit Odontoblasten

11. Aufgabe

⬦ *Hinweis: Kritisch b bedeutet, dass Haut oder Schleimhaut durchdrungen wird, Kontakt mit Blut, innerem Gewebe oder Organen ist gegeben. Es handelt sich um Instrumente mit erhöhter Anforderung an die Aufbereitung, da diese Instrumente Hohlkörper oder schwer zugängliche Teile haben. Für a) gibt es 2 Punkte, für b) 4 Punkte.*

____ von 2 P.

a) kritisch b

____ von 4 P.

b) Das Winkelstück wird mit Endodontie-Nadeln bestückt, die mit Blut/inneren Geweben/Organen in Kontakt kommen.

Die Aufbereitung muss mit erhöhten Anforderungen durchgeführt werden.

Die Effektivität der Reinigung ist nicht durch Inaugenscheinnahme zu beurteilen.

____ von 3 P.

12. Aufgabe

- Wurzelfüllmaterial
- Guttapercha-Spitzen
- Füllungskunststoff

____ von 16 P.

13. Aufgabe

Behandlungsschritte	Instrumente
Extraktion 24, 26 Schutzausrüstung anlegen	sterile Handschuhe, Mundschutz, Schutzbrille
Anästhesie 24, 26	Mundspiegel, Spritze, Kanüle, chirurgischer Sauger
Lösen der Gingiva und Ligamentum circulare	Hebel nach Bein
Luxation und Extraktion des Zahnes	Prämolaren-Extraktionszange, Molaren-Extraktionszange
Kürretage der Alveole und Entfernung der Zyste	scharfer Löffel
Aufklappung und plastische Deckung 26:	
Inzision	Wundhaken, Skalpell
Mobilisierung des Mukoperiostlappens	Raspatorium, chirurgische Pinzette
Plastische Deckung	Nadelhalter, Nadel und Faden, chirurgische Schere
Kompression	steriler Mulltupfer, ggf. Kornzange

____ von 6 P.

14. Aufgabe

⬦ *Hinweis: Es sind jeweils drei Merkmale verlangt.*

Gutartige Tumoren:
- langsames und geordnetes Wachstum
- verdrängen Nachbargewebe und bleiben abgegrenzt
- bestehen aus normal aufgebauten Zellen
- bilden keine Metastasen

Bösartige Tumoren:
- schnelles und ungeordnetes Wachstum

- infiltrieren Nachbargewebe und sind nicht abgegrenzt
- enthalten veränderte atypische Zellen
- können Metastasen bilden

_____ von 4 P.

15. Aufgabe

✏ *Hinweis: Hier sollen Sie allgemein die Reihenfolge des Zahndurchbruchs für die bleibenden Zähne benennen.*

6 – 1 – 2 – 4 – 3 – 5 – 7 – 8

_____ von 3 P.

16. Aufgabe

Sinngemäße inhaltliche Nennung von:
IP 1: Mundhygienestatus
IP 2: Mundgesundheitsaufklärung
IP 4: lokale Fluoridierung der Zähne

_____ von 3 P.

17. Aufgabe

✏ *Hinweis: Es sind nur drei Brückenarten verlangt.*

- Zirkonbrücke
- voll verblendete Brücke
- teil verblendete Brücke
- geteilte Brücke

_____ von 7 P.

18. Aufgabe

✏ *Hinweis: Die folgenden Aspekte sollten in Ihrer Beschreibung in dieser Reihenfolge dargestellt werden.*

1. Trockenlegung, Legen von Retraktionsfäden, Reinigen und Trocknen der Zahnstümpfe
2. Erstabformung mit zähfließendem Silikon
3. Ausschneiden und Versäubern der Erstabformung
4. Entfernen der Retraktionsfäden, Reinigen und Trocknen der Zahnstümpfe
5. Zweitabformung mit dünnfließendem Silikon in der ausgeschnittenen Erstabformung
6. Kontrolle der Abformung;
7. Reinigen der Abformung unter fließendem Wasser, Desinfektion der Abformung, Abspülen der Abformung mit Wasser (Hygienemaßnahmen nach Angaben des Herstellers)

So viele Punkte habe ich erreicht: _____

So lange habe ich gebraucht: _____

Teil 2: Wirtschafts- und Sozialkunde

_____ von 4 P.

1.1 ✦ *Hinweis: Beachten Sie hier, dass die Lösung in der Anlage 1 im §2 des PflegeZG angegeben ist.*

Die Praxisinhaber müssen Frau Liebich in der gewünschten Zeit von der Arbeit freistellen, da sie als Angehörige eines Pflegebedürftigen die Möglichkeit hat, bis zu zehn Arbeitstage der Arbeit fernzubleiben, um akute (Entlassung des Vaters als Pflegefall aus dem Krankenhaus) sowie weiterführende Pflegemaßnahmen zu gewährleisten. (§ 2 PflegeZG)

_____ von 4 P.

1.2 a) ✦ *Hinweis: Ziehen Sie zur Lösung der Aufgabe Anhang 1 heran.*

Um die Pflege eines Angehörigen in der häuslichen Umgebung zu gewährleisten, kann maximal sechs Monate eine teilweise oder vollständige Freistellung von der Arbeit beantragt werden. (Pflegezeit, § 4 PflegeZG)

_____ von 4 P.

b) ✦ *Hinweis: Ziehen Sie zur Lösung der Aufgabe Anhang 1 heran.*

Das Recht auf Freistellung von der Arbeitsleistung gilt gemäß § 3 PflegeZG nur gegenüber Arbeitgebern mit 15 oder mehr Beschäftigten. Da in der Zahnarztpraxis Dr. Spranger & Dr. Specht weniger Personen beschäftigt sind, hat Frau Liebich keinen Anspruch auf Freistellung.

_____ von 6 P.

1.3 a) ✦ *Hinweis: Es sind nur drei Leistungen verlangt.*

- Pflegehilfsmittel (z. B. Pflegebett, Gehilfen)
- Pflegegeld für häusliche Pflege
- wohnumfeldverbessernde Maßnahmen
- stationäre Pflege

_____ von 2 P.

b) Träger der Pflegeversicherung sind die Pflegekassen, die bei jeder Krankenkasse errichtet sind.

_____ von 6 P.

c) Die Beiträge zur Pflegeversicherung werden vom Arbeitgeber und Arbeitnehmer je zur Hälfte aufgebracht. Für kinderlose Arbeitnehmer, die das 23. Lebensjahr vollendet haben, erhöht sich ihr Anteil des Beitragssatzes zur Pflegeversicherung um 0,25 %.

_____ von 4 P.

2.1 a) ✦ *Hinweis: In der Aufgabenstellung sind nur zwei Gründe verlangt.*

- Durch die Übergabe der eGK erbringt Herr Scherer den Nachweis über die Zugehörigkeit zu seiner Krankenkasse.
- Herr Scherers Stammdaten werden durch das Einlesen der eGK erfasst.
- Durch das Einlesen der eGK kann die Praxis das Honorar abrechnen.

_____ von 4 P.

b) Da es sich bei Herrn Scherer um einen Schmerzpatienten und damit um einen Notfall handelt, hätte Frau Dr. Spranger die Behandlung nicht ablehnen können.

_____ von 4 P.

c) Die Zahnarztpraxis kann sich telefonisch mit der vom Patienten genannten Krankenversicherung in Verbindung setzen und um einen Versicherungsnachweis bitten. Mittels dieses Nachweises kann dann durch ein sog. Ersatzverfahren abgerechnet werden.

Die Zahnarztpraxis kann Herrn Scherer für die Behandlung eine Liquidation ausstellen, um auf privater Basis abzurechnen.

____ von 4 P.

2.2 Zahnärzte unterliegen der Dokumentations- und Aufbewahrungspflicht (Berufsordnung und Pflicht aus dem Behandlungsvertrag). Die Originalunterlagen müssen deshalb in der Praxis verbleiben.

____ von 6 P.

2.3 ✐ *Hinweis: Zur Lösung dieser Aufgabe sind nur drei Sachverhalte gefordert. Auch weitere Alternativen sind möglich.*

- Überlastung der Zahnarztpraxis
- fehlende Fachkenntnis des Zahnarztes
- fehlende Mitarbeit des Patienten
- Verweigerung der Zahlung des Honorars

____ von 6 P.

3.1 a) ✐ *Hinweis: In der Situationsbeschreibung wurde der 12.04.2015 als Abschlussdatum des Wartungsvertrags festgelegt. Außerdem wird auf eine stillschweigende Verlängerung von 6 Monaten hingewiesen, wenn der Vertrag nicht einen Monat vor Ablauf schriftlich gekündigt wird. Der Kündigungstermin muss also folglich einen Monat vor dem 12.04.2017 erfolgt sein. Dies ist nicht gegeben, da mit „heute" der Prüfungstermin Ende März 2017 gemeint ist.*

Der Wartungsvertrag mit der Firma Schmidt GmbH verlängert sich stillschweigend jeweils um 6 Monate, wenn er nicht spätestens einen Monat vor Ablauf schriftlich gekündigt wird. Da der Kündigungstermin zum April 2017 bereits überschritten ist, endet er erst im Oktober 2017.

____ von 4 P.

b) ✐ *Hinweis: In der Aufgabenstellung sind nur zwei Tätigkeiten gefordert.*

- Wartungsfirmen suchen
- Anfragen schreiben/Angebote einholen
- Angebote vergleichen

____ von 4 P.

3.2 a) Ein Wartungsvertrag kommt durch zwei übereinstimmende Willenserklärungen (Antrag und Annahme) zustande.

____ von 2 P.

b) Für den Abschluss von Wartungsverträgen besteht keine Formvorschrift.

____ von 6 P.

3.3 a) ✐ *Hinweis: Es sind nur drei Aspekte zu nennen, weitere Alternativen sind natürlich auch möglich.*

- Reinigen und Ölen von Hand- und Winkelstücken
- Wartung des Autoklaven
- Updates von Computersoftware
- Technische Überprüfung von Röntgengeräten

_____ von 4 P.

b) ✦ *Hinweis: Laut Aufgabenstellung sind nur zwei Aspekte verlangt.*

- Das Praxispersonal verfügt nicht über die notwendige Fachkenntnis.
- Für die Wartung werden spezielle Messinstrumente benötigt.
- Die Wartung spezieller Geräte (z. B. Röntgengeräte) durch Fachfirmen ist gesetzlich vorgeschrieben.

_____ von 4 P.

4.1 ✦ *Hinweis: Beachten Sie, dass Sie hier sowohl auf Erkennbarkeit des Mangels als auch auf die Mängelart eingehen müssen. Hier handelt es sich um einen offenen Mangel, da die Kratzer erkennbar sind. Die Ware hat nicht die vereinbarte Beschaffenheit.*

Erkennbarkeit: offener Mangel
Mängelart: Mangel in der Beschaffenheit/fehlerhafte Ware

_____ von 8 P.

4.2 Vorrangig haben die Praxisinhaber das Recht auf **Nacherfüllung**, die entweder aus einer **Nachbesserung** (Reparatur des Kratzers) oder einer **Neulieferung** der Ware (Lieferung eines neuen Arzneimittelhängeschranks) bestehen kann.

Das Dental-Depot hat zwei Versuche, den Mangel im Rahmen der Nacherfüllung zu beheben.

_____ von 4 P.

4.3 ✦ *Hinweis: Zwei Aspekte genügen, um die Aufgabe vollständig zu lösen.*

- dem Dental-Depot den Mangel mitteilen
- mit dem Dental-Depot klären, auf welche Art und Weise der Mangel beseitigt wird
- einen Termin zur Mängelbeseitigung vereinbaren

_____ von 4 P.

4.4 a) Die Gewährleistungsfrist beträgt zwei Jahre. Sie beginnt mit Übergabe bzw. Abnahme der Leistung.

_____ von 6 P.

b) Unter Gewährleistung sind die Rechtsfolgen und gesetzlichen Ansprüche des Käufers im Rahmen eines Kaufvertrags zu verstehen, falls der Verkäufer eine mangelhafte Ware oder Sache geliefert hat.

Eine Garantie dagegen ist eine vom Hersteller zusätzlich zur gesetzlichen Gewährleistungspflicht gemachte freiwillige Zusicherung gegenüber dem Kunden, für die Dauer eines abgesteckten Zeitraumes eventuell anfallende Reparaturen zu übernehmen oder die Kosten dafür zu tragen.

So viele Punkte habe ich erreicht: _____

So lange habe ich gebraucht: _____

Teil 3: Abrechnungswesen

_____ von 39 P.

1. Privatpatientin

✒ *Hinweis: Je korrekt eingetragener Zeile gibt es 3 Punkte.*

Die Gebührennummer 0080 wird je Frontzahnbereich oder Kieferhälfte notiert, daher ist die Anzahl hier 2. Die Gebührennummer 0090 wird je Zahn berechnet, daher ist die Anzahl hier mit 5 zu notieren. Da die Zähne 14 und 24 nicht im direkten Brückenverband stehen, können sie nach Gebührennummer 2210 abgerechnet werden. Diese Position ist abrechenbar für alle Stufen- und Hohlkehlpräparationen jeder Ausführung (z. B. Verblendkronen, keramische, galvanische, glaskeramische Verblendkronen, Mantelkronen, Gusskronen mit Stufe). Position 2197 ist je adhäsiver Befestigung abrechenbar. Für die Einlagefüllungen sind je nach Füllungslagen die Positionen 2150, 2160 und 2170 ansetzbar.

Datum	Zahn	Gebührennummer	Anzahl
31.03.	14, 13, 21, 23, 24	0080	2
	14, 13, 21, 23, 24	0090	5
	14, 24	2210	2
	13, 21, 23	5010	3
	12, 11, 22	5070	2
	14, 13, 21, 23, 24	2197	5
	45, 34, 35, 36	2040	2
	45, 35	2170	2
	45, 35	2197	2
	36	2160	1
	36	2197	1
	34	2150	1
	34	2197	1

_____ von 41 P.

2. Kassenpatient

◢ *Hinweis: Da eine 10 Jahre rückwirkende regelmäßige Gebisskontrolle gegeben ist, wird ein Bonus von 30 % gewährt. Bei den Befunden für die Festzuschüsse kann im Oberkiefer hier lediglich die 1.1 angesetzt werden, da hinter dem zu teleskopierenden Zahn 13 keine zwei Zähne fehlen. Aus diesem Grund müssen sie dann nach GOZ Pos. 5040 berechnet werden. Hier ist für den Oberkiefer die Pos. 96c zu berechnen. Der Zahn 18 ist mit E zu kennzeichnen und auch bei der Ermittlung der zu ersetzenden Zähne mitzuzählen.*

Anlage: Planung HKP

Name der Krankenkasse
AOK Nordwest

Name, Vorname des Versicherten
Winter, Karl-Heinz   geb. am
18.12.1965

Kassen-Nr.   Versicherten-Nr.   Status

Vertragszahnarzt-Nr.   VK gültig bis   Datum

Erklärung des Versicherten

Lfd.-Nr.

Ich bin bei der genannten Krankenkasse versichert. Ich bin über Art, Umfang und Kosten der Regel-, der gleich- und andersartigen Versorgung sowie über den voraussichtlichen Herstellungsort bzw. das voraussichtliche Herstellungsland des Zahnersatzes **D-Hagen** aufgeklärt worden und wünsche die Behandlung entsprechend dieses Kostenplanes.

Datum/Unterschrift des **Versicherten**

Stempel des Zahnarztes

Heil- und Kostenplan

Hinweis an den Versicherten:
Bonusheft bitte zur Zuschussfestsetzung beifügen.

I. Befund des gesamten Gebisses/Behandlungsplan

TP = Therapieplanung   R = Regelversorgung   B = Befund

TP	E	E	E	TM	E	TM	E	E	E	E	TM	TM	E	E	TM	
R	E	E	E	KVH	E	KVH	E	E	E	E	KVH	KVH	E	E	KH	
B	ew	ew	ew	kw	ew	kw	ew	ew	ew	ew	kw	kw	ew	ew	kw	f
	18	17	16	15	14	13	12	11	21	22	23	24	25	26	27	28
	48	47	46	45	44	43	42	41	31	32	33	34	35	36	37	38
B	f	k	b	b	k		x	x	x	x			k	b	k	f
R						KV	BV	BV	BV	BV	KV					
TP						KM	BM	BM	BM	BM	KM					

Art der Versorgung

Der Befund ist bei Wiederherstellungs-maßnahmen nicht auszufüllen!

Bemerkungen (bei Wiederherstellung Art der Leistung)

II. Befunde für Festzuschüsse

Befund Nr. 1	Zahn/Gebiet 2	Anz. 3
1.1	15,13,23	
	24,27	5
1.3	15,13,23,24	4
3.1	OK	1
2.4	43-33	1
2.7	43,33	6

vorläufige Summe ▶
Nachträgliche Befunde:

(Spalten 1-3 vom Zahnarzt auszufüllen)

IV. Zuschussfestsetzung

Betrag Euro   Ct

Die Krankenkasse übernimmt die nebenstehenden Festzuschüsse, höchstens jedoch die tatsächlichen Kosten. Voraussetzung ist, dass der Zahnersatz innerhalb von 6 Monaten in der vorgesehenen Weise eingegliedert wird.

Datum, Unterschrift und Stempel der Krankenkasse

Hinweis:

30	% Vorsorge-Bonus ist bereits in den Festzuschüssen enthalten.
	Es liegt ein Härtefall vor.

Unfall oder Unfallfolgen/Berufskrankheit

Versorgungsleiden

Interimsversorgung

Immediatversorgung

X Unbrauchbare Prothese/Brücke/Krone

Alter ca. **15** Jahre   NEM

Erläuterungen
Befund (Kombinationen sind zulässig)
a = Adhäsivbrücke (Anker, Spanne)
b = Brückenglied
e = ersetzter Zahn
ew = ersetzter, aber erneuerungsbedürftiger Zahn
f = fehlender Zahn
i = Implantat mit intakter Suprakonstruktion
ix = zu entfernendes Implantat
k = klinisch intakte Krone
kw = erneuerungsbedürftige Krone
pw = erhaltungswürdiger Zahn mit partiellen Substanzdefekten

r = Wurzelstiftkappe
rw = erneuerungsbedürftige Wurzelstiftkappe
sw = erneuerungsbedürftige Suprakonstruktion
t = Teleskop
tw = erneuerungsbedürftiges Teleskop
ur = unzureichende Retention
ww = erhaltungswürdiger Zahn mit weitgehender Zerstörung
x = nicht erhaltungswürdiger Zahn
X = Lückenschluss

Behandlungsplanung:
A = Adhäsivbrücke (Anker, Spanne)
B = Brückenglied
E = zu ersetzender Zahn
H = gegossene Halte- und Stützvorrichtung
K = Krone
M = Vollkeramische oder keramisch voll verblendete Restauration

O = Geschiebe, Steg etc.
PK = Teilkrone
R = Wurzelstiftkappe
S = Implantatgetragene Suprakonstruktion
T = Teleskopkrone
V = Vestibuläre Verblendung

III. Kostenplanung

1 BEMA-Nrn.	Anz.	1 Fortsetzung	Anz.	1 Fortsetzung	Anz.
19	11				
98a	1				Euro Ct
96c	1				
98g	1				

2 Zahnärztliches Honorar BEMA:
3 Zahnärztliches Honorar GOZ: (geschätzt)
4 Material- und Laborkosten: (geschätzt)
5 Behandlungskosten insgesamt: (geschätzt)

Datum/Unterschrift des **Zahnarztes**

V. Rechnungsbeträge (siehe Anlage)   Euro   Ct

1	ZA-Honorar (BEMA siehe III)	
2	ZA-Honorar zusätzl. Leist. BEMA	
3	ZA-Honorar GOZ	
4	Mat.- und Lab.-Kosten Gewerbl.	
5	Mat.- und Lab.-Kosten Praxis	
6	Versandkosten Praxis	
7	Gesamtsumme	
8	Festzuschuss Kasse	
9	Versichertenanteil	

Gutachterlich befürwortet
☐ ja ☐ nein ☐ teilweise

Eingliederungs-datum:

Herstellungsort bzw. Herstellungsland des Zahnersatzes:

Der Zahnersatz wurde in der vorgesehenen Weise eingegliedert.

Datum/Unterschrift und Stempel des **Gutachters**

Datum/Unterschrift des **Zahnarztes**

Anschrift des **Versicherten**

Bei Handbeschriftung unbedingt in Blockschrift schreiben

Vordr. Z 211/28 10.15 SCHÜTZ**DRUCK** Tel. (05 11) 32 73 44 · www.schuetzdruck.de

Heil- und Kostenplan Teil 2

Name des Patienten

Winter, Karl-Heinz

Zahnarztpraxis

Anlage zum Heil- und Kostenplan vom _____

Für Ihre prothetische Behandlung werden entsprechend nachfolgender Aufstellung voraussichtlich folgende Kosten/Eigenanteile anfallen:

Zahn/Gebiet	GOZ	Leistungsbeschreibung	Anzahl	Betrag EUR
15,13,23,24,27	5040	vollverblendete Teleskopkrone	5	
43,33	5010	vollverblendete Brückenanker	2	
42-32	5070	vollverblendete Brückenspannen	1	

Zahnärztliches Honorar GOZ (entsprechend Zeile III/3 HKP): .... EUR_____

Zahnärztliches Honorar BEMA (entsprechend Zeile III/1 und 2 HKP): .... EUR_____

Material und Laborkosten (entsprechend Zeile III/4 HKP): .... EUR_____

Gesamtkosten (entsprechend Zeile III/5 HKP): .... EUR_____

abzüglich Festzuschüsse: .... EUR_____

Ihr voraussichtlicher Eigenanteil wird hiernach betragen EUR_____

Kosten für allgemeine und konservierend-chirurgische Leistungen nach der GOZ sind in den Beträgen nicht enthalten. Unvorhersehbare Leistungen, die sich im Rahmen der Behandlung ergeben, werden gesondert berechnet. Unvorhersehbare Veränderungen der Schwierigkeit sowie des Zeitaufwandes der einzelnen Leistungen, der Umstände bei der Ausführung oder der Methode können zu Kostenveränderungen führen.

Ich wünsche eine Versorgung entsprechend
des Heil- und Kostenplans nebst dieser Anlage

_____
Datum / Unterschrift des **Zahnarztes**

_____
Datum / Unterschrift des **Versicherten**

Informationen über die Kosten der Regelversorgung

Die Kosten für eine dem Befund entsprechende Regelversorgung liegen voraussichtlich in Höhe des doppelten Festzuschusses.

doppelter Festzuschuss .... EUR_____

abzüglich von der Kasse festgesetzter Festzuschüsse .... EUR_____

Ihr Eigenanteil würde im Falle der Regelversorgung daher voraussichtlich .... EUR_____
zzgl. der möglicherweise anfallenden Edelmetallkosten betragen.

Vordr. 3b (23121 2006) SCHÜTZDRUCK Tel. (0511) 52 73 44 www.schuetzdruck.de

____ von 60 P.

3. Privatpatientin

Hinweis: Beachten Sie, dass die Inzision (Ä2428) in der GO-Ä zu finden ist. Die Wurzel-spitzenresektion (3120) ist je Wurzelspitze abzurechnen, hier ist die Anzahl 2.

Datum	Zahn	Gebührennummer	Anzahl
17.03.		Ä5	1
		Ä1	1
	14	0090	1
	14	Ä2428	1
		Ä70	1
20.03.	14	3300	1
	14	Ä5000	1
23.03.	14	0090	1
	14	2390	1
	14	2410	2
	14	2400	2
	14	2420	2
	14	2440	2
	14	2020	1
	14	3120	2
		0510	1
	14	Ä5000	1
		Ä70	1
24.03.	14	3290	1
31.03.	14	3300	1

____ von 27 P.

4. Kassenpatientin

Hinweis: In der ersten Sitzung wird keine BEMA-Leistung Ä1 berechnet, da sie nicht mit der folgenden Ohnmacht (02) abzurechnen ist. Im OPG-Befund ist der Zahn 18 als verlagert angegeben und muss somit nach Ost2 (48) abgerechnet werden. Bei der Pos. 03 (Zuschlag) muss die Uhrzeit nicht angegeben werden, da sie nur tagsüber (8 bis 20 Uhr) aufgeführt sein muss.

Datum	Zahn	BEMA-Leistung	Anzahl	Bemerkungen
31.03.	OK, UK	Ä935d	1	1
	18, 17	I/40	1	
	17	X3/45	1	
	18	Ost2/48	1	
	18	I/40	1	
		7700	1	
		Ohn/02	1	
31.03.		Ber/Ä1	1	
		Zu/03	1	

___ von 45 P.

5. Kassenpatientin

Hinweis: Geplante konfektionierte und gegossene Stifte sind immer in das Bemerkungsfeld einzutragen.

Anlage: Planung HKP

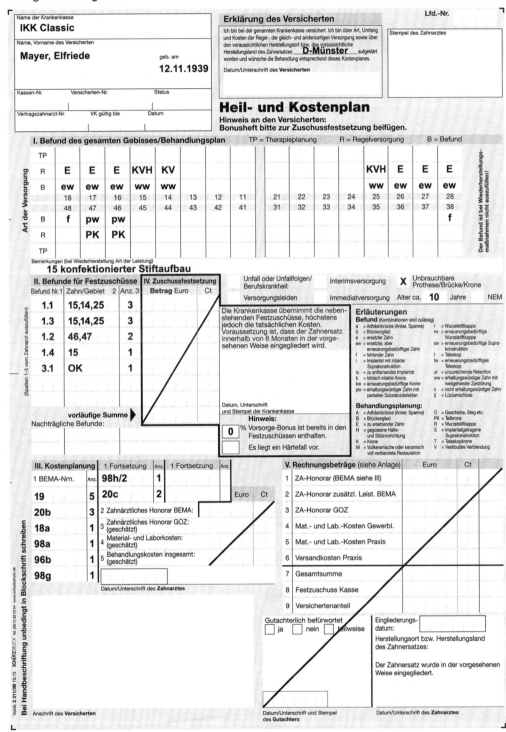

6. Privatpatient

✦ Hinweis: Die Gebührennummer 2030 kann berechnet werden, da das Anlegen einer Matrize bei Aufbaufüllungen nach Pos. 2180 und Kompositfüllungen nach Pos. 2060, 2080, 2100 und 2120 nicht zum Leistungsinhalt gehört. Eine weitere Besonderheit der Pos. 2030 ist, dass sie einmal beim Präparieren und einmal beim Füllen abgerechnet werden kann. Beachten Sie hier, dass Abdrücke zur Erstellung von Provisorien oder zur Erstellung des definitiven Zahnersatzes mit zu den reinen Zahnersatzpositionen zählen und somit nicht berechnet werden können. Die Pos. 5210 ist für die Modellgussprothese abrechenbar, jedoch müssen zusätzlich die Spannen mit der Pos. 5070 berücksichtigt werden, in diesem Beispiel dreimal. Außerdem ist zu beachten, dass in der GOZ alle Zahnersatzleistungen erst bei der Eingliederung berechnet werden können.

Datum	Zahn	Gebührennummer	Anzahl
10.02.		0010	1
		Ä1	1
	33, 43	Ä5000	2
		0030	1
	33, 43	4050	2
10.03.	33, 43	0100	2
	33, 43	2030	1
	33, 43	2180	2
	33, 43	2197	2
	33, 43	2030	1
	UK	5170	1
	33, 43	2270	2
17.03.	OK	5180	1
	UK	5170	1
29.03.	33, 43	5040	2
	UK	5210	1
	48−44, 42−32, 34−38	5070	3
	OK	5220	1
31.03.	35	4030	1

7. Kassenpatient

Hinweis: Die BEMA-Leistung 12/bMF wird hier für das Legen von Spanngummi abgerechnet und das je Frontzahnbereich oder Kieferhälfte. Alle möglichen besonderen Maßnahmen dürfen bei Fissurenversiegelungen nicht als Pos. 12/bMF abgerechnet werden.

Datum	Zahn	BEMA-Leistung	Anzahl	Bemerkungen
31.03.		U /01	1	
	65, 26	Vipr / 8	1	
	65, 26	bMF /12	1	
	65	F2 /13b	1	m-o /12
	26	F2 /13b	1	o-d /23
		IP1	1	
		IP2	1	
	36, 46	bMF /12	2	
	36, 46	IP5	2	
	OK, UK	IP4	1	

8. Kassenpatientin

Hinweis: Für das Stützstiftregistrat kann der Festzuschuss 4.9 angesetzt werden. Als BEMA-Nr. wird die 98d bei zahnlosem Kiefer oder Restzahnbestand von bis zu 3 Zähnen je Kiefer abgerechnet. Wenn eine Metallbasis bei Total- oder Cover-Denture-Prothesen notwendig ist, muss eine Begründung in das Bemerkungsfeld eingetragen werden (hier: Torus palatinus). In diesen begründeten Ausnahmefällen ist der FZ 4.5 anzusetzen und die BEMA-Nr. 98e darf hierfür abgerechnet werden. Der Eigenanteil kann berechnet werden, indem man von den insgesamten Behandlungskosten die vorläufige Summe der Festzuschüsse subtrahiert.

Welchen Eigenanteil hat Frau Gremlich zu erwarten?   **1.051,15 €**

Anlage: Planung HKP

Name der Krankenkasse
AOK Nordwest

Name, Vorname des Versicherten
Gremlich, Klara   geb. am **11.11.1938**

Kassen-Nr.   Versicherten-Nr.   Status

Vertragszahnarzt-Nr.   VK gültig bis   Datum

Erklärung des Versicherten

Ich bin bei der genannten Krankenkasse versichert. Ich bin über Art, Umfang und Kosten der Regel-, der gleich- und andersartigen Versorgung sowie über den voraussichtlichen Herstellungsort bzw. das voraussichtliche Herstellungsland des Zahnersatzes **D-Münster** aufgeklärt worden und wünsche die Behandlung entsprechend dieses Kostenplanes.

Datum/Unterschrift des Versicherten

Lfd.-Nr.

Stempel des Zahnarztes

Heil- und Kostenplan

Hinweis an den Versicherten:
Bonusheft bitte zur Zuschussfestsetzung beifügen.

I. Befund des gesamten Gebisses/Behandlungsplan

TP = Therapieplanung   R = Regelversorgung   B = Befund

TP																
R	E	E	E	E	E	E	E	E	E	E	E	E	E	E	E
B	ew	ew	ew	ew	ew	ew	ew	ew	ew	ew	ew	ew	ew	ew	ew
	18	17	16	15	14	13	12	11	21	22	23	24	25	26	27	28
	48	47	46	45	44	43	42	41	31	32	33	34	35	36	37	38
B	ew	ew	ew	ew	ew	ew	ew	ew	ew	ew	tw	ew	ew	ew	ew
R	E	E	E	E	E	E	E	E	E	R	E	E	E	E	E
TP																

Der Befund ist bei Wiederherstellungsmaßnahmen nicht auszufüllen!

Bemerkungen (bei Wiederherstellung Art der Leistung)
OK Metallbasis wegen Torus Palatinus

II. Befunde für Festzuschüsse

Befund Nr.1	Zahn/Gebiet 2	Anz. 3
4.2	OK	1
4.3	UK	1
4.5	OK	1
4.8	33	1
4.9	OK, UK	1

IV. Zuschussfestsetzung

Betrag Euro	Ct
407	56
438	07
108	13
306	48
77	12

vorläufige Summe ▶ 1.337,36
Nachträgliche Befunde:

Unfall oder Unfallfolgen/Berufskrankheit   Interimsversorgung   **X** Unbrauchbare Prothese/Brücke/Krone

Versorgungsleiden   Immediatversorgung   Alter ca. **15** Jahre   NEM

Die Krankenkasse übernimmt die nebenstehenden Festzuschüsse, höchstens jedoch die tatsächlichen Kosten. Voraussetzung ist, dass der Zahnersatz innerhalb von 6 Monaten in der vorgesehenen Weise eingegliedert wird.

Datum, Unterschrift und Stempel der Krankenkasse

Hinweis:
30 % Vorsorge-Bonus ist bereits in den Festzuschüssen enthalten.

☐ Es liegt ein Härtefall vor.

Erläuterungen
Befund (Kombinationen sind zulässig)
a = Adhäsivbrücke (Anker, Spanne)
b = Brückenglied
e = ersetzter Zahn
ew = ersetzter, aber erneuerungsbedürftiger Zahn
f = fehlender Zahn
i = Implantat mit intakter Suprakonstruktion
ix = zu entfernendes Implantat
k = klinisch intakte Krone
kw = erneuerungsbedürftige Krone
pw = erhaltungswürdiger Zahn mit partiellen Substanzdefekten
r = Wurzelstiftkappe
rw = erneuerungsbedürftige Wurzelstiftkappe
sw = erneuerungsbedürftige Suprakonstruktion
t = Teleskop
tw = erneuerungsbedürftiges Teleskop
ur = unzureichende Retention
ww = erhaltungswürdiger Zahn mit weitgehender Zerstörung
x = nicht erhaltungswürdiger Zahn
)(= Lückenschluss

Behandlungsplanung:
A = Adhäsivbrücke (Anker, Spanne)
B = Brückenglied
E = zu ersetzender Zahn
H = gegossene Halte- und Stützvorrichtung
K = Krone
M = Vollkeramische oder keramisch voll verblendete Restauration
O = Geschiebe, Steg etc.
PK = Teilkrone
R = Wurzelstiftkappe
S = implantatgetragene Suprakonstruktion
T = Teleskopkrone
V = Vestibuläre Verblendung

III. Kostenplanung

1 BEMA-Nrn.	Anz.
21	1
90	1
97a	1
97b	1
98b	1
98c	1
98d	1

1 Fortsetzung	Anz.	1 Fortsetzung	Anz.
98e	1		

	Euro	Ct
2 Zahnärztliches Honorar BEMA:	788	51
3 Zahnärztliches Honorar GOZ: (geschätzt)	- - - - - -	
4 Material- und Laborkosten: (geschätzt)	1.600	00
5 Behandlungskosten insgesamt: (geschätzt)	2.388	51

Datum/Unterschrift des Zahnarztes

V. Rechnungsbeträge (siehe Anlage)

		Euro	Ct
1	ZA-Honorar (BEMA siehe III)		
2	ZA-Honorar zusätzl. Leist. BEMA		
3	ZA-Honorar GOZ		
4	Mat.- und Lab.-Kosten Gewerbl.		
5	Mat.- und Lab.-Kosten Praxis		
6	Versandkosten Praxis		
7	Gesamtsumme		
8	Festzuschuss Kasse		
9	Versichertenanteil		

Gutachterlich befürwortet
☐ ja ☐ nein ☐ teilweise

Eingliederungsdatum:

Herstellungsort bzw. Herstellungsland des Zahnersatzes:

Der Zahnersatz wurde in der vorgesehenen Weise eingegliedert.

Datum/Unterschrift und Stempel des Gutachters

Datum/Unterschrift des Zahnarztes

Anschrift des Versicherten

Bei Handbeschriftung unbedingt in Blockschrift schreiben

Vordr. Z 311/3B 10.15 SCHÜTZDRUCK Tel. 05 11/32 73 44 · www.schuetzdruck.de

Anlage: Planung Rechenhilfe

Rechenhilfe zum Heil- und Kostenplan 2017

III. 1+2 Kostenplanung Berechnung zahnärztliches Honorar BEMA

BEMA-Nr. 1	Anzahl 2	Bew.-Zahl 3	Spalte 2 × Spalte 3
21	1	28	28
90	1	154	154
97a	1	250	250
97b	1	290	290
98b	1	57	57
98c	1	76	76
98d	1	23	23
98e	1	16	16
Gesamtsumme Spalte 4		·	864
X Punktwert 0,8820 = zahnärztliches Honorar			788,51 €

V.2 Rechnungsbeträge ZA-Honorar zusätzl. Leistungen BEMA

BEMA-Nr. 1	Anzahl 2	Bew.-Zahl 3	Spalte 2 × Spalte 3
Gesamtsumme Spalte 4			
X Punktwert 0,8820 = zahnärztliches Honorar			

III. 3. Rechnungsbeträge ZA-Honorar GOZ, geschätzt

Zahn/Gebiet	Geb.-Nr.	Anzahl	Faktor	Honorar
Gesamthonorar				

V.3 Rechnungsbeträge ZA-Honorar GOZ, tatsächlich

Zahn/Gebiet	Geb.-Nr.	Anzahl	Faktor	Honorar
Gesamthonorar				

V. Rechnungsbeträge
5. Material- und Laborkosten Praxis: z. B.;

Material/Laborarbeit	Anzahl	Einzelpreis	Kosten
Praxislabor, Sonstiges	x		=
Abformmaterial	x		=
Prov. Kronen/Brückenanker	x		=
Prov. Brückenglieder	x		=
		Gesamtkosten	

9. Kassenpatient

✦ *Hinweis: Die BEMA-Leistung 23/Ekr ist je Brückenanker abzurechnen. Berechnung der Stiftkosten erfolgt mit der Ordnungsziffer 601. Geben Sie den Cent-Betrag an.*

Datum	Zahn	BEMA-Leistung	Anzahl	Bemerkungen
31.03.		Ber/Ä1	1	
		04	1	
	11, 15, 17	Vipr/8	1	
	OK, UK	Ä935d	1	1
	11, 15, 17	I/40	3	
	11	F4/3d	2	m-i-v-p + d-i-v-p/ 1245 + 2345
	11	St/16	1	
	15, 17	Ekr/23	2	
	15	Exc1	1	
	15	F2/13b	1	m-o-d-b / 1234
	15	601	1	240 Cent
	17	X2/44	1	

10. Kassenpatientin

✦ *Hinweis: Die Berechnung der BEMA-Nr. 24c darf je provisorische Krone höchstens dreimal erfolgen. Das Gleiche gilt auch für das Abnehmen von provisorischen Brücken mit der BEMA-Nr. 95d. Durch die Neuanfertigung der provisorischen Brücke von 45 –47 fallen zusätzliche Materialkosten für die provisorischen Brückenanker und das provisorische Brückenglied an.*

V.2 Rechnungsbeträge ZA-Honorar zusätzliche Leistungen BEMA			
BEMA-Nr. 1	Anzahl 2	Bew.-Zahl 3	Spalte 2 × Spalte 3 4
24c	12	7	84
95d	3	18	54
19	3	19	57
Gesamtsumme Spalte 4			195
X Punktwert 0,8820 = zahnärztliches Honorar			171,99 €

V. Rechnungsbeträge 5. Material- und Laborkosten Praxis: z. B.;			
Material/Laborarbeit	Anzahl	Einzelpreis	Kosten
Praxislabor/Sonstiges			
Abformmaterial	1 ×		35,90 €
Prov. Kronen/Brückenanker	8 ×	2,00	16,00 €
Prov. Brückenglieder	2 ×	2,20	4,40 €
		Gesamtkosten	56,30 €

Anlage: Abrechnung HKP

Name der Krankenkasse	Erklärung des Versicherten	Lfd.-Nr.
AOK Nordwest		

Erklärung des Versicherten

Ich bin bei der genannten Krankenkasse versichert. Ich bin über Art, Umfang und Kosten der Regel-, der gleich- und andersartigen Versorgung sowie über den voraussichtlichen Herstellungsort bzw. das voraussichtliche Herstellungsland des Zahnersatzes **D-Gütersloh** aufgeklärt worden und wünsche die Behandlung entsprechend dieses Kostenplanes.

Stempel des Zahnarztes

Name, Vorname des Versicherten
Wecker, Carla geb. am **09.11.1960**

Datum/Unterschrift des **Versicherten**

Kassen-Nr.	Versicherten-Nr.	Status

Vertragszahnarzt-Nr.	VK gültig bis	Datum

Heil- und Kostenplan

Hinweis an den Versicherten:
Bonusheft bitte zur Zuschussfestsetzung beifügen.

I. Befund des gesamten Gebisses/Behandlungsplan   TP = Therapieplanung   R = Regelversorgung   B = Befund

Art der Versorgung

TP							KM	KM	KM	KM						
R							KV	KV	KV	KV						
B	f		k				ww	ww	ww	ww			k		f	
	18	17	16	15	14	13	12	11	21	22	23	24	25	26	27	28
	48	47	46	45	44	43	42	41	31	32	33	34	35	36	37	38
B	f		f												f	
R		K	B	K												
TP		KM	BM	KM												

Bemerkungen (bei Wiederherstellung Art der Leistung)

Der Befund ist bei Wiederherstellungsmaßnahmen nicht auszufüllen!

II. Befunde für Festzuschüsse   **IV. Zuschussfestsetzung**

Befund Nr.1	Zahn/Gebiet 2	Anz. 3	Betrag Euro	Ct
1.1	12,11,21,22	4	682	64
1.3	12,11,21,22	4	246	40
2.1	45-47	1	403	80

Unfall oder Unfallfolgen/Berufskrankheit   Interimsversorgung   Unbrauchbare Prothese/Brücke/Krone

Versorgungsleiden   Immediatversorgung   Alter ca.   Jahre   NEM

Die Krankenkasse übernimmt die nebenstehenden Festzuschüsse, höchstens jedoch die tatsächlichen Kosten. Voraussetzung ist, dass der Zahnersatz innerhalb von 6 Monaten in der vorgesehenen Weise eingegliedert wird.

Datum, Unterschrift und Stempel der Krankenkasse

Erläuterungen

Befund (Kombinationen sind zulässig)
a = Adhäsivbrücke (Anker, Spanne)
b = Brückenglied
e = ersetzter Zahn
f = fehlender Zahn
i = Implantat mit intakter Suprakonstruktion
ix = zu entfernendes Implantat
k = klinisch intakte Krone
kw = erneuerungsbedürftige Krone
pw = erhaltungswürdiger Zahn mit partiellen Substanzdefekten
r = Wurzelstiftkappe
rw = erneuerungsbedürftige Wurzelstiftkappe
sw = erneuerungsbedürftige Suprakonstruktion
t = Teleskop
tw = erneuerungsbedürftiges Teleskop
ur = unzureichende Retention
ww = erhaltungswürdiger Zahn mit weitgehender Zerstörung
x = nicht erhaltungswürdiger Zahn
χ = Lückenschluss

	vorläufige Summe ▶	1332	84

Nachträgliche Befunde:

Hinweis:
20 % Vorsorge-Bonus ist bereits in den Festzuschüssen enthalten.

Es liegt ein Härtefall vor.

Behandlungsplanung:
A = Adhäsivbrücke (Anker, Spanne)
B = Brückenglied
E = zu ersetzender Zahn
H = gegossene Halte- und Stützvorrichtung
K = Krone
M = Vollkeramische oder keramisch voll verblendete Restauration
O = Geschiebe, Steg etc.
PK = Teilkrone
R = Wurzelstiftkappe
S = implantatgetragene Suprakonstruktion
T = Teleskopkrone
V = Vestibuläre Verblendung

(Spalten 1–3 vom Zahnarzt auszufüllen)

III. Kostenplanung 1 Fortsetzung Anz. 1 Fortsetzung Anz.

1 BEMA-Nrn.	Anz.
19	7

		Euro	Ct
2	Zahnärztliches Honorar BEMA:	117	31
3	Zahnärztliches Honorar GOZ: (geschätzt)	1.303	66
4	Material- und Laborkosten: (geschätzt)	2.200	00
5	Behandlungskosten insgesamt: (geschätzt)	3.620	97

Datum/Unterschrift des **Zahnarztes**

V. Rechnungsbeträge (siehe Anlage)

		Euro	Ct
1	ZA-Honorar (BEMA siehe III)	117	31
2	ZA-Honorar zusätzl. Leist. BEMA	171	99
3	ZA-Honorar GOZ	1.303	66
4	Mat.- und Lab.-Kosten Gewerbl.	2.107	99
5	Mat.- und Lab.-Kosten Praxis	56	30
6	Versandkosten Praxis		
7	Gesamtsumme	3.757	25
8	Festzuschuss Kasse	1.332	84
9	Versichertenanteil	2.424	41

Gutachterlich befürwortet
☐ ja ☐ nein ☐ teilweise

Eingliederungsdatum: **30.03.2017**

Herstellungsort bzw. Herstellungsland des Zahnersatzes: **D-Gütersloh**

Der Zahnersatz wurde in der vorgesehenen Weise eingegliedert.

Anschrift des **Versicherten**

Datum/Unterschrift und Stempel des **Gutachters**

Datum/Unterschrift des **Zahnarztes**

Vordr. Z 311/2/B 10.15 SCHÜTZDRUCK, Tel. 05 11/92 73 44 www.schuetzdruck.de

Bei Handbeschriftung unbedingt in Blockschrift schreiben

So viele Punkte habe ich erreicht: _____

So lange habe ich gebraucht: _____

Teil 4: Praxisorganisation und Verwaltung

___ von 6 P. **1.1** a) ✦ *Hinweis: Beachten Sie, dass für die Berechnung in mm umgerechnet werden muss (Multiplikation mit 10).*

$1{,}64 \, € \cdot 7 \, \text{cm} \cdot 10 = 114{,}80 \, €$

___ von 4 P. b) ✦ *Hinweis: Bei dieser Aufgabe ist nur ein mögliches Ziel gefordert.*

Die Zahnarztpraxis möchte mit der Zeitungsanzeige auch den Bekanntheitsgrad der Praxis steigern und im erlaubten Rahmen Werbung betreiben, um so eventuell neue Patienten zu gewinnen.

Die Zahnarztpraxis möchte ihre Patienten auch über neue Leistungsangebote (z. B. Implantologie) informieren.

___ von 6 P. **1.2** ✦ *Hinweis: Sie müssen zur Beantwortung nur drei Aspekte nennen.*

- Name/Praxislogo
- Zeitraum, in dem die Praxis geschlossen ist
- Zahnarztpraxis, die die Vertretung übernimmt
- Leistungen der Praxis

___ von 8 P. **1.3** ✦ *Hinweis: Hier sind nur zwei weitere Aufgaben gefordert. Auch andere Aufgaben sind hier denkbar.*

Die Praxis muss den Anrufbeantworter neu besprechen, um z. B. über den Zeitraum der Vertretung, den Vertretungszahnarzt und Notrufnummern zu informieren.

Eine Absprache mit der Reinigungsfirma muss vorgenommen werden, um z. B. Vereinbarungen zum abschließenden Reinigungstermin und zur Wiederaufnahme der Reinigung zu treffen.

Post/Briefdienste müssen informiert werden, um z. B. eine alternative Postzustellung oder eine Posthinterlegung zu vereinbaren.

___ von 4 P. **1.4** ✦ *Hinweis: Nur zwei Beispiele sind verlangt.*

- Behandlungsabläufe
- Materialbeschaffung und richtige Lagerhaltung
- Verhaltensregeln zum Datenschutz und zur Schweigepflicht

___ von 3 P. **2.1** a) Bei einer Datenspeicherung in einer Cloud werden die Daten nicht lokal auf einem Rechner oder Server, sondern bei einem Internetdienstleister gespeichert. Die Datenübertragung erfolgt über das Internet.

___ von 8 P. b) ✦ *Hinweis: Lesen Sie den Text aufmerksam und notieren Sie die genannten Probleme.*

- Die Patienten müssen die ausdrückliche Erlaubnis zur Speicherung ihrer Daten in der Cloud geben.
- Die Sicherung von Daten in der Cloud ist schwieriger als die Sicherung von Daten auf einem Rechner/Server, der sich in einer Zahnarztpraxis befindet.
- Die Daten müssen verschlüsselt übertragen werden.
- Patientendaten dürfen nicht in Drittländern gespeichert werden.

___ von 3 P.

2.2 ✐ *Hinweis: Es sind nur drei Punkte gefordert.*

- Name
- Geburtsdatum
- Anschrift
- Krankenkassenmitgliedschaft

___ von 6 P.

2.3 a) ✐ *Hinweis: Drei mögliche Antworten sind aufgeführt, wobei zwei laut Aufgabenstellung genügen.*

Bei Viren/Trojanern/Würmern handelt es sich um Schadsoftware, die sich meistens unbemerkt vom Benutzer auf dem Rechner installiert und z. B. zum Verlust von Daten führen kann.

Unter Phishing versteht man den betrügerischen Versuch, durch gefälschte E-Mails an Zugangsdaten, z. B. für das Online-Banking, zu gelangen.

Abofallen stellen eine unseriöse Geschäftspraktik dar, bei der der Verbraucher unbeabsichtigt ein kostenpflichtiges Abonnement eingeht.

___ von 4 P.

b) ✐ *Hinweis: Es sind nur zwei Punkte verlangt. Weitere Alternativen sind denkbar.*

- Verwendung eines aktuellen Virenschutzprogramms bzw. einer aktuellen Firewall
- Dateianhänge aus zweifelhaften E-Mails nicht öffnen
- Mitarbeiterschulungen durchführen

___ von 4 P.

3.1 a) ✐ *Hinweis: Hier ist eine Begründung zur Beantwortung bereits ausreichend.*

Zwischen den Patienten und dem zahnärztlichen Personal entwickelt sich oftmals ein besonderes Vertrauensverhältnis. Dieses Vertrauensverhältnis kann durch häufige Mitarbeiterwechsel ggf. erst gar nicht entstehen oder wird erheblich gestört.

Häufige Mitarbeiterwechsel können dazu führen, dass Arbeitsabläufe nicht mehr reibungslos funktionieren und/oder Fehler passieren. Darunter leidet die Patientenzufriedenheit und die Patienten zweifeln ggf. an der Qualität der Zahnarztpraxis.

___ von 4 P.

b) ✐ *Hinweis: Alternative Punkte könnten „schlechte Erreichbarkeit" oder „fehlende Barrierefreiheit" sein.*

- lange Wartezeiten
- unfreundliches Praxisteam
- veraltete Praxisausstattung

___ von 4 P.

3.2 / *Hinweis: Hier sollten Sie den Rechenweg angeben. Zuerst wird der Durchschnittspatientenwert für das Jahr 2015 im Monat berechnet, danach wird der monatliche Durchschnittswert für das Jahr 2016 berechnet und anschließend die Differenz gebildet.*

$$6.360 : 12 = 530; \ 6.204 : 12 = 517; \ 530 - 517 = \mathbf{13}$$

___ von 6 P.

3.3 / *Hinweis: Es sind nur drei Zielsetzungen verlangt, natürlich sind auch andere Punkte alternativ möglich.*

- Fehler- bzw. Schwachstellenanalyse
- Verbesserung der Ablauforganisation
- Belehrungen/Schulungen
- Investitionen/Anschaffungen

___ von 6 P.

3.4 / *Hinweis: Nur drei Aspekte sind laut Aufgabenstellung gefordert. Vier mögliche Beispiele finden Sie hier.*

- rechtzeitige Information des Praxisteams
- Tagesordnung erstellen
- Kommunikationsregeln einhalten
- Zeitvorgaben formulieren

___ von 6 P.

4.1 / *Hinweis: Zur vollständigen Beantwortung der Aufgabe sind drei Tätigkeiten zu nennen. Es sind vier Beispiele aufgeführt.*

- Anschriftenprüfung (Empfänger/Absender)
- Verpackung auf Schäden kontrollieren
- Empfang des Pakets quittieren
- Überprüfung der Ware (z. B. auf Mängel)

___ von 10 P.

4.2 / *Hinweis: In der Rechnung ist angegeben, dass der Rechnungsbetrag bis zum 31.03.2017 mit 2 % Skonto zahlbar ist. Daher werden in der Rechnung 98 % der Gesamtsumme berechnet.*

ÜBERWEISUNG		
Girokonto 200222444	IBAN DE10420500010160000505	Kontosaldo (EUR) **2.922,43 H**
Auftraggeber	Zahnarztpraxis Dr. Spranger & Dr. Specht	
Zahlungsempfänger	Büromarkt-Discount.de	
IBAN	DE45 8207 000 0393 6069 99	
BIC	– wird automatisch ausgefüllt –	
Bank	– wird automatisch ausgefüllt –	
Betrag	382,45 EUR	
Verwendungszweck	RE-Nr.: 300079571111 abzügl. 2 % Skonto	
Ausführung am	31.03.2017	

Rechnung: $390,26 \ € \cdot 0,98 = 382,45 \ €$

___ von 8 P.

4.3 ✒ *Hinweis: Laut Aufgabenstellung sind nur zwei Ausführungen gefordert.*

SEPA-Lastschriftmandat, d. h. der Zahlungspflichtige ermächtigt den Zahlungsempfänger, fällige Beträge vom Konto des Zahlungspflichtigen einzuziehen.

Kreditkartenzahlung, d. h. der Kreditkarteninhaber muss seinen Namen und die Kartennummer eingeben. Darüber hinaus wird die Gültigkeit der Karte sowie die Kartenprüfnummer abgefragt.

PayPal, d. h. der Zahlungspflichtige muss sich vorher mit Namen, Privatanschrift und E-Mail-Adresse bei PayPal anmelden sowie ein Passwort und die Daten seines Bankkontos oder einer Kreditkarte hinterlegen. Beim Einkauf reichen dann die Eingabe der E-Mail-Adresse und des Passwortes.

So viele Punkte habe ich erreicht: _____

So lange habe ich gebraucht: _____

100 Punkte
🕒 150 Minuten

Teil 1: Behandlungsassistenz

Situationsbeschreibung

Terminbuch:

Uhrzeit	Dr. E. Spranger	Dr. St. Specht	Prophylaxe
08:00–08:30	**Hermann Lauer** Neupatient	Walter Koch Beratung	Claudia Lauer PZR
08:30–09:00	Katharina Sauer Füllung	**Dennis Uludag** 26 Endo	Joachim Segler PZR
09:00–09:30	**Sabrina Klein** WR 15 und Zy	**Dr. Arno Kleinschmidt** Extraktion 46	Miriam Mai IP 1–4
09:30–10:00	Hartmuth Krüger ZE-Beratung	Henry Bühren Kontrolle	**Kevin Masloff** IP 5 (16, 36)
10:00–10:30	Wolfram Krüger Wundkontrolle	Stefan Müller WF 23	Marion Masloff PZR
10:30–11:00	Carlos Luis Retainer	Iris Pohlmann Extraktion 44	Detlef Karof PZR
11:00–11:30	**Teambesprechung**	**Teambesprechung**	**Teambesprechung**

• •

Patient Hermann Lauer (Situation zur 1. bis 5. Aufgabe):

Herr Lauer ist 42 Jahre alt, gesetzlich krankenversichert und gibt in seiner Anamnese an, unter Hypertonie und einer Überfunktion der Schilddrüse zu leiden. Er ist heute zum ersten Mal in der Praxis. Er schildert Schmerzen an den oberen und unteren Schneidezähnen beim Zähneputzen. Die Untersuchung ergibt, dass der Patient bis auf die Weisheitszähne voll bezahnt ist. An den Zahnhälsen der oberen und unteren Frontzähne zeigen sich keilförmige, behandlungsbedürftige Defekte. Die Seitenzähne weisen deutliche Abrasionen auf. Frau Dr. Spranger stellt Zahnstein an den Prädilektionsstellen fest, der heute entfernt werden soll.

• •

4 Punkte

1. Aufgabe

Erläutern Sie, warum die Erhebung der allgemeinen Anamnese erforderlich ist.

_____

_____

_____

_____

_____

2 Punkte

2. Aufgabe

Was versteht man unter Hypertonie?

höhe Blutdruckwerte

5 Punkte

3. Aufgabe

Im Rahmen der Befunderhebung diktiert Frau Dr. Spranger Ihnen einige Fachbegriffe. Übersetzen Sie diese.

a) cervical

b) radiculär

c) approximal   *zwischen den Zähnen*

d) Abrasion   *Verlust von Zahnhartsubstanzen durch Kauen / Knirschen*

e) vestibulär

2 Punkte

4. Aufgabe

Nennen Sie die Prädilektionsstellen für Zahnstein.

Approximale flächle , Freiliegende Zahnhälse
Fissuren, Ränder der Füllungs
Grübchen

5. Aufgabe

Alle Instrumente werden nach Medizin-Produkte-Gesetz (MPG) in „Risikoklassen" und „Anforderungen an die Aufbereitung" eingeordnet.

2 Punkte

a) Wie ordnen Sie die ZEG-Ansätze ein?

2 Punkte

b) Begründen Sie Ihre Antwort.

•••

Patient Dennis Uludag (Situation zur 6. bis 9. Aufgabe):

Herr Uludag ist 21 Jahre alt, Student und gesetzlich als Mitglied bei der AOK Nordwest krankenversichert. Herr Uludag wohnt im Studentenwohnheim in der Schillerstr. 34, 45894 Gelsenkirchen. Seine allgemeine Anamnese ist unauffällig. Am vorherigen Montag war der Zahn 26 geröntgt und trepaniert worden. Heute soll der Zahn endodontisch weiterbehandelt werden. Es bestehen weiterhin starke Beschwerden an diesem Zahn.

•••

13 Punkte

6. Aufgabe

Im Rahmen der endodontischen Behandlung wird heute am Zahn 26 eine Röntgenmessaufnahme in LeMastertechnik angefertigt (analoge Technik). Beschreiben Sie das Vorgehen bis zur Vorlage der Aufnahme im Behandlungszimmer.

_____

_____

_____

_____

_____

_____

_____

_____

_____

_____

4 Punkte

7. Aufgabe

Frau Dr. Spranger verwendet für die Wurzelkanalaufbereitung Einmal-Endodontie-Instrumente. Wie müssen diese entsorgt werden?

_____

_____

_____

6 Punkte

8. Aufgabe

Welche Folgeerkrankungen können sich aus einer akuten, apikalen Parodontitis entwickeln? Nennen und beschreiben Sie drei Erkrankungen.

_____

_____

_____

4 Punkte

9. Aufgabe

Herr Uludag bekommt ein Rezept über Ibuprofen 600, 10 Tabletten. Bereiten Sie das Rezeptformular unterschriftsreif vor. (Fehlende Daten können Sie frei wählen.)

Gebühr frei	Krankenkasse bzw. Kostenträger					BVG	Hilfs-mittel	Impf-stoff	Spr.-Bedarf	St. Begr.-Pflicht	Apotheken-Nummer/IK
Geb.-pfl.	Name, Vorname des Versicherten				geb. am	6	7	8	9	1	
noctu						Zuzahlung			Gesamt-Brutto		
Sonstige						Arzneimittel-Hilfsmittel-Nr.			Faktor	Taxe	
	Kassen-Nr.	Versicherten-Nr.		Status.		1. Verordnung					
Unfall						2. Verordnung					
Arbeits-unfall	Betriebsstätten-Nr.	Arzt-Nr.		Datum		3. Verordnung					

Rp. (Bitte Leerräume durchstreichen)

Vertragsarztstempel

aut idem

aut idem

aut idem

6664 ⬚⬚⬚⬚⬚ Abgabedatum in der Apotheke

Unterschrift des Arztes
Muster 16 (10.2014)

Unfalltag	Unfallbetrieb oder Arbeitgebernummer

• •

Patientin Sabrina Klein (Situation zur 10. bis 13. Aufgabe):

Frau Klein ist heute zum vereinbarten Termin in der Praxis erschienen. Der Zahn 15 soll durch Osteotomie entfernt werden. Die Aufklärung über mögliche Komplikationen erfolgte vor einer Woche und die Einverständniserklärung liegt vor. Die 32 Jahre alte Patientin ist gesetzlich krankenversichert und arbeitet als kaufmännische Angestellte.

• •

11 Punkte

10. Aufgabe

Beschreiben Sie die Durchführung der Osteotomie mit allen Instrumenten und Materialien in der richtigen Reihenfolge.

_____

_____

_____

_____

_____

_____

_____

_____

_____

_____

_____

_____

_____

5 Punkte

11. Aufgabe

Welche Hygienemaßnahmen führen Sie im Behandlungszimmer nach der Behandlung durch?

_____

_____

_____

_____

_____

3 Punkte

12. Aufgabe

Welche möglichen Komplikationen könnten bei der chirurgischen Entfernung des Zahnes 15 auftreten? Nennen Sie drei.

_____

_____

_____

2 Punkte

13. Aufgabe

Es wurde „atraumatisches Nahtmaterial" zum Wundverschluss verwendet. Was versteht man darunter?

_____

_____

_____

Patient Dr. Arno Kleinschmidt (Situation zur 14. bis 16. Aufgabe):

Der 54 Jahre alte Dr. Arno Kleinschmidt ist seit vielen Jahren Patient der Praxis. Er ist privat krankenversichert und von Beruf Physiker. Der wurzelkanalgefüllte und überkronte Zahn 46 kann nicht mehr erhalten werden und soll heute extrahiert werden. Nach der vollständigen chirurgischen Entfernung des tief frakturierten Zahnes kommt es zu einer starken Nachblutung, die Herr Dr. Specht mittels einer gerinnungsfördernden Einlage, Naht und Tamponade behandelt.

4 Punkte

14. Aufgabe

Herr Dr. Specht stellt fest, dass hier eine venöse Sickerblutung vorliegt. Wie unterscheiden sich Arterien von Venen? Nennen Sie zwei Unterschiede.

_____

_____

_____

4 Punkte

15. Aufgabe

Beschreiben Sie die Vorgänge bei der körpereigenen Blutstillung.

_____

_____

_____

6 Punkte

16. Aufgabe

Der Patient lehnt eine prothetische Versorgung der Zahnlücke 46 ab. Erläutern Sie zwei mögliche Folgen dieser unversorgten Situation.

_____

_____

_____

_____

Patient Kevin Masloff (Situation zur 17. bis 19. Aufgabe):

Kevin ist 7 Jahre alt. Die Zähne 16 und 36 sollen heute versiegelt werden. Er erscheint in Begleitung seiner Mutter zu dem vereinbarten Termin und ist sehr aufgeregt. Alle vorherigen zahnärztlichen Behandlungen (Milchzahnfüllungen und Extraktionen von 54, 65, 74) erfolgten in Vollnarkose.

5 Punkte

17. Aufgabe

Beschreiben Sie stichwortartig die Durchführung der Fissurenversiegelung an den Zähnen 16 und 36 mit Instrumenten und Materialien in logischer Reihenfolge.

_____

_____

_____

_____

_____

_____

_____

_____

_____

_____

_____

3 Punkte

18. Aufgabe

In Zusammenhang mit der Fissurenversiegelung wird eine Fluoridierung durchgeführt. Welche drei Wirkungen hat Fluorid in der Kariesprophylaxe?

_____

_____

_____

5 Punkte

19. Aufgabe

Erklären Sie Kevin altersgerecht die Kariesentstehung.

_____

_____

_____

_____

_____

_____

_____

_____

_____

• •

Teambesprechung (Situation zur 20. bis 21. Aufgabe):

In der Praxis werden in der kommenden Woche sowohl ein neuer Thermodesinfektor als auch ein neuer Sterilisator/Autoklav installiert. In Vorbereitung darauf findet heute eine Teambesprechung statt. Es soll besprochen werden, wie mit den Geräten umgegangen werden muss und welche Fragen hierzu im Team bestehen. Dabei wird auch die hygienische Wartung der wasserführenden Systeme besprochen.

• •

2 Punkte

20. Aufgabe

Beschreiben Sie die Hygienemaßnahme der wasserführenden Systeme, die täglich **vor** Behandlungsbeginn durchgeführt werden muss.

6 Punkte

21. Aufgabe

Die Wasser- und Nahrungsmittel-Infektion ist ein bekannter Infektionsweg. Nennen und beschreiben Sie drei weitere wichtige Infektionswege in der Zahnarztpraxis.

100 Punkte
⏱ **60 Minuten**

Teil 2: Wirtschafts- und Sozialkunde

• •

Situation 1

In der Zahnarztpraxis Dr. Spranger & Dr. Specht wurde in der letzten Teambesprechung auf Wunsch der Mitarbeiterinnen über die Möglichkeit der Entgeltumwandlung diskutiert. Frau Liebich (Fachwirtin für zahnärztliches Praxismanagement) hatte nach dem Lesen eines Zeitungsartikels über betriebliche Altersvorsorge angeregt, dieses Thema als Tagungsordnungspunkt aufzunehmen. Frau Dr. Spranger und Herr Dr. Specht, die generell in ihren Arbeitsverträgen die Anwendung der Tarifverträge ausdrücklich vereinbaren, haben die Diskussion interessiert verfolgt.

(Beachten Sie bei dieser Aufgabe die Anlagen 1 und 2.)

• •

1. Aufgabe

4 Punkte

a) Erklären Sie die Entgeltumwandlung.

_____

_____

_____

4 Punkte

b) Nennen Sie zwei Vorteile einer betrieblichen Altersvorsorge.

_____

_____

_____

4 Punkte

2. Aufgabe

Erklären Sie, warum sich Frau Dr. Spranger und Herr Dr. Specht an der betrieblichen Altersvorsorge ihrer Mitarbeiterinnen beteiligen müssen.

_____

_____

_____

6 Punkte

3. Aufgabe

Berechnen Sie die gesamte Arbeitgeberbeteiligung, wenn Frau Liebich (Vollzeitbeschäftigte) mit den Praxisinhabern vereinbart, dass Sie zukünftig von ihrem Bruttogehalt 120,00 € monatlich durch Entgeltumwandlung sparen möchte.

6 Punkte

4. Aufgabe

Nennen Sie drei weitere Möglichkeiten für eine private Altersvorsorge.

_____

_____

_____

Anlage 1 Zeitungsartikel

Mit dem Sparen fürs Alter kann man nicht früh genug beginnen

Eine gesetzliche Rente wird es vermutlich auch künftig noch geben, aber ob sie ausreicht, um im Alter finanziell über die Runden zu kommen, ist ungewiss. Doch dem kann jeder Arbeitnehmer z. B. durch eine betriebliche Altersvorsorge (bAV) entgegensteuern, wenn sein Arbeitgeber einen Teil seines Bruttogehaltes steuer- und sozialabgabenfrei in eine bAV umwandelt. Am Ende des Berufslebens kommt dadurch zusätzlich eine Betriebsrente heraus.

Alle können es, aber nicht alle wissen es: Jeder Beschäftigte hat einen Anspruch auf eine betriebliche Altersvorsorge durch Entgeltumwandlung, viele Beschäftigte sogar aufgrund von Tarifverträgen auf einen *Arbeitgeberbeitrag* und *zusätzlich* auf einen *prozentualen Zuschuss* auf die umgewandelte Geldsumme. Allerdings entscheidet der Chef über die Anlageform und kann die Beiträge z. B. in eine Pensionskasse oder Lebensversicherung einzahlen. Der Sparbetrag ist jedoch nicht grenzenlos. Grundsätzlich dürfen maximal vier Prozent der Beitragsbemessungsgrenze pro Jahr steuer- und sozialabgabenfrei umgewandelt werden.

Eine bAV lohnt sich nicht nur für den Arbeitnehmer. Der Arbeitgeber muss weniger Sozialabgaben abführen und ist durch das Angebot einer Betriebsrente auch noch attraktiv für Arbeitnehmer auf dem Arbeitsmarkt. Auch der Staat profitiert, denn er wird grundsätzlich davon entlastet, dem Bürger im Alter unter die Arme greifen zu müssen, wenn mehr Bürger rechtzeitig privat vorsorgen.

Anlage 2 (Auszug aus dem Tarifvertrag zur betrieblichen Altersversorgung und Entgeltumwandlung für Zahnmedizinische Fachangestellte / Zahnarzthelferinnen)

...

§ 2 Arbeitgeberbeitrag zur betrieblichen Altersversorgung

(1) Die Zahnmedizinische Fachangestellte / Zahnarzthelferin erhält zum Aufbau einer betrieblichen Altersversorgungsleistung nach § 1 Betriebsrentengesetz (BetrAVG) von ihrem Arbeitgeber einen Beitrag gemäß folgender Staffelung:

a) Vollzeitbeschäftigte Arbeitnehmerinnen erhalten 45,00 € monatlich.

b) Teilzeitbeschäftigte Arbeitnehmerinnen mit einer vereinbarten Wochenarbeitszeit von 20 Stunden und mehr erhalten 45,00 € monatlich.

c) Teilzeitbeschäftigte Arbeitnehmerinnen mit einer vereinbarten Wochenarbeitszeit von weniger als 20 Stunden erhalten 27,50 € monatlich.

d) Auszubildende erhalten nach der Probezeit 45,00 € monatlich.

...

§ 6 Höhe der Entgeltumwandlung

(3) Macht die Zahnmedizinische Fachangestellte/Zahnarzthelferin von der Möglichkeit der Entgeltumwandlung Gebrauch, erhält sie einen Arbeitgeberzuschuss in Höhe von 20 % des umgewandelten Betrages.

• •

Situation 2

Melania Schmidt, seit dem 01.08.2016 Zahnmedizinische Fachangestellte in der Zahnarzt-praxis Dr. Spranger & Dr. Specht, hat wiederholt unentschuldigt gefehlt und soll erstmals abgemahnt werden. Frau Liebich (Fachwirtin für zahnärztliches Praxismanagement) wird von den Praxisinhabern gebeten, eine Abmahnung an Frau Schmidt vorzubereiten und ihnen zur Unterschrift vorzulegen.

• •

4 Punkte | **5. Aufgabe**

Nennen Sie zwei inhaltliche Aspekte, die die Abmahnung enthalten sollte.

_____

_____

_____

• •

Situationserweiterung

Da Melania Schmidt am 13. Oktober 2017 erneut unentschuldigt fehlt, wird das Arbeits-verhältnis durch Frau Dr. Spranger und Herrn Dr. Specht zum 30.11.2017 fristgerecht gekündigt. Von ihrem Urlaubsanspruch (27 Arbeitstage) hat Frau Schmidt im Februar 7 Tage und im Mai 10 Tage erhalten; des Weiteren wurden ihr 5 Tage Urlaub vom 19.06.–23.06.2017 gewährt. In ihrem letzten Urlaub erkrankte Frau Schmidt.

(Beachten Sie bei dieser Aufgabe die Anlage 3.)

• •

6. Aufgabe

4 Punkte | a) Erklären Sie, welcher Kündigungsgrund gemäß Kündigungsschutzgesetz in dieser Situation vorliegt.

_____

_____

_____

3 Punkte | b) Nennen Sie die beiden anderen Kündigungsgründe gemäß Kündigungsschutzgesetz.

_____

_____

_____

8 Punkte

7. Aufgabe

Ermitteln Sie nachvollziehbar den Resturlaubsanspruch, den Frau Schmidt bis zum Ausscheiden aus der Praxis hat.

6 Punkte

8. Aufgabe

Nennen Sie drei mögliche Unterlagen, die Praxisinhaber zum Ende eines Arbeitsverhältnisses aushändigen müssen.

Anlage 3 Arbeitsunfähigkeitsbescheinigung

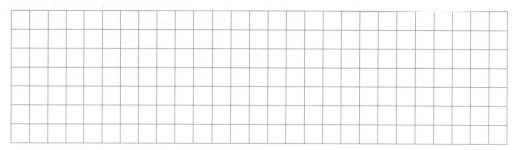

Situation 3

Frau Dr. Spranger und Herr Dr. Specht planen, das Wartezimmer mit einem neuen Tisch und einem Bücherregal auszustatten und haben in den Katalogen verschiedener Praxisausstatter passende Modelle herausgesucht. Frau Liebich (Fachwirtin für zahnärztliches Praxismanagement) verschickte daraufhin am 02.10.2017 Anfragen an verschiedene Möbelfirmen und erhielt kurze Zeit später entsprechende Angebote. Frau Dr. Spranger entschied sich für die Praxismöbel Büchner GmbH und Frau Liebich bestellte die Möbel am 13.10.2017. Am 17.10.2017 bestätigte die Praxismöbel Büchner GmbH per Mail den Auftrag und die Lieferung in der Kalenderwoche 44.

(Beachten Sie bei dieser Aufgabe die Anlage 4.)

9. Aufgabe

3 Punkte

a) Nennen Sie drei wesentliche Informationen, die Frau Liebich durch ihre Anfragen einholt.

_____

_____

_____

4 Punkte

b) Erklären Sie, warum Frau Liebich Anfragen an verschiedene Anbieter schreibt.

_____

_____

10. Aufgabe

Erklären Sie, …

4 Punkte

a) wie ein Kaufvertrag grundsätzlich rechtlich zustande kommt.

_____

_____

6 Punkte

b) wie und wann (Angabe des Datums) der Kaufvertrag zwischen der Praxis Dr. Spranger & Dr. Specht und der Praxismöbel Büchner GmbH zustande kommt.

_____

_____

11. Aufgabe

4 Punkte

a) Erklären Sie Skonto und Rabatt.

_____

_____

6 Punkte

b) Berechnen Sie den Überweisungsbetrag, den Frau Liebich überweisen muss, wenn sie die Rechnung sofort nach Lieferung der Ware bezahlt.

Anlage 4

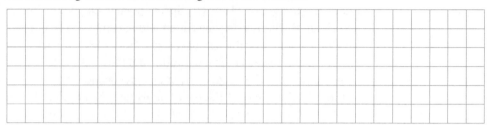

Praxismöbel Büchner GmbH

Elisenweg 12 ❖ 45897 Gelsenkirchen

Zahnarztpraxis
Dr. Spranger & Dr. Specht
Goldbergstr. 60
45894 Gelsenkirchen

Datum	Kunden-Nr.
09.10.2017	Sp1311-2333

Angebot Nr. ZS17-90753
Ihre Anfrage vom 02.10.2017

Ihr persönlicher Berater	Telefon
Thomas Frei	0209 3343-567

Sehr geehrte Frau Dr. Spranger, sehr geehrter Herr Dr. Specht,

vielen Dank für Ihre Anfrage. Wir freuen uns, Ihnen folgendes Angebot freibleibend unterbreiten zu dürfen.

Artikel	Menge	Gesamtpreis EUR
Couchtisch Creativa Farbe: arctic weiß / Glas	1	480,00
Bücherregal Creativa 4 Böden, arctic weiß, Höhe: 2.000 mm Breite 800 mm, Tiefe: 436 mm	1	330,00
Warenwert Netto		810,00
19 % MwSt.		153,90
Angebotssumme		**963,90**

Aufgrund unseres 10-jährigen Bestehens gewähren wir unseren Kunden ab einer Kaufsumme von 1.000,00 € einen Jubiläumsrabatt von 5 %. Die Lieferung erfolgt voraussichtlich in Kalenderwoche 44 frei Haus. Die Zahlung ist innerhalb von 30 Tagen nach Erhalt der Ware zu leisten. Bei Zahlung innerhalb von 14 Tagen gewähren wir 2 % Skonto.

Mit freundlichen Grüßen

Praxismöbel Büchner GmbH

i. A. *Thomas Frei*

Thomas Frei

Bankverbindungen Gelsenkirchen
Sparkasse BIC:WELADED1GEK IBAN DE89 4205 0001 003 4352 77
Commerzbank BIC COBADEFFXXX IBAN: DE14 4204 0040 0630 5204 03

Handelsregister Gelsenkirchen HRA 5623
USt-IdNr.: DE 451289 Steuer-Nr.: 203/8596/004

Situation 4

Die Patientin Simone Schuster befindet sich mit ihrer Liquidation in Höhe von 983,80 €
seit 165 Tagen in Zahlungsverzug. Da die Praxis auch in der Vergangenheit mit Frau
Schuster bezüglich ihrer Zahlungen Probleme hatte, möchte Herr Dr. Specht nun ein ge-
richtliches Mahnverfahren einleiten und bittet Frau Liebich (Fachwirtin für zahnärztliches
Praxismanagement), den Mahnbescheid vorzubereiten.

(Beachten Sie bei dieser Aufgabe die Anlage 5.)

6 Punkte

12. Aufgabe

Berechnen Sie die Verzugszinsen.

6 Punkte

13. Aufgabe

Nennen Sie drei Möglichkeiten, wie Simone Schuster auf die Zustellung des Mahnbescheides reagieren kann.

14. Aufgabe

6 Punkte

a) Erklären Sie die Bedeutung der Verjährung.

6 Punkte

b) Erklären Sie, welche Auswirkung der Antrag auf Zustellung eines Mahnbescheides auf
die Verjährungsfrist hat.

Anlage 5

Bürgerliches Gesetzbuch (BGB)
§ 288 Verzugszinsen und sonstiger Verzugsschaden

(1) Eine Geldschuld ist während des Verzugs zu verzinsen. Der Verzugszinssatz beträgt für das Jahr fünf Prozentpunkte über dem Basiszinssatz.

(2) Bei Rechtsgeschäften, an denen ein Verbraucher nicht beteiligt ist, beträgt der Zinssatz für Entgeltforderungen neun Prozentpunkte über dem Basiszinssatz.

[...]

Basiszinssatz ab 01.07.2017
−0,88 %

431 Punkte

🕐 **90 Minuten**

Teil 3: Abrechnungswesen

Hinweis: Bitte beachten Sie bei der Bearbeitung des Heil- und Kostenplans den Punkt-wert von 0,8820 und die Abrechnungshilfe, Stand: Januar 2017 auf dem Ausklappbogen.

Situation
Terminbuch: Freitag, 24. November 2017

Uhrzeit	Patient	Krankenkasse	Behandlung
08:00	Mauler, Susanne	Privat	ZE-Eingliederung
08:30	Ottmann, Brunhilde	AOK Nordwest	ZE-Beratung
09:00	Barkanowitz, Zoe	Privat	Wundkontrolle
09:30	Wunsch, Sieglinde	Barmer GEK	WR und Zystenentfernung
10:00	Müller, Jasmin	AOK Nordwest	ZE-Beratung
10:30	Wagner,Otto	Privat	Füllung
11:00	Nolting, Sebastian	AOK Nordwest	01, Prophylaxe
11:30	Schmidt, Karl	Techniker Krankenkasse	ZE-Beratung
12:00	Volmerhaus, Rainer	Techniker Krankenkasse	Aufbaufüllungen
12:30	Breite, Ewald	BKK Bertelsmann	Eigenanteilsrechnung

Die Stiftkosten in der Praxis Dr. Spranger & Dr. Specht betragen je parapulpärem Stift 2,40 €.

1. Privatpatientin

Situation
Frau Susanne Mauler (privat versichert) erscheint zur Eingliederung ihres Zahnersatzes.

ew	ew	ew	ew	c	c				c	c	ew	ew	ew	ew
18	17	16	15	14	13	12	21	11	22	23	24	25	26	27	28
48	47	46	45	44	43	42	41	31	32	33	34	35	36	37	38
f	c	c	f												f

Zahn	Behandlung
14, 13, 23, 24	Oberflächenanästhesien, Infiltrationsanästhesien
14, 13, 23, 24	provisorische Kronen abgenommen
14, 13, 23, 24	keramisch voll verblendete Teleskopkronen adhäsiv befestigt
18–5, 25–28	Eingliederung der Modellgussprothese
47, 46, 44	Oberflächenanästhesie, Leitungsanästhesie
47, 46–44	provisorische Brücke abgenommen, Kofferdam angelegt
47, 46–44	keramisch voll verblendete Brücke adhäsiv befestigt

Auftrag:

39 Punkte

Tragen Sie die abrechnungsfähigen Leistungen der heutigen Sitzung in die folgende Tabelle ein.

Datum	Zahn	Gebührennummer	Anzahl

2. Kassenpatientin

Situation

Frau Brunhilde Ottmann, versichert bei der AOK Nordwest, wird heute zum ZE-Beratungsgespräch erwartet. Bei Frau Ottmann müssen im Unterkiefer die Schneidezähne extrahiert werden, deshalb bittet Herr Dr. Specht Sie, den Heil- und Kostenplan zu erstellen. Der vorhandene Zahnersatz ist unbrauchbar und bereits siebzehn Jahre alt.
Im Oberkiefer entscheidet sich Frau Ottmann für die Regelversorgung und im Unterkiefer für eine gleichartige Versorgung. (Die Notwendigkeit für Teleskopkronen liegt vor.) Sie hat ein seit 7 Jahren lückenlos geführtes Bonusheft.

Auftrag:

44 Punkte

Erstellen Sie den Heil- und Kostenplan und füllen Sie auch den dazugehörigen Teil 2 aus (s. Anlagen). Verzichten Sie auf das Ausrechnen.

Befund:

18–28	ersetzte, aber erneuerungsbedürftige Zähne
48–45, 35–38	ersetzte, aber erneuerungsbedürftige Zähne
42–32	nicht erhaltungswürdige Zähne
43	erhaltungswürdiger Zahn mit weitgehender Zerstörung
44, 33, 34	erneuerungsbedürftige Kronen

Planung:

OK	Funktionsabdruck mit individuellem Löffel
OK	Totalprothese
UK	Abdruck mit individuellem Löffel
UK	Modellgussprothese
44, 43, 33, 34	prov. Kronen
44, 43, 33, 34	voll verblendete Teleskopkronen anstatt der Regelversorgung

Anlage: Planung HKP Teil 1

Name der Krankenkasse

AOK Nordwest

Name, Vorname des Versicherten

Ottmann, Brunhilde   geb. am

18.12.1965

Kassen-Nr.	Versicherten-Nr.	Status

Vertragszahnarzt-Nr.	VK gültig bis	Datum

Erklärung des Versicherten

Ich bin bei der genannten Krankenkasse versichert. Ich bin über Art, Umfang und Kosten der Regel-, der gleich- und andersartigen Versorgung sowie über den voraussichtlichen Herstellungsort bzw. das voraussichtliche Herstellungsland des Zahnersatzes ___**D-Münster**___ aufgeklärt worden und wünsche die Behandlung entsprechend dieses Kostenplanes.

Datum/Unterschrift des **Versicherten**

Lfd.-Nr.

Stempel des Zahnarztes

Heil- und Kostenplan

Hinweis an den Versicherten:
Bonusheft bitte zur Zuschussfestsetzung beifügen.

I. Befund des gesamten Gebisses/Behandlungsplan   TP = Therapieplanung   R = Regelversorgung   B = Befund

Art der Versorgung

TP

R

B

18	17	16	15	14	13	12	11	21	22	23	24	25	26	27	28
48	47	46	45	44	43	42	41	31	32	33	34	35	36	37	38

B

R

TP

Der Befund ist bei Wiederherstellungsmaßnahmen nicht auszufüllen!

Bemerkungen (bei Wiederherstellung Art der Leistung)

II. Befunde für Festzuschüsse

Befund Nr.1 | Zahn/Gebiet 2 | Anz. 3

IV. Zuschussfestsetzung

Betrag Euro   Ct

Unfall oder Unfallfolgen/ Berufskrankheit

Interimsversorgung

Unbrauchbare Prothese/Brücke/Krone

Versorgungsleiden

Immediatversorgung   Alter ca.   Jahre   NEM

Die Krankenkasse übernimmt die nebenstehenden Festzuschüsse, höchstens jedoch die tatsächlichen Kosten. Voraussetzung ist, dass der Zahnersatz innerhalb von 6 Monaten in der vorgesehenen Weise eingegliedert wird.

Erläuterungen
Befund (Kombinationen sind zulässig)

a	= Adhäsivbrücke (Anker, Spanne)	r	= Wurzelstiftkappe
b	= Brückenglied	rw	= erneuerungsbedürftige Wurzelstiftkappe
e	= ersetzter Zahn		
ew	= ersetzter, aber erneuerungsbedürftiger Zahn	sw	= erneuerungsbedürftige Suprakonstruktion
f	= fehlender Zahn	t	= Teleskop
i	= Implantat mit intakter Suprakonstruktion	tw	= erneuerungsbedürftiges Teleskop
ix	= zu entfernendes Implantat	ur	= unzureichende Retention
k	= klinisch intakte Krone	ww	= erhaltungswürdiger Zahn mit weitgehender Zerstörung
kw	= erneuerungsbedürftige Krone		
pw	= erhaltungswürdiger Zahn mit partiellen Substanzdefekten	x	= nicht erhaltungswürdiger Zahn
		)(	= Lückenschluss

Datum, Unterschrift und Stempel der Krankenkasse

vorläufige Summe ▶
Nachträgliche Befunde:

Hinweis:

☐ % Vorsorge-Bonus ist bereits in den Festzuschüssen enthalten.

☐ Es liegt ein Härtefall vor.

Behandlungsplanung:

A	= Adhäsivbrücke (Anker, Spanne)	O	= Geschiebe, Steg etc.
B	= Brückenglied	PK	= Teilkrone
E	= zu ersetzender Zahn	R	= Wurzelstiftkappe
H	= gegossene Halte- und Stützvorrichtung	S	= implantatgetragene Suprakonstruktion
K	= Krone	T	= Teleskopkrone
M	= Vollkeramische oder keramisch voll verblendete Restauration	V	= Vestibuläre Verblendung

(Spalten 1-3 vom Zahnarzt auszufüllen)

III. Kostenplanung   1 Fortsetzung   Anz.   1 Fortsetzung   Anz.

1 BEMA-Nrn.   Anz.

Euro | Ct

2 Zahnärztliches Honorar BEMA:

3 Zahnärztliches Honorar GOZ: (geschätzt)

4 Material- und Laborkosten: (geschätzt)

5 Behandlungskosten insgesamt: (geschätzt)

Datum/Unterschrift des **Zahnarztes**

V. Rechnungsbeträge (siehe Anlage)   Euro   Ct

1	ZA-Honorar (BEMA siehe III)	
2	ZA-Honorar zusätzl. Leist. BEMA	
3	ZA-Honorar GOZ	
4	Mat.- und Lab.-Kosten Gewerbl.	
5	Mat.- und Lab.-Kosten Praxis	
6	Versandkosten Praxis	
7	Gesamtsumme	
8	Festzuschuss Kasse	
9	Versichertenanteil	

Gutachterlich befürwortet
☐ ja   ☐ nein   ☐ teilweise

Eingliederungsdatum:

Herstellungsort bzw. Herstellungsland des Zahnersatzes:

Der Zahnersatz wurde in der vorgesehenen Weise eingegliedert.

Anschrift des **Versicherten**

Datum/Unterschrift und Stempel des **Gutachters**

Datum/Unterschrift des **Zahnarztes**

Vordr. Z 311/3B 10.15   SCHÜTZDRUCK Tel. 0511/32 73 44 · www.schuetzdruck.de

Bei Handbeschriftung unbedingt in Blockschrift schreiben

Anlage: Planung HKP Teil 2

Heil- und Kostenplan Teil 2

Name des Patienten

Ottmann, Brunhilde

Zahnarztpraxis

Anlage zum Heil- und Kostenplan vom _____

Für Ihre prothetische Behandlung werden entsprechend nachfolgender Aufstellung voraussichtlich folgende Kosten/Eigenanteile anfallen:

Zahn/Gebiet	GOZ	Leistungsbeschreibung	Anzahl	Betrag EUR

Zahnärztliches Honorar GOZ (entsprechend Zeile III/3 HKP): .... EUR _____

Zahnärztliches Honorar BEMA (entsprechend Zeile III/1 und 2 HKP): .... EUR _____

Material und Laborkosten (entsprechend Zeile III/4 HKP): .... EUR _____

Gesamtkosten (entsprechend Zeile III/5 HKP): .... EUR _____

abzüglich Festzuschüsse: .... EUR _____

Ihr voraussichtlicher Eigenanteil wird hiernach betragen EUR _____

Kosten für allgemeine und konservierend-chirurgische Leistungen nach der GOZ sind in den Beträgen nicht enthalten. Unvorhersehbare Leistungen, die sich im Rahmen der Behandlung ergeben, werden gesondert berechnet. Unvorhersehbare Veränderungen der Schwierigkeit sowie des Zeitaufwandes der einzelnen Leistungen, der Umstände bei der Ausführung oder der Methode können zu Kostenveränderungen führen.

Ich wünsche eine Versorgung entsprechend
des Heil- und Kostenplans nebst dieser Anlage

_____
Datum / Unterschrift des **Zahnarztes**

_____
Datum / Unterschrift des **Versicherten**

Informationen über die Kosten der Regelversorgung

Die Kosten für eine dem Befund entsprechende Regelversorgung liegen voraussichtlich in Höhe des doppelten Festzuschusses.

doppelter Festzuschuss .... EUR _____

abzüglich von der Kasse festgesetzter Festzuschüsse .... EUR _____

Ihr Eigenanteil würde im Falle der Regelversorgung daher voraussichtlich .... EUR _____
zzgl. der möglicherweise anfallenden Edelmetallkosten betragen.

Vordr. 3b (2312/1 2005) SCHÜTZDRUCK Tel. (0511) 32 73 44 · www.schuetzdruck.de

3. Privatpatientin

• •

Situation

Frau Zoe Barkanowitz (privat versichert) erscheint zur Wundkontrolle und bittet um direkte Ausstellung der Privatliquidation.

Datum	Zahn	Behandlung
17.10.		Eingehende Untersuchung
		Befund: 18, 28, 38, 47, 48 fehlen; 35, 37 tief zerstört; 11 Karies
	OK, UK	Orthopantomogramm, Befund: 48 extrem verlagert bei
		gefährdeten anatomischen Nachbarstrukturen; 35, 37 tief zerstört
	44 – 34	Oberflächenanästhesien, Zahnstein entfernt
		Aufklärung über den bevorstehenden chirurgischen Eingriff (15 Minuten)
		Einverständniserklärung mitgegeben
19.10.		Patient gibt die unterschriebene Einverständniserklärung ab
	48	Leitungs- und Infiltrationsanästhesie
	48	Entfernung des Zahnes durch Osteotomie
	48	Röntgenaufnahme, Befund: Zahn vollständig entfernt
	48	Wundversorgung, 2 Nähte gelegt
		Verhaltensmaßnahmen nach dem chirurgischen Eingriff erläutert, Rezept über ein Antibiotikum und Arbeitsunfähigkeitsbescheinigung ausgestellt
19.10.		**22:15 Uhr außerhalb der Sprechstunde**
	48	symptombezogene Untersuchung und Beratung wegen Schwellung; Zahnarzt gibt der Patientin Schmerztabletten mit
20.10.	48	Wundkontrolle
27.10.	48	Nähte entfernt
07.11.	11	Vitalitätsprüfung (+)
	11	Infiltrationsanästhesie
	11	mesialer Eckenaufbau in Adhäsivtechnik
22.11.	35, 37	Leitungsanästhesie
	35, 37	Entfernung der Zähne, Wundversorgungen
22.11.		**18:00 Uhr außerhalb der Sprechstunde**
		telefonische Beratung durch den Zahnarzt wegen Nachblutung
22.11.		**20:30 Uhr außerhalb der Sprechstunde**
	35, 37	Leitungsanästhesie
	35, 37	übermäßige Nachblutungen gestillt
24.11.	35, 37	Wundkontrolle

• •

Auftrag:

81 Punkte

Tragen Sie die abrechnungsfähigen Leistungen in die folgende Tabelle ein.

Anlage: Privatpatientin Zoe Barkanowitz

Datum	Zahn	Gebührennummer	Anzahl
Datum	Zahn	Gebührennummer	Anzahl

4. Kassenpatientin

Situation

Frau Sieglinde Wunsch, geboren am 15.02.1949, ist versichert bei der Barmer GEK. Sie kommt heute zur Wurzelspitzenresektion. Die eingehende Untersuchung einschließlich der Röntgenuntersuchung (Befund: 44 alte Wurzelfüllung) fand am 03.11.2017 statt.

Zahn	Behandlung
	Lokale Untersuchung
	nochmalige Beratung über den heute bevorstehenden chirurgischen Eingriff
44	Leitungsanästhesie, Kofferdam gelegt
44	Trepanation des Zahnes
44	Wurzelkanalaufbereitung, Röntgenmessaufnahme, Wurzelfüllung
44	Wurzelspitzenresektion
44	während des Eingriffs muss wegen nachlassender Anästhesietiefe eine Infiltrationsanästhesie nachgelegt werden
44	Entfernung der Zyste durch Zystektomie, 2 Nähte gelegt
44	Röntgenkontrollaufnahme, Befund: WF bis Apex; Zyste vollständig entfernt
	Arbeitsunfähigkeitsbescheinigung ausgestellt, Verhaltensmaßregeln erläutert und Schmerztabletten mitgegeben
	13:15 Uhr außerhalb der Sprechstunde
	telefonische Beratung durch den Zahnarzt wegen leichter Blutung
	15:00 Uhr innerhalb der Sprechstunde
44	Wundkontrolle
	Zahnarzt bespricht mit der Patientin nochmals das Verhalten nach dem chirurgischen Eingriff

Auftrag:

42 Punkte

Tragen Sie die abrechnungsfähigen Leistungen der heutigen Sitzung in die folgende Tabelle ein.

Anlage: Kassenpatientin Sieglinde Wunsch

Datum	Zahn	BEMA-Leistung	Anzahl	Bemerkungen

5. Kassenpatientin

Situation

Frau Jasmin Müller wird heute zum ZE-Beratungsgespräch erwartet, deshalb bittet Frau Dr. Spranger Sie, den Heil- und Kostenplan für die gleichartige Versorgung zu erstellen. Frau Müller, versichert bei der AOK Nordwest, war in den letzten Jahren unregelmäßig zur Behandlung.

Auftrag:

51 Punkte

Erstellen Sie den Heil- und Kostenplan und füllen Sie auch den dazugehörigen Teil 2 aus (s. Anlagen). Verzichten Sie auf das Ausrechnen.

Befund:

18, 28, 38, 48,

36, 35, 33	fehlende Zähne
17	erhaltungswürdiger Zahn mit partiellen Substanzdefekten
23, 34	erhaltungswürdige Zähne mit weitgehender Zerstörung
24–27	erneuerungsbedürftige Brücke (Alter ca. 15 Jahre)

Planung:

OK, UK	Beseitigen grober Artikulations- und Okklusionsstörungen
17	provisorische Krone
17	metallische Teilkrone
23, 24–27	provisorische Brücke
27	konfektionierter Stiftaufbau
23, 24–27	Brücke (23, 24–26 voll verblendet; 27 Vollguss)
32–34–37	provisorische Brücke
32–34–37	Brücke (32–36 voll verblendet; 37 Vollguss)

Anlage: Planung HKP Teil 1

Name der Krankenkasse		Erklärung des Versicherten	Lfd.-Nr.

AOK Nordwest

Ich bin bei der genannten Krankenkasse versichert. Ich bin über Art, Umfang und Kosten der Regel-, der gleich- und andersartigen Versorgung sowie über den voraussichtlichen Herstellungsort bzw. das voraussichtliche Herstellungsland des Zahnersatzes **D-Münster** aufgeklärt worden und wünsche die Behandlung entsprechend dieses Kostenplanes.

Stempel des Zahnarztes

Name, Vorname des Versicherten

Müller, Jasmin

geb. am

12.11.1974

Datum/Unterschrift des **Versicherten**

Kassen-Nr.　　Versicherten-Nr.　　Status

Vertragszahnarzt-Nr.　　VK gültig bis　　Datum

Heil- und Kostenplan
Hinweis an den Versicherten:
Bonusheft bitte zur Zuschussfestsetzung beifügen.

I. Befund des gesamten Gebisses/Behandlungsplan

TP = Therapieplanung　　R = Regelversorgung　　B = Befund

Art der Versorgung

TP

R

B

18	17	16	15	14	13	12	11	21	22	23	24	25	26	27	28
48	47	46	45	44	43	42	41	31	32	33	34	35	36	37	38

B

R

TP

Bemerkungen (bei Wiederherstellung Art der Leistung)

Der Befund ist bei Wiederherstellungsmaßnahmen nicht auszufüllen!

(Spalten 1-3 vom Zahnarzt auszufüllen)

II. Befunde für Festzuschüsse

Befund Nr.1 | Zahn/Gebiet 2 | Anz. 3

IV. Zuschussfestsetzung

Betrag Euro | Ct

Unfall oder Unfallfolgen/Berufskrankheit

Interimsversorgung

Unbrauchbare Prothese/Brücke/Krone

Versorgungsleiden　　Immediatversorgung　Alter ca.　　Jahre　　NEM

Die Krankenkasse übernimmt die nebenstehenden Festzuschüsse, höchstens jedoch die tatsächlichen Kosten. Voraussetzung ist, dass der Zahnersatz innerhalb von 6 Monaten in der vorgesehenen Weise eingegliedert wird.

Erläuterungen
Befund (Kombinationen sind zulässig)

a	= Adhäsivbrücke (Anker, Spanne)	r	= Wurzelstiftkappe
b	= Brückenglied	rw	= erneuerungsbedürftige Wurzelstiftkappe
e	= ersetzter Zahn		
ew	= ersetzter, aber erneuerungsbedürftiger Zahn	sw	= erneuerungsbedürftige Suprakonstruktion
f	= fehlender Zahn	t	= Teleskop
i	= Implantat mit intakter Suprakonstruktion	tw	= erneuerungsbedürftiges Teleskop
ix	= zu entfernendes Implantat	ur	= unzureichende Retention
k	= klinisch intakte Krone	ww	= erhaltungswürdiger Zahn mit weitgehender Zerstörung
kw	= erneuerungsbedürftige Krone		
pw	= erhaltungswürdiger Zahn mit partiellen Substanzdefekten	x	= nicht erhaltungswürdiger Zahn
		)(	= Lückenschluss

Behandlungsplanung:

A	= Adhäsivbrücke (Anker, Spanne)	O	= Geschiebe, Steg etc.
B	= Brückenglied	PK	= Teilkrone
E	= zu ersetzender Zahn	R	= Wurzelstiftkappe
H	= gegossene Halte- und Stützvorrichtung	S	= implantatgetragene Suprakonstruktion
K	= Krone	T	= Teleskopkrone
M	= Vollkeramische oder keramisch voll verblendete Restauration	V	= Vestibuläre Verblendung

Datum, Unterschrift und Stempel der Krankenkasse

vorläufige Summe ▶

Nachträgliche Befunde:

Hinweis:

☐ % Vorsorge-Bonus ist bereits in den Festzuschüssen enthalten.

☐ Es liegt ein Härtefall vor.

III. Kostenplanung

1 BEMA-Nrn.	Anz.	1 Fortsetzung	Anz.	1 Fortsetzung	Anz.

Euro | Ct

2 Zahnärztliches Honorar BEMA:

3 Zahnärztliches Honorar GOZ: (geschätzt)

4 Material- und Laborkosten: (geschätzt)

5 Behandlungskosten insgesamt: (geschätzt)

Datum/Unterschrift des **Zahnarztes**

V. Rechnungsbeträge (siehe Anlage)

		Euro	Ct
1	ZA-Honorar (BEMA siehe III)		
2	ZA-Honorar zusätzl. Leist. BEMA		
3	ZA-Honorar GOZ		
4	Mat.- und Lab.-Kosten Gewerbl.		
5	Mat.- und Lab.-Kosten Praxis		
6	Versandkosten Praxis		
7	Gesamtsumme		
8	Festzuschuss Kasse		
9	Versichertenanteil		

Gutachterlich befürwortet
☐ ja　☐ nein　☐ teilweise

Eingliederungsdatum:

Herstellungsort bzw. Herstellungsland des Zahnersatzes:

Der Zahnersatz wurde in der vorgesehenen Weise eingegliedert.

Datum/Unterschrift und Stempel des **Gutachters**

Datum/Unterschrift des **Zahnarztes**

Anschrift des **Versicherten**

Bei Handbeschriftung unbedingt in Blockschrift schreiben

Vordr. Z 311/3B 10.15　SCHÜTZDRUCK　Tel. (05 11) 38 73 44 · www.schuetzdruck.de

Anlage: Planung HKP Teil 2

Heil- und Kostenplan Teil 2

Name des Patienten

Müller, Jasmin

Zahnarztpraxis

Anlage zum Heil- und Kostenplan vom _____

Für Ihre prothetische Behandlung werden entsprechend nachfolgender Aufstellung voraussichtlich folgende Kosten/Eigenanteile anfallen:

Zahn/Gebiet	GOZ	Leistungsbeschreibung	Anzahl	Betrag EUR

Zahnärztliches Honorar GOZ (entsprechend Zeile III/3 HKP): .... EUR_____

Zahnärztliches Honorar BEMA (entsprechend Zeile III/1 und 2 HKP): .... EUR_____

Material und Laborkosten (entsprechend Zeile III/4 HKP): .... EUR_____

Gesamtkosten (entsprechend Zeile III/5 HKP): .... EUR_____

abzüglich Festzuschüsse: .... EUR_____

Ihr voraussichtlicher Eigenanteil wird hiernach betragen EUR_____

Kosten für allgemeine und konservierend-chirurgische Leistungen nach der GOZ sind in den Beträgen nicht enthalten. Unvorhersehbare Leistungen, die sich im Rahmen der Behandlung ergeben, werden gesondert berechnet. Unvorhersehbare Veränderungen der Schwierigkeit sowie des Zeitaufwandes der einzelnen Leistungen, der Umstände bei der Ausführung oder der Methode können zu Kostenveränderungen führen.

Ich wünsche eine Versorgung entsprechend
des Heil- und Kostenplans nebst dieser Anlage

_____
Datum / Unterschrift des **Zahnarztes**

_____
Datum / Unterschrift des **Versicherten**

Informationen über die Kosten der Regelversorgung

Die Kosten für eine dem Befund entsprechende Regelversorgung liegen voraussichtlich in Höhe des doppelten Festzuschusses.

doppelter Festzuschuss .... EUR_____

abzüglich von der Kasse festgesetzter Festzuschüsse .... EUR_____

Ihr Eigenanteil würde im Falle der Regelversorgung daher voraussichtlich .... EUR_____
zzgl. der möglicherweise anfallenden Edelmetallkosten betragen.

Vordr. **3b** (Z312/1 2005) SCHÜTZDRUCK Tel. (0511) 32 73 44 · www.schuetzdruck.de

6. Privatpatient

●●●

Situation

Herr Otto Wagner (privat versichert) erscheint heute zur Füllungstherapie. Er bittet um direkte Ausstellung der Privatliquidation.

Datum	Zahn	Behandlung
20.11.		Eingehende Untersuchung und Beratung
		Befund: 38, 48 fehlen
	OK, UK	Professionelle Zahnreinigung
	27, 26	subgingivale medikamentöse antibakterielle Lokalapplikation mit CHX-Gel
24.11.	OK, UK	Kontrolle nach professioneller Zahnreinigung
	14	Röntgenaufnahme, Befund: 14 insuffiziente Füllung
	14	Vitalitätsprüfung (+)
	14	Infiltrationsanästhesie, Anlegen von Spanngummi, Trepanation
	14	Exstirpation der Pulpa, Wurzelkanalaufbereitungen
	14	Elektrometrische Längenbestimmungen
	14	Wurzelfüllungen
	14	Röntgenkontrollaufnahme, Befund: WF bis Apex
	14	Matrize zur Formung der Füllung
	14	m-o-d-p Füllung in Adhäsivtechnik

●●

Auftrag:

51 Punkte

Tragen Sie die abrechnungsfähigen Leistungen in die folgende Tabelle ein.

Datum	Zahn	Gebührennummer	Anzahl

Datum	Zahn	Gebührennummer	Anzahl

7. Kassenpatient

Situation

Sebastian Nolting, sechs Jahre alt und versichert bei der AOK Nordwest, erscheint heute zur halbjährlichen zahnärztlichen Untersuchung und Prophylaxe.

Zahn	Behandlung
	Eingehende Untersuchung und Beratung
	Befund: 16 kariös
	Erhebung des Mundhygienestatus (API 80 % / SBI 90 %)
	Mundgesundheitsaufklärung über Krankheitsursachen und deren Vermeidung
55	Vitalitätsprüfung (+)
55	Infiltrationsanästhesie
55	konfektionierte Kinderzahnkrone einzementiert
16, 26, 36, 46	Kofferdam
16, 26, 36, 46	Fissurenversiegelungen
OK, UK	Fluoridierung

Auftrag:

27 Punkte

Tragen Sie die abrechnungsfähigen Leistungen in die folgende Tabelle ein.

Datum	Zahn	BEMA-Leistung	Anzahl	Bemerkungen

8. Kassenpatient

• •

Situation

Herr Karl Schmidt wird heute zum ZE-Beratungsgespräch erwartet. Deshalb bittet Herr Dr. Specht Sie, den Heil- und Kostenplan für die geplante Versorgung zu erstellen. Herr Schmidt, versichert bei der Techniker Krankenkasse, hat seinen Bonus nicht erfüllt. Sein erneuerungsbedürftiger Zahnersatz im OK und UK ist bereits 13 Jahre alt.

• •

Auftrag:

38 Punkte

Erstellen Sie den Heil- und Kostenplan für Herrn Schmidt (s. Anlagen). Nutzen Sie auch die Rechenhilfe.

Befund:

18–28	ersetzte, aber erneuerungsbedürftige Zähne
38–48	ersetzte, aber erneuerungsbedürftige Zähne
	unbrauchbare Totalprothesen im Ober- und Unterkiefer

Planung:

OK	Totalprothese
UK	Totalprothese
OK	Funktionsabdruck mit individuellem Löffel
UK	Funktionsabdruck mit individuellem Löffel
OK, UK	jeweils Verwendung einer Metallbasis wegen Bruxismus
OK, UK	Intraorale Stützstiftregistrierung zur Festlegung der Zentrallage

Material und Laborkosten geschätzt: 850,00 €

Welchen Eigenanteil hat Herr Schmidt zu erwarten?   €

Anlagen: siehe nächste Seiten

Anlage: Planung HKP

Name der Krankenkasse	Erklärung des Versicherten	Lfd.-Nr.

Techniker Krankenkasse

Ich bin bei der genannten Krankenkasse versichert. Ich bin über Art, Umfang und Kosten der Regel-, der gleich- und andersartigen Versorgung sowie über den voraussichtlichen Herstellungsort bzw. das voraussichtliche Herstellungsland des Zahnersatzes **D-Münster** aufgeklärt worden und wünsche die Behandlung entsprechend dieses Kostenplanes.

Stempel des Zahnarztes

Name, Vorname des Versicherten

Schmidt, Karl   geb. am

11.11.1938

Datum/Unterschrift des **Versicherten**

Kassen-Nr.   Versicherten-Nr.   Status

Vertragszahnarzt-Nr.   VK gültig bis   Datum

Heil- und Kostenplan

Hinweis an den Versicherten:
Bonusheft bitte zur Zuschussfestsetzung beifügen.

I. Befund des gesamten Gebisses/Behandlungsplan   TP = Therapieplanung   R = Regelversorgung   B = Befund

Art der Versorgung

TP
R
B

18	17	16	15	14	13	12	11	21	22	23	24	25	26	27	28
48	47	46	45	44	43	42	41	31	32	33	34	35	36	37	38

B
R
TP

Der Befund ist bei Wiederherstellungs-maßnahmen nicht auszufüllen!

Bemerkungen (bei Wiederherstellung Art der Leistung)

II. Befunde für Festzuschüsse   IV. Zuschussfestsetzung

Befund Nr.1 | Zahn/Gebiet 2 | Anz. 3   **Betrag** Euro   Ct

(Spalten 1-3 vom Zahnarzt auszufüllen)

Unfall oder Unfallfolgen/ Berufskrankheit   Interimsversorgung   Unbrauchbare Prothese/Brücke/Krone

Versorgungsleiden   Immediatversorgung   Alter ca.   Jahre   NEM

Die Krankenkasse übernimmt die nebenstehenden Festzuschüsse, höchstens jedoch die tatsächlichen Kosten. Voraussetzung ist, dass der Zahnersatz innerhalb von 6 Monaten in der vorgesehenen Weise eingegliedert wird.

Erläuterungen

Befund (Kombinationen sind zulässig)

a	= Adhäsivbrücke (Anker, Spanne)	r = Wurzelstiftkappe
b	= Brückenglied	rw = erneuerungsbedürftige Wurzelstiftkappe
e	= ersetzter Zahn	
ew	= ersetzter, aber erneuerungsbedürftiger Zahn	sw = erneuerungsbedürftige Suprakonstruktion
f	= fehlender Zahn	t = Teleskop
i	= Implantat mit intakter Suprakonstruktion	tw = erneuerungsbedürftiges Teleskop
ix	= zu entfernendes Implantat	ur = unzureichende Retention
k	= klinisch intakte Krone	ww = erhaltungswürdiger Zahn mit weitgehender Zerstörung
kw	= erneuerungsbedürftige Krone	x = nicht erhaltungswürdiger Zahn
pw	= erhaltungswürdiger Zahn mit partiellen Substanzdefekten	)(= Lückenschluss

vorläufige Summe ▶

Nachträgliche Befunde:

Datum, Unterschrift und Stempel der Krankenkasse

Hinweis:

___ % Vorsorge-Bonus ist bereits in den Festzuschüssen enthalten.

___ Es liegt ein Härtefall vor.

Behandlungsplanung:

A	= Adhäsivbrücke (Anker, Spanne)	O = Geschiebe, Steg etc.
B	= Brückenglied	PK = Teilkrone
E	= zu ersetzender Zahn	R = Wurzelstiftkappe
H	= gegossene Halte- und Stützvorrichtung	S = implantatgetragene Suprakonstruktion
K	= Krone	T = Teleskopkrone
M	= Vollkeramische oder keramisch voll verblendete Restauration	V = Vestibuläre Verblendung

III. Kostenplanung   1 Fortsetzung Anz.   1 Fortsetzung Anz.

1 BEMA-Nrn.   Anz.

Euro   Ct

2 Zahnärztliches Honorar BEMA:

3 Zahnärztliches Honorar GOZ: (geschätzt)

4 Material- und Laborkosten: (geschätzt)

5 Behandlungskosten insgesamt: (geschätzt)

Datum/Unterschrift des **Zahnarztes**

V. Rechnungsbeträge (siehe Anlage)   Euro   Ct

1	ZA-Honorar (BEMA siehe III)		
2	ZA-Honorar zusätzl. Leist. BEMA		
3	ZA-Honorar GOZ		
4	Mat.- und Lab.-Kosten Gewerbl.		
5	Mat.- und Lab.-Kosten Praxis		
6	Versandkosten Praxis		
7	Gesamtsumme		
8	Festzuschuss Kasse		
9	Versichertenanteil		

Gutachterlich befürwortet
☐ ja ☐ nein ☐ teilweise

Eingliederungs-datum:

Herstellungsort bzw. Herstellungsland des Zahnersatzes:

Der Zahnersatz wurde in der vorgesehenen Weise eingegliedert.

Datum/Unterschrift und Stempel des **Gutachters**

Datum/Unterschrift des **Zahnarztes**

Anschrift des **Versicherten**

Vordr. Z 311/3B 10.15 SCHÜTZDRUCK Tel. (05 11) 52 73 44 www.schuetzdruck.de

Bei Handbeschriftung unbedingt in Blockschrift schreiben

Anlage: Planung Rechenhilfe Patient Karl Schmidt

Rechenhilfe zum Heil- und Kostenplan 2017

III. 1+2 Kostenplanung Berechnung zahnärztliches Honorar BEMA

BEMA-Nr. 1	Anzahl 2	Bew.-Zahl 3	Spalte 2 × Spalte 3
Gesamtsumme Spalte 4			
X Punktwert 0,8820 = zahnärztliches Honorar			

V.2 Rechnungsbeträge ZA-Honorar zusätzl. Leistungen BEMA

BEMA-Nr. 1	Anzahl 2	Bew.-Zahl 3	Spalte 2 × Spalte 3
Gesamtsumme Spalte 4			
X Punktwert 0,8820 = zahnärztliches Honorar			

III. 3. Rechnungsbeträge ZA-Honorar GOZ, geschätzt

Zahn/Gebiet	Geb.-Nr.	Anzahl	Faktor	Honorar
Gesamthonorar				

V.3 Rechnungsbeträge ZA-Honorar GOZ, tatsächlich

Zahn/Gebiet	Geb.-Nr.	Anzahl	Faktor	Honorar
Gesamthonorar				

V. Rechnungsbeträge
5. Material- und Laborkosten Praxis: z. B.;

Material/Laborarbeit	Anzahl	Einzelpreis	Kosten
Praxislabor, Sonstiges	x		=
Abformmaterial	x		=
Prov. Kronen/Brückenanker	x		=
Prov. Brückenglieder	x		=
		Gesamtkosten	

9. Kassenpatient

Situation

Herr Rainer Volmerhaus, Industriekaufmann und 53 Jahre alt, erscheint heute zu seinem vereinbarten Termin. Herr Volmerhaus ist bei der Techniker Krankenkasse versichert. Die letzte eingehende Untersuchung (Befund: 31, 32, 46, 47 kariös) und Beratung einschließlich Entfernung von Zahnstein fand am 10.11.2017 statt.

Zahn	Behandlung
31, 32, 46, 47	Vitalitätsprüfungen (+)
46, 47	Röntgenaufnahme vor der geplanten Überkronung der Zähne
	Befund: 46, 47 apikal ohne Besonderheiten
46, 47	Leitungsanästhesie
31, 32	intraligamentäre Anästhesien, Separation
31, 32	Kofferdam gelegt
31	Präparation der Kavität, Unterfüllung, mesialer und distaler Eckenaufbau in Adhäsiv-Technik mit jeweils einer parapulpären Stiftverankerung
31	Politur
32	Präparation der Kavität, mesialer Eckenaufbau in Adhäsiv-Technik
32	Verankerung mit zwei parapulpären Stiften, Politur
46	Präparation der Kavität, übermäßige Papillenblutung gestillt, Matrize gelegt
46	Aufbaufüllung aus plastischem Füllmaterial mesial-occlusal-distal-bukkal, Verankerung mit zwei parapulpären Stiften
47	Präparation der Kavität, Matrize gelegt, Aufbaufüllung aus plastischem Füllmaterial mesial-occlusal-distal
43 – 33	erneute Zahnsteinentfernung
	HKP für voll verblendete Einzelkronen an den Zähnen 46, 47 mitgegeben

Auftrag:

42 Punkte

Tragen Sie die abrechnungsfähigen Leistungen der heutigen Sitzung in die folgende Tabelle ein.

Datum	Zahn	BEMA-Leistung	Anzahl	Bemerkungen

Datum	Zahn	BEMA-Leistung	Anzahl	Bemerkungen

10. Kassenpatient

• •

Situation

Herr Breite erscheint, um seine Eigenanteilsrechnung abzuholen.

• •

Auftrag:

16 Punkte

Rechnen Sie den HKP (s. Anlage) für Herrn Breite ab.

Bei den Anproben wurden die provisorischen Brücken von 14–23 und 33–37 einmal abgenommen und wiederbefestigt. Zwischenzeitlich musste die provisorische Brücke im Unterkiefer zusätzlich einmal erneuert werden.

tatsächliche Material- und Laborkosten (Labor in Siegen)   3.500,24 €

Praxismaterial

Abdruckmaterial insgesamt	25,80 €
je prov. Krone	2,00 €
je prov. Brückenglied	2,20 €

Eingliederungsdatum   23.11.2017

V.2 Rechnungsbeträge ZA-Honorar zusätzliche Leistungen BEMA			
BEMA- Nr. 1	Anzahl 2	Bew.-Zahl 3	Spalte 2 × Spalte 3 4
Gesamtsumme Spalte 4			
X Punktwert 0,8820 = zahnärztliches Honorar			

V. Rechnungsbeträge
5. Material- und Laborkosten Praxis: z. B.;

Material / Laborarbeit	Anzahl	Einzelpreis	Kosten
Praxislabor / Sonstiges			=
Abformmaterial			=
Prov. Kronen / Brückenanker			=
Prov. Brückenglieder			=
		Gesamtkosten	

Anlage: siehe folgende Seite

Anlage: Abrechnung HKP

Name der Krankenkasse		Erklärung des Versicherten	Lfd.-Nr.

BKK Bertelsmann

Name, Vorname des Versicherten

Breite, Ewald　　　geb. am

03.06.1955

Ich bin bei der genannten Krankenkasse versichert. Ich bin über Art, Umfang und Kosten der Regel-, der gleich- und andersartigen Versorgung sowie über den voraussichtlichen Herstellungsort bzw. das voraussichtliche Herstellungsland des Zahnersatzes ___**D-Siegen**___ aufgeklärt worden und wünsche die Behandlung entsprechend dieses Kostenplanes.

Datum/Unterschrift des **Versicherten**

Stempel des Zahnarztes

Kassen-Nr.	Versicherten-Nr.	Status
Vertragszahnarzt-Nr.	VK gültig bis	Datum

Heil- und Kostenplan

Hinweis an den Versicherten:
Bonusheft bitte zur Zuschussfestsetzung beifügen.

I. Befund des gesamten Gebisses/Behandlungsplan　　TP = Therapieplanung　　R = Regelversorgung　　B = Befund

Art der Versorgung

TP																
R					KV	KV	KV	BV	BV	KV	KV				PK	
B	f				ww	ww	kw	kx	kx	kw	ww				pw	f
	18	17	16	15	14	13	12	11	21	22	23	24	25	26	27	28
	48	47	46	45	44	43	42	41	31	32	33	34	35	36	37	38
B	f	k	k	b	b	k					kw	kx	b	kx	kw	f
R											KV	BV	B	B	K	
TP											KV	BV	BV	BV	K	

Der Befund ist bei Wiederherstellungsmaßnahmen nicht auszufüllen!

Bemerkungen (bei Wiederherstellung Art der Leistung)

II. Befunde für Festzuschüsse　　IV. Zuschussfestsetzung

(Spalten 1-3 vom Zahnarzt auszufüllen)

Befund Nr.1	Zahn/Gebiet 2	Anz. 3	Betrag Euro	Ct
2.2	12-22	1	385	05
2.3	33-37	1	433	88
2.7	12-22,33,34	6	300	06
1.1	14,13,23	3	426	66
1.2	27	1	159	56
1.3	14,13,23	3	153	99
vorläufige Summe ▶			**1859**	**20**

Nachträgliche Befunde:

Unfall oder Unfallfolgen/ Berufskrankheit	Interimsversorgung	**X**	Unbrauchbare Prothese/Brücke/Krone
Versorgungsleiden	Immediatversorgung		Alter ca. **14** Jahre　NEM

Die Krankenkasse übernimmt die nebenstehenden Festzuschüsse, höchstens jedoch die tatsächlichen Kosten. Voraussetzung ist, dass der Zahnersatz innerhalb von 6 Monaten in der vorgesehenen Weise eingegliedert wird.

Datum, Unterschrift und Stempel der Krankenkasse

Hinweis:

[0] % Vorsorge-Bonus ist bereits in den Festzuschüssen enthalten.

[   ] Es liegt ein Härtefall vor.

Erläuterungen

Befund (Kombinationen sind zulässig)
a = Adhäsivbrücke (Anker, Spanne)
b = Brückenglied
e = ersetzter Zahn
ew = ersetzter, aber erneuerungsbedürftiger Zahn
f = fehlender Zahn
i = Implantat mit intakter Suprakonstruktion
ix = zu entfernendes Implantat
k = klinisch intakte Krone
kw = erneuerungsbedürftige Krone
pw = erhaltungswürdiger Zahn mit partiellen Substanzdefekten

r = Wurzelstiftkappe
rw = erneuerungsbedürftige Wurzelstiftkappe
sw = erneuerungsbedürftige Suprakonstruktion
t = Teleskop
tw = erneuerungsbedürftiges Teleskop
ur = unzureichende Retention
ww = erhaltungswürdiger Zahn mit weitgehender Zerstörung
x = nicht erhaltungswürdiger Zahn
)(= Lückenschluss

Behandlungsplanung:
A = Adhäsivbrücke (Anker, Spanne)
B = Brückenglied
E = zu ersetzender Zahn
H = gegossene Halte- und Stützvorrichtung
K = Krone
M = Vollkeramische oder keramisch voll verblendete Restauration

O = Geschiebe, Steg etc.
PK = Teilkrone
R = Wurzelstiftkappe
S = implantatgetragene Suprakonstruktion
T = Teleskopkrone
V = Vestibuläre Verblendung

III. Kostenplanung

Bei Handbeschriftung unbedingt in Blockschrift schreiben

1 BEMA-Nrn.	Anz.	1 Fortsetzung	Anz.	1 Fortsetzung	Anz.
19	13				
20b	3				Euro	Ct
20c	1	2 Zahnärztliches Honorar BEMA:			**1.298**|**30**
91a	1	3 Zahnärztliches Honorar GOZ: (geschätzt)			**51**|**74**
91b	3	4 Material- und Laborkosten: (geschätzt)			**3.700**|**00**
92	1	5 Behandlungskosten insgesamt: (geschätzt)			**5.050**|**04**

Datum/Unterschrift des **Zahnarztes**

V. Rechnungsbeträge (siehe Anlage)

		Euro	Ct
1	ZA-Honorar (BEMA siehe III)		
2	ZA-Honorar zusätzl. Leist. BEMA		
3	ZA-Honorar GOZ		
4	Mat.- und Lab.-Kosten Gewerbl.		
5	Mat.- und Lab.-Kosten Praxis		
6	Versandkosten Praxis		
7	Gesamtsumme		
8	Festzuschuss Kasse		
9	Versichertenanteil		

Gutachterlich befürwortet
[ ] ja　　[ ] nein　　[ ] teilweise

Eingliederungsdatum:

Herstellungsort bzw. Herstellungsland des Zahnersatzes:

Der Zahnersatz wurde in der vorgesehenen Weise eingegliedert.

Datum/Unterschrift und Stempel des **Gutachters**

Datum/Unterschrift des **Zahnarztes**

Anschrift des **Versicherten**

Vordr. Z 311/3B 10.15　SCHÜTZDRUCK, Tel. 0511 92 73 44 · www.schuetzdruck.de

Teil 4: Praxisorganisation und -verwaltung

100 Punkte
⏱ 60 Minuten

Situation 1

Die Zahnarztpraxis Dr. Spranger & Dr. Specht hat doppelten Grund zum Feiern: Zum einen werden zum 02.01.2018 die neuen Praxisräume in einem neu errichteten Ärztehaus bezogen, zum anderen steht im neuen Jahr das 15-jährige Praxisjubiläum an.

Frau Dr. Spranger hat die Mitarbeiterinnen der Praxis informiert, dass sich durch den Umzug einige Veränderungen hinsichtlich der Aufbau- und Ablauforganisation ergeben werden. Darüber hinaus wurde den Angestellten mitgeteilt, dass sie anlässlich des Jubiläums eine Sonderzahlung erhalten. Für die Patienten soll auch noch etwas geplant werden.

(Beachten Sie bei dieser Aufgabe die Anlage 1.)

6 Punkte

1. Aufgabe

Nennen Sie drei wesentliche Praxisziele, die durch diese Maßnahmen erreicht werden sollen.

_____

_____

_____

8 Punkte

2. Aufgabe

Erklären Sie anhand je eines Beispiels die Begriffe Aufbauorganisation und Ablauforganisation.

_____

_____

_____

_____

_____

8 Punkte

3. Aufgabe

Erklären Sie zwei Aktionen, die anlässlich des Praxisjubiläums für die Patienten geplant und durchgeführt werden könnten.

_____

_____

_____

4 Punkte

4. Aufgabe

Berechnen Sie die Höhe der Sonderzahlung für Frau Engel unter Berücksichtigung der unten angegebenen Informationen.

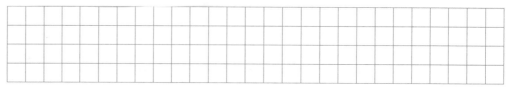

Anlage 1

Die Höhe der Sonderzahlung beträgt insgesamt 6.000,00 €. Die Auszubildenden erhalten davon je 150,00 €. Der Rest wird im Verhältnis der Jahre der Praxiszugehörigkeit an die Angestellten verteilt.

Name	Stelle	Praxiszugehörigkeit (in Jahren)	Sonderzahlung
Susanne Liebich	Fachwirtin für Zahnärzt-liches Praxismanagement	15	
Monika Engel	Zahnmedizinische Prophylaxeassistentin	11	
Nicole Kamp	Zahnmedizinische Fachangestellte	9	
Claudia Mertens	Zahnmedizinische Fachangestellte	6	
Saskia Berken	Zahnmedizinische Fachangestellte	4	
Emel Yilmaz	Auszubildende ZFA (3. Ausbildungsjahr)		150,00 €
Yvonne Willmer	Auszubildende ZFA (1. Ausbildungsjahr)		150,00 €
Gertrud Schultenbeck	Reinigungskraft	15	
Alexander Wilk	Zahntechniker	15	

• •

Situation 2

Herr Dr. Specht hat kürzlich einen Zeitschriftartikel über die Behandlung von Angst-patienten gelesen. Er weist Frau Liebich (Fachwirtin für Zahnärztliches Praxismanage-ment) an, den Artikel zu den Unterlagen für die nächste Teamsitzung zu nehmen. „Diesbe-züglich können wir meines Erachtens auch noch eine Menge verbessern; gegebenenfalls können wir dem ein oder anderen Patienten dann sogar eine Narkose ersparen", so Dr. Specht.

• •

6 Punkte

5. Aufgabe

Nennen Sie drei Probleme, die sich in der Praxisorganisation durch die Behandlung von erwachsenen Angstpatienten ergeben können.

_____

_____

_____

12 Punkte

6. Aufgabe

Erklären Sie, durch welche Verhaltensweisen bzw. Maßnahmen das Praxisteam im Vorfeld oder während der Behandlung zur Ablenkung und Beruhigung eines erwachsenen Patienten beitragen kann. (3 Erklärungen)

_____

_____

_____

_____

_____

_____

_____

_____

_____

_____

6 Punkte

7. Aufgabe

Nennen Sie drei weitere Patientengruppen, bei denen besondere organisatorische und kommunikative Maßnahmen ggf. erforderlich sind.

_____

_____

_____

_____

• •

Situation 3

Vera Brüggemann (ZFA) ist verärgert. Für ihr während der Ausbildung noch kostenloses Girokonto wird ihr von ihrem Kreditinstitut mittlerweile eine monatliche Grundgebühr von 5,90 € berechnet.

Als sie in derselben Woche in der Tageszeitung den folgenden Artikel liest, ist sie empört. „Das ist doch Abzocke!", denkt sie erbost.

(Beachten Sie bei dieser Aufgabe die Anlage 2.)

• •

4 Punkte

8. Aufgabe

Begründen Sie, ob sich Vera Brüggemann laut Stiftung Warentest ein neues Konto suchen sollte.

_____

_____

_____

4 Punkte

9. Aufgabe

Nennen Sie zwei weitere Leistungen, für die Kreditinstitute unter Umständen Gebühren von ihren Kunden verlangen.

_____

_____

6 Punkte

10. Aufgabe

Nennen Sie – neben den anfallenden Gebühren – drei weitere wesentliche Aspekte, die Vera Brüggemann berücksichtigen sollte, falls sie sich für einen Wechsel des Kreditinstituts entscheidet.

_____

_____

_____

8 Punkte

11. Aufgabe

Erklären Sie den Zahlungsvorgang für das bargeldlose Bezahlen im Einzelhandel im electronic cash-Verfahren (ec) und im Elektronischen Lastschriftverfahren (ELV).

_____

_____

_____

Anlage 2

„Absurde" Bank-Gebühren

Stiftung Warentest rät bei Wahl des Girokontos zur Vorsicht

Banken und Sparkassen verlangen von ihren Kunden nach Einschätzung der Stiftung Warentest teils „absurde" Gebühren für die Kontoführung. [...] Die Verbraucherschützer nahmen 231 Konto-modelle von bundesweit 104 Instituten unter die Lupe. Nur in 23 Fällen seien die Konten kostenlos „ohne Wenn und Aber", heißt es.

In anderen Fällen müssen Kunden demnach etwa beim Geldabheben am Automaten Gebühren zahlen, wenn sie diesen Service außerhalb der Filialöffnungszeiten nutzen. Häufig wird zudem derjenige zur Kasse gebeten, der am Schalter eine Überweisung einreicht, anstatt diese selbst online zu tätigen. Und auch die Girocard, die für das bargeldlose Bezahlen im Einzelhandel eben-so wichtig ist wie für das Geldabheben am Bankautomaten, lassen sich etliche Institute mit bis zu 15 Euro im Jahr teuer bezahlen.

Für den Kunden sei es schwer, „den Wust neuer und alter Gebühren zu durchblicken", bilanzieren die Tester. Wer jedoch jährlich inklusive der Kosten für die Kreditkarte mehr als 60 € für sein Girokonto zahle, sollte sich ein neues Konto suchen, rät die Stiftung Warentest. Dazu müsse man mitunter nicht einmal die Bank wechseln, sondern nur das Kontoangebot.

Quelle: Stiftung Warentest kritisiert „absurde" Gebühren der Banken, Westfälische Rundschau vom 23.08.2017, https://www.wr.de/wirtschaft/stiftung-warentest-kritisiert-absurde-gebuehren-der-banken-id211673955.html

• •

Situation 4

Alina Heckmann möchte sich nach bestandener Abschlussprüfung zur Zahnmedizinischen Fachangestellten bei der Zahnarztpraxis Dr. Spranger & Dr. Specht bewerben. Der Stellen-anzeige in der Zeitung hat sie entnommen, dass auch eine Bewerbung in digitaler Form per E-Mail möglich ist. Alina möchte diese Möglichkeit gerne nutzen. Da sie sich nicht sicher ist, welche Punkte sie hierbei berücksichtigen muss, ist sie bei einer Internetrecher-che auf folgenden Ratgeber gestoßen.

(Beachten Sie bei dieser Aufgabe die Anlage 3.)

• •

12 Punkte

12. Aufgabe

Erklären Sie insgesamt drei Vorteile (aus Sicht von Alina Heckmann oder aus Sicht der Praxisinhaber), die diese Form der Bewerbung hat.

_____

_____

_____

_____

_____

_____

_____

_____

_____

_____

13. Aufgabe

Formulieren Sie …

2 Punkte

a) eine angemessene Betreff-Zeile für die E-Mail und

_____

2 Punkte

b) einen angemessenen Dateinamen für die einheitliche PDF-Datei im Anhang.

_____

4 Punkte

14. Aufgabe

Nennen Sie zwei Gründe, warum Alina Heckmann die Bewerbungsunterlagen im PDF-Format versenden sollte.

_____

_____

_____

_____

8 Punkte

15. Aufgabe

Nennen Sie vier wesentliche Bewerbungsunterlagen, die Alina Heckmann zu einer einheitlichen PDF-Datei zusammenführen sollte.

_____

_____

_____

_____

Anlage 3

Die Bewerbung per E-Mail

Die folgenden Punkte sind besonders wichtig auf dem Weg zur perfekten E-Mail-Bewerbung:

Die E-Mail-Adresse

Alles beginnt mit der eigenen E-Mail-Adresse, die Seriosität ausstrahlen sollte. Wählen Sie also eine E-Mail-Adresse, mit der Sie die Aufmerksamkeit nicht von Ihrer Bewerbung ablenken.

Der Betreff

Der Betreff ist zu vergleichen mit der Headline eines Zeitungsartikels. In wenigen Worten soll der Empfänger den Inhalt und somit den Grund für das Schreiben erkennen.

Der Text der E-Mail

Wichtige Inhalte des Textes der E-Mail sind:
- die Begrüßung des Adressaten
- der Grund bzw. der Inhalt der E-Mail (die Bewerbung)
- die Schlussformel

Eine weitere Möglichkeit stellt die Verlagerung des Anschreibens in den E-Mail-Text dar. In diesem Fall kopieren Sie das Anschreiben in das Textfeld der E-Mail, aber führen es dafür nicht im Anhang auf.

Der Anhang

Achten Sie bitte unbedingt auf folgende Punkte, wenn Sie Dateien in den Anhang der E-Mail packen:
- die einheitliche PDF-Datei (enthält alle Bewerbungsunterlagen in der richtigen Reihenfolge)
- die korrekte Benennung der angehängten PDF-Datei
- die Dateigröße (zu „große" Dateien werden nicht versendet)

TIPP: Die einheitliche PDF-Datei ersetzt bei der Online-Bewerbung die Bewerbungsmappe. Sie vereint alle Unterlagen und schützt die Bewerbung gleichzeitig vor Formatierungsfehlern beim Versand. Durch ihre Beschaffenheit ist es nämlich nicht ohne Weiteres möglich, dass der Inhalt verändert oder bearbeitet werden kann. Außerdem handelt es sich bei der PDF-Datei um ein Standardformat, dass mit kostenloser Software von nahezu jedem PC geöffnet werden kann.

Der Check

Am Ende ist es wichtig, die Mail noch einmal genau zu überprüfen. Hat alles seine Richtigkeit und haben sich keine Fehler eingeschlichen?

Der Adressat

Die Angabe des richtigen E-Mail-Adressaten ist genauso elementar wie die Angabe des richtigen Ansprechpartners im Anschreiben.

TIPP: Warum die Angabe des Adressaten erst ganz am Ende erfolgt? Ab und zu kommt es vor, dass eine Mail noch nicht beendet wurde, aber sie aus Versehen losgeschickt wird. Das ist extrem ärgerlich und kann einem einen Strich durch die Bewerbung machen. Solange Sie jedoch keinen Empfänger angeben, kann die E-Mail auch nicht versehentlich versendet werden.

Lösungen

Teil 1: Behandlungsassistenz

___ von 4 P.

1. Aufgabe

✎ *Hinweis: Die richtige Einschätzung der gesundheitlichen Situation eines neuen Patienten ermöglicht eine zahnärztliche Behandlung mit möglichst geringer Gefahr für Komplikationen oder Nebenwirkungen. Die Beispielantworten werden jeweils mit 2 Punkten bewertet.*

z. B.

- dient dazu, wechselseitige Einflüsse von Allgemeinerkrankungen und Erkrankungen im Zahn-, Mund- und Kieferbereich zu erkennen,
- Erfassung von gesundheitlichen Risiken, um sie bei der zahnärztlichen Behandlung entsprechend berücksichtigen zu können (u. a. Allergien, Gerinnungsstörungen …).

___ von 2 P.

2. Aufgabe

Bluthochdruck (systolisch > 160 mmHg, diastolisch > 95 mmHg)

___ von 5 P.

3. Aufgabe

a) cervical = am Zahnhals

b) radiculär = an der Wurzel

c) approximal = zum Nachbarzahn

d) Abrasion = Abnutzung der Zahnhartsubstanz beim Kauvorgang/Abrieb

e) vestibulär = zum Mundvor(-außen)hof

___ von 2 P.

4. Aufgabe

✎ *Hinweis: Beachten Sie, dass Prädilektionsstellen für bevorzugte Angriffsstellen stehen. Zahnstein entsteht, wenn sich Kalksalze aus dem Speichel in die supragingivale Plaque einlagern. Daher befindet sich Zahnstein häufig in der Nähe der Ausführungsgänge der Speicheldrüsen.*

- Lingualflächen der unteren Frontzähne
- Bukkalflächen der oberen Molaren

5. Aufgabe

✎ *Hinweis: ZEG ist die Abkürzung für Zahnsteinentfernungsgerät. Im Vergleich zu kritisch A haben kritisch B zugeordnete Instrumente eine erhöhte Anforderung an die Aufbereitung, da diese Instrumente Hohlkörper oder schwer zugängliche Teile haben.*

___ von 2 P.

a) • kritisch B

 • falls ZEG-Spitze keinen Wasserkanal enthält: kritisch A

___ von 2 P.

b) • Medizinprodukt kommt in Kontakt mit Blut (kritisch)

- erhöhte Anforderung an die Aufbereitung (B)
- falls das Medizinprodukt keinen Wasserkanal enthält: ohne besondere Anforderung an die Aufbereitung (A)

___ von 13 P.

6. Aufgabe

Hinweis: Beachten Sie hier, dass die analoge Technik zu beschreiben ist.

- Patient nimmt im Röntgenstuhl Platz
- Ablegen von Brille, Schmuck, Piercings u. Ä.
- Befragung gemäß RöV (letzte Aufnahme im Kopfbereich, Röntgenpass vorhanden)
- Anziehen von Gummihandschuhen bzw. Fingerling auch an der rechten Hand des Patienten
- Positionieren des Kopfes des Patienten: abgestützt, OK Zahnreihe waagerecht
- Zahnfilm mit Watterolle zwischen Zahnfilm und Zahn 26 vom Patienten festhalten lassen, sodass Zahnfilm und Zahnachse annähernd parallel liegen
- Tubus auf den Zahnfilm so ausrichten, dass der Zentralstrahl senkrecht auf der gedachten Winkelhalbierenden zwischen Zahnachse und Zahnfilm steht
- Einstellungsparameter/Belichtungsdaten am Röntgengerät für den Zahn 26 einstellen
- Kontrollbereich verlassen und auslösen
- Film entnehmen, Watterolle und Gummihandschuh des Patienten entsorgen, Desinfektion aller kontaminierten Flächen/Gegenstände und des Films
- In der Dunkelkammer den Zahnfilm der Verpackung entnehmen und in das Entwicklungsgerät einführen
- Dokumentation der Daten (Datum, Patientenname, Zahnregion, Belichtungsdaten, Anzahl der Aufnahmen usw.) im Röntgen-Kontrollbuch und ggf. Röntgen-Pass
- Das Röntgenbild nach Entwicklung, Fixierung, Wässerung und Trocknung beschriftet vorlegen

___ von 4 P.

7. Aufgabe

Die Einmal-Endodontie-Instrumente werden mit den anderen spitzen und scharfen Einmalinstrumenten in stichsicheren Gefäßen, die irreversibel fest verschlossen werden können, im Hausmüll entsorgt. Alternativ ist die Entsorgung in Gefäßen einer medizinischen Fachentsorgung möglich.

___ von 6 P.

8. Aufgabe

Hinweis: Sie müssen zur vollständigen Beantwortung nur drei mögliche Erkrankungen nennen und beschreiben.

z. B:

- Osteomyelitis: Entzündung des Knochenmarks, die durch Verletzungen am Knochen oder Eingriffe entsteht
- Ostitis: Entzündung breitet sich auf den Knochen aus
- Periostitis: Entzündung der Knochenhaut
- Phlegmone: Zellgewebsentzündung mit flächenhafter Ausbreitung und Eiterbildung
- Abszess: ein mit Eiter gefüllter Hohlraum. Dabei werden nekrotisches Gewebe und abgestorbene Abwehrzellen bzw. Bakterien verflüssigt.

___ von 4 P.

9. Aufgabe

Gebühr frei	**Krankenkasse bzw. Kostenträger** AOK Nordwest		
Geb.-pfl.	**Name, Vorname des Versicherten** Uludag, Dennis	23.01.1997 geb. am	
noctu	Schillerstr. 34 45894 Gelsenkirchen		
Sonstige			
Unfall	**Kassen-Nr.** 340011 **Versicherten-Nr.** A123456789 **Status.** 1		
Arbeitsunfall	**Betriebsstätten-Nr.** 1234 **Arzt-Nr.** 1234 **Datum** 21.03.2018		

BVG	Hilfs-mittel	Impf-stoff	Spr.-Bedarf	St. Begr.-Pflicht	Apotheken-Nummer/IK
6	7	8	9	**1**	

Zuzahlung / Gesamt-Brutto

Arzneimittel-Hilfsmittel-Nr. / Faktor / Taxe

1. Verordnung

2. Verordnung

3. Verordnung

MUSTER

Vertragsarztstempel

Rp. (Bitte Leerräume durchstreichen)

aut idem — Ibuprofen 600mg, 20 Tabletten, N1

aut idem

aut idem

ㄣㄣㄣㄣ

Abgabedatum in der Apotheke

Zahnarztpraxis
Dr. Elena Spranger & Dr. Stephan Specht
Goldbergstr. 60
45894 Gelsenkirchen
Tel. 0209/886844

Unterschrift des Arztes
Muster 16 (10.2014)

Unfalltag	Unfallbetrieb oder Arbeitgebernummer

___ von 11 P.

10. Aufgabe

- Patient in den Behandlungsstuhl setzen: Karteikarte, Röntgenbild, Grundbesteck, Händedesinfektion, PSA
- Lokalanästhesie: Spritze, Kanüle, Anästhetikum
- Schnittführung: ggf. Abdecktuch, Skalpell, chirurgischer Sauger, (Langenbeck-)Haken
- Abklappen des Mukoperiostlappens: Raspatorium
- Freilegen der Wurzel: chirurgisches Winkelstück, chirurgischer Bohrer, physiologische Kochsalzlösung
- Entfernen der Wurzel: Beinscher Hebel, OK-Wurzelrestzange
- Entfernen von Granulationsgewebe: scharfer Löffel
- Spülen des Operationsgebietes: (Spritze mit) Kochsalzlösung
- Zurückklappen des Mukoperiostlappens: chirurgische Pinzette
- Nähte: Nahtmaterial, Nadel, Nadelhalter, chirurgische Schere
- Tupfer, Verhaltensmaßregeln

___ von 5 P.

11. Aufgabe

- Einmalmedizinprodukte wegwerfen
- grobe Vorreinigung der MP
- Trockenentsorgung der MP
- Wischdesinfektion der Oberflächen im Behandlungszimmer
- Wasserführende Systeme durchlaufen lassen (Absauganlage, Übertragungsinstrumente, Speibecken)

___ von 3 P.

12. Aufgabe

✦ *Hinweis: Achten Sie bei dieser Aufgabe darauf, dass sich der zu entfernende Zahn im Oberkiefer befindet.*

- Zahn bricht ab und muss durch Osteotomie entfernt werden
- MAV, plastische Deckung nötig
- starke Nachblutung
- Schmerzen
- Schwellung
- Wundheilungsstörungen
- allgemeinmedizinische Komplikation (z. B. Kreislaufprobleme, allergische Reaktion auf das Lokalanästhetikum)

___ von 2 P.

13. Aufgabe

✦ *Hinweis: Atraumatisches Nahtmaterial kann mit „nicht verletzendem Nahtmaterial" übersetzt werden. Durch das nicht vorhandene Nadelöhr wird die Schleimhaut weniger verletzt.*

Eine Nadel-/Faden-Kombination mit gleichem Durchmesser von Nadel und Faden, sodass das zu setzende Nahttrauma so gering wie möglich ausfällt. In der Regel ist hier der Faden mit der Nadel verschweißt, das Nadelöhr entfällt.

___ von 4 P.

14. Aufgabe

✦ *Hinweis: Hier sind nur zwei Unterschiede verlangt.*

- Arterien führen sauerstoffreiches, hellrotes Blut (außer Lungenarterie); Venen führen sauerstoffarmes, dunkleres Blut (außer Lungenvene)
- Arterienwandungen enthalten Muskulatur; Venen haben Venenklappen
- relativ hoher Blutdruck in Arterien; relativ niedriger Blutdruck in Venen
- Arterien führen vom Herzen weg; Venen führen zum Herzen hin

___ von 4 P.

15. Aufgabe

- lokale Gefäßverengung
- Thrombusbildung/Thrombozyten-Aggregation
- Fibrinbildung/Gerinnungskaskade (Prothrombin $\Rightarrow$ Thrombin führt zu Fribrinogen $\Rightarrow$ Fibrin)
- Blutstillung

___ von 6 P.

16. Aufgabe

✒ *Hinweis: Im Folgenden sind vier mögliche Folgen aufgeführt. Zur vollständigen Beantwortung sind zwei mögliche Folgen ausreichend.*

- Möglich ist eine Mesialkippung des angrenzenden Zahnes 47.
- Eine Distalkippung des angrenzenden Zahnes 45 ist eine mögliche Folge.
- Die Elongation des Zahnes 16, der sich gegenüber im Oberkiefer befindet, könnte auftreten.
- Es können Probleme wie Schlupfinfektionen mit evtl. Folgen wie Gingivitiden, Parodontitiden, Karies oder Störungen der Okklusion, Artikulation mit evtl. Folgen wie CMD auftreten.

___ von 5 P.

17. Aufgabe

- Evtl. Kofferdam legen – Spanngummi, Lochzange, Klammerzange, Spannrahmen
- Reinigung der Fissuren – Grünes Winkelstück, Bürstchen, Polierpaste
- Kontrolle der Fissuren auf Kariesfreiheit – Sonde
- Anätzen, auftragen und einwirken lassen – Ätzgel
- Abspülen – Sauger, Mehrfunktionsspritze
- Trocknen – Mehrfunktionsspritze
- Versiegelungsmaterial auftragen – Kunststoff, Spritze
- Aushärten – Polymerisationslampe
- Ggf. Kofferdam abnehmen
- Okklusion und Artikulation prüfen – Okklusionspapier und -halter
- Fluoridierung – Fluoridpräparat
- Dokumentation
- Hygiene

___ von 3 P.

18. Aufgabe

- hemmt die Demineralisation/macht die Zahnhartsubstanz säureresistenter
- fördert die Remineralisation
- wirkt antibakteriell

___ von 5 P.

19. Aufgabe

✒ *Hinweis: Im Umgang mit Kindern sollte beachtet werden, dass möglichst keine Fremdwörter benutzt werden und ihnen keine Angst gemacht wird. Hier können Sie Kevin mit Vornamen ansprechen, sich auf seine Sprachebene einlassen und Verständnis zeigen, wenn er Angst hat.*

Unsere Zähne sind sehr hart und halten einiges aus. Trotzdem können sie Löcher bekommen und sich braun verfärben, das nennt man dann „Karies". In unserem Mund befinden sich neben den Zähnen viele Bestandteile und auch kleine Lebewesen, die Bakterien heißen. Es gibt gute, aber auch welche, die die Zähne angreifen. Diese mögen vor allem Zucker. Damit diese Bakterien keine Chance haben, ist es wichtig, mehrmals täglich und vor allem abends die Zähne zu putzen. Und du solltest nicht zu viel Süßes essen und trinken, besonders nicht über den ganzen Tag verteilt. Stattdessen ist es besser, z. B. einen Nachtisch zu essen und danach Zähne zu putzen. Außerdem solltest du regelmäßig zu uns in die Praxis kommen, damit wir deine Zähne ansehen können und falls es ein Loch gibt, gleich behandeln können, bevor du Schmerzen hast.

___ von 2 P.

20. Aufgabe

Alle Wasserentnahmestellen zwei Minuten durchlaufen lassen.

___ von 6 P.

21. Aufgabe

- **percutane Infektion:**
  Infektion durch Schnitt- und Stichverletzung
- **direkte Schmierinfektion:**
  Infektion durch direkte Übertragung keimbeladenen Materials
- **indirekte Schmierinfektion:**
  Infektion durch Übertragung keimbeladenen Materials auf einen Gegenstand und darüber auf einen Menschen

So viele Punkte habe ich erreicht: _____

So lange habe ich gebraucht: _____

Teil 2: Wirtschafts- und Sozialkunde

1. Aufgabe

_____ von 4 P.

a) ✐ *Hinweis: Beachten Sie zur Lösung der Aufgabe den Zeitungsartikel in Anlage 1. Der Begriff Entgeltumwandung wird dort genau erläutert.*

Die Entgeltumwandlung ist eine betriebliche Altersvorsorge für Arbeitnehmer. Der Arbeitnehmer verzichtet bei der Entgeltumwandlung auf einen Teil seines Entgelts, das der Arbeitgeber in einen betrieblichen Vorsorgevertrag, z. B. eine Lebensversicherung, einzahlt.

_____ von 4 P.

b) ✐ *Hinweis: Ziehen Sie den letzten Absatz des Zeitungsartikels aus Anlage 1 heran. Es sind nur zwei Vorteile zu nennen. Für jeden richtig aufgeführten Vorteil gibt es zwei Punkte. Ein weiterer möglicher Vorteil wäre, dass der Staat den Bürger im Alter nicht zusätzlich unterstützen muss.*

- Arbeitnehmer, die in eine betriebliche Altersversorgung (bAV) sparen, bauen sich eine zusätzliche Altersversorgung auf.
- Für die Sparsumme durch Entgeltumwandlung müssen keine Steuern und Sozialabgaben gezahlt werden.
- Arbeitgeber, die ihren Mitarbeitern eine bAV anbieten und sich beteiligen, binden und motivieren qualifizierte Arbeitnehmer.

2. Aufgabe

_____ von 4 P.

✐ *Hinweis: Den Lösungsansatz können Sie Anlage 2 entnehmen.*

Die Beteiligung eines Arbeitgebers an der Entgeltumwandlung ist im Tarifvertrag geregelt. Da in der Zahnarztpraxis Dr. Spranger und Dr. Specht die Anwendung des Tarifvertrages ausdrücklich im Arbeitsvertrag vereinbart ist, müssen sich die Praxisinhaber an einer Entgeltumwandlung ihrer Mitarbeiterinnen beteiligen.

3. Aufgabe

_____ von 6 P.

✐ *Hinweis: Wichtige Informationen zu Berechnungen der Arbeitgeberbeteiligung können Sie Anlage 2 entnehmen. Als vollzeitbeschäftigte Arbeitnehmerin erhält Frau Liebich 45 € monatlich als Zuschuss. Zusätzlich bekommt sie noch einen Zuschuss von 20 % des umgewandelten Betrages (120 €).*

45,00 € + 24,00 € (20 % von 120,00 €) = **69,00 € Arbeitgeberbeteiligung**

4. Aufgabe

_____ von 6 P.

✐ *Hinweis: Es sind nur drei weitere Möglichkeiten der privaten Altersvorsorge gefordert.*

- Renten- / Lebensversicherung
- Banksparpläne
- Wohneigentum
- Riester-Rente

___ von 4 P.

5. Aufgabe

Hinweis: Beachten Sie hier, dass inhaltliche Aspekte verlangt sind. Es sind nur zwei Aspekte verlangt, für jeden richtigen Aspekt gibt es 2 Punkte.

- gegen welchen konkreten Sachverhalt Frau Schmidt aus dem Arbeitsvertrag verstoßen hat
- wann es zu dem Fehlverhalten gekommen ist
- welche konkrete Maßnahme (z. B. Kündigung) im Wiederholungsfall vorgenommen wird

6. Aufgabe

___ von 4 P.

a) Es handelt sich hier um eine verhaltensbedingte Kündigung, weil Frau Schmidt (wiederholt) unentschuldigt fehlt.

___ von 3 P.

b) • personenbedingte Kündigung
   • betriebsbedingte Kündigung

___ von 0 P.

7. Aufgabe

Hinweis: Beachten Sie die Arbeitsunfähigkeitsbescheinigung in Anlage 3. Diese zeigt, dass Frau Schmidt vier Urlaubstage wegen Krankheit gutgeschrieben bekommt.

Urlaubsanspruch	27 Arbeitstage
− Urlaub im Februar und Mai	17 Arbeitstage
− Urlaub im Juni	5 Arbeitstage
+ Gutschrift Urlaubstage wegen Krankheit	4 Arbeitstage
Resturlaubstage	**9 Arbeitstage**

___ von 6 P.

8. Aufgabe

Hinweis: Hier sind nur drei Unterlagen zu nennen.

- Arbeitszeugnis
- Bescheinigung über bereits gewährten oder abgegoltenen Urlaub im Kalenderjahr
- Verdienstbescheinigung(en)
- Bescheinigung(en) über die Meldung zur Sozialversicherung

9. Aufgabe

___ von 3 P.

a) *Hinweis: Es sind nur drei Punkte verlangt. Weitere Möglichkeiten wären evtl. gewährter Rabatt oder Skonto oder die Lieferbedingungen (z. B. Frachtkosten).*
   - Preise
   - Lieferzeit
   - Zahlungsbedingungen
   - Qualität

___ von 4 P.

b) Frau Liebich schreibt mehrere Anfragen, um die Angebote (Preis, Lieferzeit etc.) verschiedener Anbieter zu vergleichen und das für die Praxis beste Angebot auszuwählen.

10. Aufgabe

_____ von 4 P.

a) Ein Kaufvertrag kommt durch zwei übereinstimmende Willenserklärungen, Antrag und Annahme, zustande.

_____ von 6 P.

b) Der Kaufvertrag ist am 17.10.2017 mit der Auftragsbestätigung der Praxismöbel Büchner GmbH zustande gekommen. Die Bestellung der Praxis stellt die erste Willenserklärung (Antrag), die Auftragsbestätigung die zweite Willenserklärung (Annahme) dar.

11. Aufgabe

_____ von 4 P.

a) **Skonto** ist ein Preisnachlass für vorzeitige Zahlung, weil eine eingeräumte Zahlungsfrist vom Käufer nicht in Anspruch genommen wird.

Rabatt ist ein Preisnachlass, der aus verschiedenen Gründen gewährt wird, z. B. bei einem Jubiläum oder Abnahme einer größeren Menge.

_____ von 6 P.

b) ✦ _Hinweis: Da der gesamte Rechnungsbetrag mit 963,90 € angegeben ist, kann der Jubiläumsrabatt nicht abgezogen werden. Es können aber 2 % Skonto berücksichtigt werden, da Frau Liebich die Rechnung sofort bezahlen will._

963,90 € · 2 % = 19,28 €
963,90 € − 19,28 € = **944,62 €**

12. Aufgabe

_____ von 6 P.

✦ _Hinweis: In der Anlage 5 ist angegeben, dass der Verzugszinssatz 5 % über dem Basiszinssatz liegt. Dieser beträgt ab 1. Juli 2017 − 0,88 %. Durch Subtraktion können Sie die Verzugszinsen (4,12 %) berechnen. Lösungen, denen eine andere Zinsberechnungsmethode als die deutsche (kaufmännische) Zinsmethode 30/360 zugrunde liegt, z. B. die taggenaue Zinsmethode act/act, sind ebenfalls zu akzeptieren._

Zinssatz: 5 % − 0,88 % = 4,12 %

Verzugszinsen:
$$\frac{983,80\ €\cdot 4,12\cdot 165}{100\cdot 360}=18,577\cong \textbf{18,58 €}$$

13. Aufgabe

_____ von 6 P.

✦ _Hinweis: Es sind nur drei Möglichkeiten verlangt._

Frau Schuster …

- zahlt.
- erhebt innerhalb von 14 Tagen Widerspruch.
- reagiert gar nicht/legt das Schreiben achtlos zur Seite.
- nimmt sich einen Rechtsbeistand.

14. Aufgabe

____ von 6 P.

a) Verjährung bedeutet, dass ein Gläubiger innerhalb bestimmter Fristen seine Rechte geltend machen muss, da sie ansonsten nicht mehr gerichtlich eingeklagt werden können und der Schuldner die Leistung verweigern kann.

____ von 6 P.

b) Die Verjährungsfrist verlängert sich, da durch den Antrag auf Zustellung eines Mahnbescheids die regelmäßige Verjährungsfrist für die Dauer des Verfahrens außer Kraft gesetzt wird (Hemmung). Diese Zeit wird an die regelmäßige Verjährungsfrist angehängt.

So viele Punkte habe ich erreicht: _____

So lange habe ich gebraucht: _____

Teil 3: Abrechnungswesen

____ von 39 P.

1. Privatpatientin

◢ *Hinweis: Beachten Sie, dass die Gebührennummer 0800 je Frontzahnbereich oder Kieferhälfte abgerechnet werden kann. Daher wird in diesem Fall für den Oberkiefer die Anzahl 2 und für den Unterkiefer die Anzahl 1 notiert. Für das Abnehmen und das erneute Befestigen von provisorischen Kronen oder Brücken gibt es in der GOZ keine eigenständige Position. Da bei Frau Mauler alle prothetischen Teile adhäsiv eingesetzt werden, muss die Position 2197 im Oberkiefer 4x und im Unterkiefer 3x abgerechnet werden. Für das Eingliedern einer Modellgussprothese müssen immer zwei Positionen berücksichtigt werden: Gebührennummer 5210 für die Metallbasis und zusätzlich Position 5070 für die Spannen (hier: 18–15, 25–28). Für den Zahn 47 muss die Position 2210 berechnet werden, weil er nicht im direkten Brückenverband steht und somit als Einzelkrone abzurechnen ist.*

Datum	Zahn	Gebührennummer	Anzahl
24.11.	14, 13, 23, 24	0080	2
	14, 13, 23, 24	0090	4
	14, 13, 23, 24	5040	4
	14, 13, 23, 24	2197	4
	OK	5210	1
	18–15, 25–28	5070	2
	47, 46, 44	0080	1
	47, 46, 44	0100	1
	47, 46, 44	2040	1
	46, 44	5010	2
	46–44	5070	1
	47	2210	1
	47, 46, 44	2197	3

____ von 44 P.

2. Kassenpatientin

◢ *Hinweis: Im Fall von Frau Ottmann ist der Bonus mit 20 % einzutragen. Außerdem muss der unbrauchbare Zahnersatz mit der Altersangabe von 17 Jahren aus dem Eingangstext notiert werden. Da im Unterkiefer noch vier Restzähne vorhanden sind, müssen Sie hier Befundgruppe 3 wählen. In der Regelversorgung müssen auf den Zähnen 44 und 34 Teleskope geplant werden, da nur hier die Richtline „hinter dem zu teleskopierenden Zahn müssen zwei Zähne fehlen" angesetzt werden kann. Die Zähne 33 und 43 bekommen nur den Festzuschuss für Kronen. Alle zu teleskopierenden Zähne werden voll verblendet, bekommen in der Therapieplanung das Kürzel TM und müssen nach der GOZ-Position 5040 abgerechnet werden.*

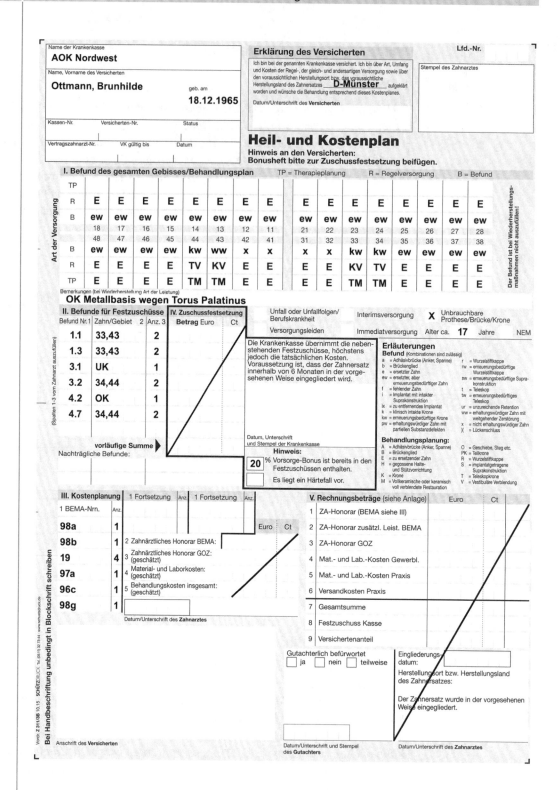

Anlage: Planung HKP Teil 2

Heil- und Kostenplan Teil 2

Name des Patienten

Ottmann, Brunhilde

Zahnarztpraxis

Anlage zum Heil- und Kostenplan vom _____

Für Ihre prothetische Behandlung werden entsprechend nachfolgender Aufstellung voraussichtlich folgende Kosten/Eigenanteile anfallen:

Zahn/Gebiet	GOZ	Leistungsbeschreibung	Anzahl	Betrag EUR
44,43,33,34	5040	voll verblendete Teleskopkronen	4	

Zahnärztliches Honorar GOZ (entsprechend Zeile III/3 HKP): .... EUR _____

Zahnärztliches Honorar BEMA (entsprechend Zeile III/1 und 2 HKP): .... EUR _____

Material und Laborkosten (entsprechend Zeile III/4 HKP): .... EUR _____

Gesamtkosten (entsprechend Zeile III/5 HKP): .... EUR _____

abzüglich Festzuschüsse: .... EUR _____

Ihr voraussichtlicher Eigenanteil wird hiernach betragen EUR _____

Kosten für allgemeine und konservierend-chirurgische Leistungen nach der GOZ sind in den Beträgen nicht enthalten. Unvorhersehbare Leistungen, die sich im Rahmen der Behandlung ergeben, werden gesondert berechnet. Unvorhersehbare Veränderungen der Schwierigkeit sowie des Zeitaufwandes der einzelnen Leistungen, der Umstände bei der Ausführung oder der Methode können zu Kostenveränderungen führen.

Ich wünsche eine Versorgung entsprechend
des Heil- und Kostenplans nebst dieser Anlage

_____   _____
Datum / Unterschrift des **Zahnarztes**   Datum / Unterschrift des **Versicherten**

Informationen über die Kosten der Regelversorgung

Die Kosten für eine dem Befund entsprechende Regelversorgung liegen voraussichtlich in Höhe des doppelten Festzuschusses.

doppelter Festzuschuss .... EUR _____

abzüglich von der Kasse festgesetzter Festzuschüsse .... EUR _____

Ihr Eigenanteil würde im Falle der Regelversorgung daher voraussichtlich .... EUR _____
zzgl. der möglicherweise anfallenden Edelmetallkosten betragen.

Vordr. 3b (2312/1   2005)   SCHÜTZDRUCK Tel. (05 11) 92 73 44 www.schuetzdruck.de

3. Privatpatientin

Hinweis: Die Gebührennummer Ä3 (Beratung über 10 Minuten) kann nur als einzige Leistung abgerechnet werden. Da am 17.10. auch noch andere zahnärztliche Leistungen erbracht wurden, kann hier nur die Gebührennummer Ä1 angesetzt werden. Zum Zahn 48 finden Sie im OPG-Befund die Formulierung „extrem verlagert bei Gefährdung anatomischer Nachbarstrukturen". Aus diesem Grund wird hier die Position 3045 plus Zuschlag 0510 abgerechnet. Am 19.10. kann zusätzlich zur Beratung Zuschlag C (Zuschlag für die Zeit zwischen 22 und 6 Uhr erbrachte Leistungen) abgerechnet werden, da die Zeit mit 22:15 Uhr angegeben ist. Die Zähne 35, 37 sind laut OPG-Befund tief zerstört und müssen daher als Pos. 3020 plus Zuschlag 0500 abgerechnet werden. Am 22.11. um 20:30 Uhr kann kein Zuschlag notiert werden, da dieser nur in Verbindung mit den GOÄ-Positionen Ä1, Ä3, Ä5, Ä6 abgerechnet werden kann.

Datum	Zahn	Gebührennummer	Anzahl
17.10.		0010	1
	OK, UK	Ä5004	1
	44–34	0080	2
	44–34	4050	8
		Ä1	1
19.10.	48	0100	1
	48	0090	1
	48	3045	1
		0510	1
	48	Ä5000	1
		Ä70	1
19.10.		Ä5	1
22:15 Uhr		ÄC	1
		Ä1	1
20.10.	48	3290	1
27.10.	48	3300	1
07.11.	11	0070	1
	11	0090	1
	11	2120	1
22.11.	35, 37	0100	1
	35, 37	3020	2
		0500	1
22.11.		Ä1	1
18:00 Uhr		ÄA	1
22.11.	35, 37	0100	1
20:30 Uhr	35, 37	3050	2
24.11.	35, 37	3290	1

___ von 42 P.

4. Kassenpatientin

✦ *Hinweis: Für die Beratung kann in diesem Abrechnungsfall keine Position Ä1 angesetzt werden, da im Einleitungstext beschrieben wurde, dass die Patientin am 03.11. bereits eine eingehende Untersuchung hatte. Die Pos. Ä1 kann nur als 1. Leistung im Quartal mit anderen zahnärztlichen Leistungen abgerechnet werden. Das ist in diesem Fall nicht gegeben. Für das Legen von Kofferdam (Spanngummi) gibt es im BEMA keine eigene Position, sie wird bei der Kassenabrechnung als BEMA-Leistung bmf/12 abgerechnet. Wenn es zu einer 2. oder 3. Sitzung am selben Behandlungstag kommt, ist das Datum unbedingt wiederholt anzugeben. Die Uhrzeitangabe bei der Berechnung der Position 03 ist mit 13:15 Uhr anzugeben, da die Behandlung tagsüber (zwischen 8 und 20 Uhr) stattgefunden hat.*

Datum	Zahn	BEMA-Leistung	Anzahl	Bemerkungen
24.11.	44	L1/41a	1	
	44	bmf/12	1	
	44	Trep1/31	1	
	44	WK/32	1	
	44	Rö2/Ä925a	1	1
	44	WF/35	1	
	44	WR2/54b	1	
	44	I/40	1	
	44	Zy3/56c	1	
	44	Rö2/Ä925a	1	1
		7700	1	
24.11.		Ber/Ä1	1	
		Zu/03	1	13:15 Uhr
24.11.		Ber/Ä1	1	

5. Kassenpatientin

◢ Hinweis: Tragen Sie geplante, konfektionierte und gegossene Stifte immer in das Be-merkungsfeld ein; hier: 27 konfektionierter Stiftbau. Beachten Sie, dass die Zähne 27 und 37 in der endgültigen Versorgung Regelversorgung bleiben und somit als BEMA-Position 91a abgerechnet werden. Die Krone 23 wird mit Position 2210 abgerechnet, da sie sich nicht im direkten Brückenverband befindet.

Anlage: Planung HKP Teil 1

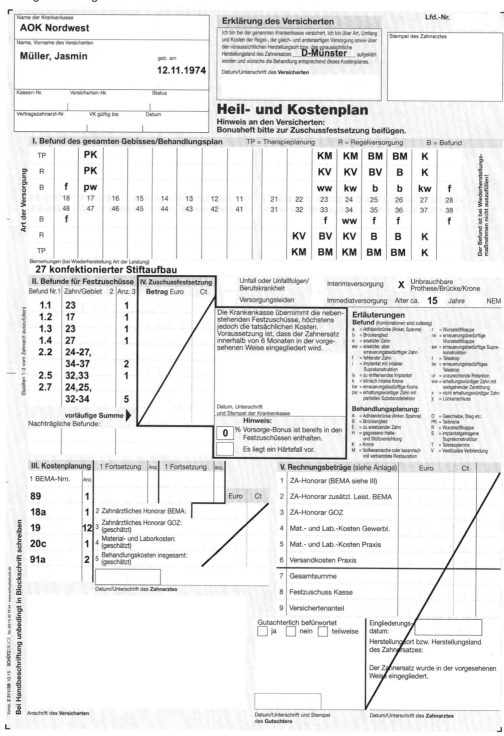

Anlage: Planung HKP Teil 2

Heil- und Kostenplan Teil 2

Name des Patienten

Müller, Jasmin

Zahnarztpraxis

Anlage zum Heil- und Kostenplan vom _____

Für Ihre prothetische Behandlung werden entsprechend nachfolgender Aufstellung voraussichtlich folgende Kosten/Eigenanteile anfallen:

Zahn/Gebiet	GOZ	Leistungsbeschreibung	Anzahl	Betrag EUR
23	2210	Krone voll verblendet	1	
24,32,34	5010	Brückenanker, voll verblendet	3	
25,26,33,35,36	5070	Brückenspannen, voll verblendet	3	

Zahnärztliches Honorar GOZ (entsprechend Zeile III/3 HKP): .... EUR_____

Zahnärztliches Honorar BEMA (entsprechend Zeile III/1 und 2 HKP): .... EUR_____

Material und Laborkosten (entsprechend Zeile III/4 HKP): .... EUR_____

Gesamtkosten (entsprechend Zeile III/5 HKP): .... EUR_____

abzüglich Festzuschüsse: .... EUR_____

Ihr voraussichtlicher Eigenanteil wird hiernach betragen EUR_____

Kosten für allgemeine und konservierend-chirurgische Leistungen nach der GOZ sind in den Beträgen nicht enthalten. Unvorhersehbare Leistungen, die sich im Rahmen der Behandlung ergeben, werden gesondert berechnet. Unvorhersehbare Veränderungen der Schwierigkeit sowie des Zeitaufwandes der einzelnen Leistungen, der Umstände bei der Ausführung oder der Methode können zu Kostenveränderungen führen.

Ich wünsche eine Versorgung entsprechend
des Heil- und Kostenplans nebst dieser Anlage

_____
Datum / Unterschrift des **Zahnarztes**

_____
Datum / Unterschrift des **Versicherten**

Informationen über die Kosten der Regelversorgung

Die Kosten für eine dem Befund entsprechende Regelversorgung liegen voraussichtlich in Höhe des doppelten Festzuschusses.

doppelter Festzuschuss .... EUR_____

abzüglich von der Kasse festgesetzter Festzuschüsse .... EUR_____

Ihr Eigenanteil würde im Falle der Regelversorgung daher voraussichtlich .... EUR_____
zzgl. der möglicherweise anfallenden Edelmetallkosten betragen.

Vordr. 3b (2312/1 2005) SCHÜTZDRUCK Tel. (0211) 32 73 44 · www.schuetzdruck.de

6. Privatpatient

✦ *Hinweis: Am 24.11. kann für die Kontrolle nach professioneller Zahnreinigung die Position 4060 notiert werden. Am Zahn 14 kann vor der Position 2360 (Vitalexstirpation) die Position 2390 für die Trepanation des Zahnes abgerechnet werden. In der GOZ kann diese Position bei vitalen als auch bei devitalen Zähnen angewandt werden. Die Position 2030 bezieht sich hier auf das Anlegen der Matrize. Dieses kann nur bei den Positionen 2060, 2080, 2100, 2120, 2180 abgerechnet werden.*

Datum	Zahn	Gebührennummer	Anzahl
20.11.		0010	1
		Ä1	1
	18–28, 37 -47	1040	30
	27, 26	4025	2
24.11.	18–28,3 7–47	4060	30
	14	Ä5000	1
	14	0070	1
	14	0090	1
	14	2040	1
	14	2390	1
	14	2360	2
	14	2410	2
	14	2400	2
	14	2440	2
	14	Ä5000	1
	14	2030	1
	14	2120	1

7. Kassenpatient

✦ *Hinweis: Für das Anfertigen einer Kinderzahnkrone gibt es keine BEMA-Abkürzung, sie ist folglich mit der Nummer 14 anzugeben.*

Datum	Zahn	BEMA-Leistung	Anzahl	Bemerkungen
24.11.		U/01	1	
		IP1	1	
		IP2	1	
	55	Vipr/8	1	
	55	I/40	1	
	55	14	1	
	16, 26, 36, 46	bmf/12	4	
	16, 26, 36, 46	IP5	4	
	OK, UK	IP4	1	

____ von 38 P.

8. Kassenpatient

Hinweis: Wenn eine Metallbasis bei Total- oder Cover-Denture-Prothesen notwendig ist, muss eine Begründung in das Bemerkungsfeld eingetragen werden (hier: OK, UK Bruxismus). In diesen begründeten Ausnahmefällen ist der FZ 4.5 zusätzlich anzusetzen und die BEMA Nummer 98e darf abgerechnet werden. Der Eigenteil ermittelt sich, indem man die vorläufige Summe von den insgesamten Behandlungskosten subtrahiert.

Welchen Eigenanteil hat Herr Schmidt zu erwarten?　　**618,07 €**

Name der Krankenkasse

Techniker Krankenkasse

Name, Vorname des Versicherten

Schmidt, Karl　　geb. am　**11.11.1938**

Kassen-Nr.　Versicherten-Nr.　Status

Vertragszahnarzt-Nr.　VK gültig bis　Datum

Erklärung des Versicherten

Lfd.-Nr.

Ich bin bei der genannten Krankenkasse versichert. Ich bin über Art, Umfang und Kosten der Regel-, der gleich- und andersartigen Versorgung sowie über den voraussichtlichen Herstellungsort bzw. das voraussichtliche Herstellungsland des Zahnersatzes **D-Münster** aufgeklärt worden und wünsche die Behandlung entsprechend dieses Kostenplanes.

Stempel des Zahnarztes

Datum/Unterschrift des **Versicherten**

Heil- und Kostenplan

Hinweis an den Versicherten:
Bonusheft bitte zur Zuschussfestsetzung beifügen.

I. Befund des gesamten Gebisses/Behandlungsplan

TP = Therapieplanung　　R = Regelversorgung　　B = Befund

TP															
R	E	E	E	E	E	E	E	E	E	E	E	E	E	E	E
B	ew	ew	ew	ew	ew	ew	ew	ew	ew	ew	ew	ew	ew	ew	ew
	18	17	16	15	14	13	12	11	21	22	23	24	25	26	27	28
	48	47	46	45	44	43	42	41	31	32	33	34	35	36	37	38
B	ew	ew	ew	ew	ew	ew	ew	ew	ew	ew	ew	ew	ew	ew	ew
R	E	E	E	E	E	E	E	E	E	E	E	E	E	E	E
TP															

Bemerkungen (bei Wiederherstellung Art der Leistung)
OK, UK Bruxismus

II. Befunde für Festzuschüsse

Befund Nr.1	Zahn/Gebiet 2	Anz. 3
4.2	OK	1
4.4	UK	1
4.5	OK, UK	2
4.9	OK, UK	1

vorläufige Summe ▶
Nachträgliche Befunde:

IV. Zuschussfestsetzung

Betrag Euro	Ct
313	51
334	84
166	36
59	32
874	03

Die Krankenkasse übernimmt die nebenstehenden Festzuschüsse, höchstens jedoch die tatsächlichen Kosten. Voraussetzung ist, dass der Zahnersatz innerhalb von 6 Monaten in der vorgesehenen Weise eingegliedert wird.

Datum, Unterschrift und Stempel der Krankenkasse

Hinweis:

0 % Vorsorge-Bonus ist bereits in den Festzuschüssen enthalten.

☐ Es liegt ein Härtefall vor.

Unfall oder Unfallfolgen/Berufskrankheit

Versorgungsleiden

Interimsversorgung

Immediatversorgung

X Unbrauchbare Prothese/Brücke/Krone

Alter ca. **13** Jahre　NEM

Erläuterungen

Befund (Kombinationen sind zulässig)
a = Adhäsivbrücke (Anker, Spanne)
b = Brückenglied
e = ersetzter Zahn
ew = ersetzter, aber erneuerungsbedürftiger Zahn
f = fehlender Zahn
i = Implantat mit intakter Suprakonstruktion
ix = zu entfernendes Implantat
k = klinisch intakte Krone
kw = erneuerungsbedürftige Krone
pw = erhaltungswürdiger Zahn mit partiellen Substanzdefekten
r = Wurzelstiftkappe
rw = erneuerungsbedürftige Wurzelstiftkappe
sw = erneuerungsbedürftige Suprakonstruktion
t = Teleskop
tw = erneuerungsbedürftiges Teleskop
ur = unzureichende Retention
ww = erhaltungswürdiger Zahn mit weitgehender Zerstörung
x = nicht erhaltungswürdiger Zahn
)(= Lückenschluss

Behandlungsplanung:
A = Adhäsivbrücke (Anker, Spanne)
B = Brückenglied
E = zu ersetzender Zahn
H = gegossene Halte- und Stützvorrichtung
K = Krone
M = Vollkeramische oder keramisch voll verblendete Restauration
O = Geschiebe, Steg etc.
PK = Teilkrone
R = Wurzelstiftkappe
S = implantatgetragene Suprakonstruktion
T = Teleskopkrone
V = Vestibuläre Verblendung

III. Kostenplanung

1 BEMA-Nrn.	Anz.	1 Fortsetzung	Anz.	1 Fortsetzung	Anz.
98b	1				
98c	1				
97a	1				
97b	1				
98e	2				
98d	1				

2 Zahnärztliches Honorar BEMA: **642,10**

3 Zahnärztliches Honorar GOZ: (geschätzt) -------

4 Material- und Laborkosten: (geschätzt) **850,00**

5 Behandlungskosten insgesamt: (geschätzt) **1.492,10**

Datum/Unterschrift des **Zahnarztes**

V. Rechnungsbeträge (siehe Anlage)

	Euro	Ct
1 ZA-Honorar (BEMA siehe III)		
2 ZA-Honorar zusätzl. Leist. BEMA		
3 ZA-Honorar GOZ		
4 Mat.- und Lab.-Kosten Gewerbl.		
5 Mat.- und Lab.-Kosten Praxis		
6 Versandkosten Praxis		
7 Gesamtsumme		
8 Festzuschuss Kasse		
9 Versichertenanteil		

Gutachterlich befürwortet
☐ ja　☐ nein　☐ teilweise

Eingliederungsdatum:

Herstellungsort bzw. Herstellungsland des Zahnersatzes:

Der Zahnersatz wurde in der vorgesehenen Weise eingegliedert.

Datum/Unterschrift und Stempel des **Gutachters**

Datum/Unterschrift des **Zahnarztes**

Anschrift des **Versicherten**

Anlage: Planung Rechenhilfe

Rechenhilfe zum Heil- und Kostenplan 2017

III. 1+2 Kostenplanung Berechnung zahnärztliches Honorar BEMA

BEMA-Nr. 1	Anzahl 2	Bew.-Zahl 3	Spalte 2 × Spalte 3
98b	1	57	57
98c	1	76	76
97a	1	250	250
97b	1	290	290
98e	2	16	32
98d	1	23	23
Gesamtsumme Spalte 4			728
X Punktwert 0,8820 = zahnärztliches Honorar			642,10 €

V.2 Rechnungsbeträge ZA-Honorar zusätzl. Leistungen BEMA

BEMA-Nr. 1	Anzahl 2	Bew.-Zahl 3	Spalte 2 × Spalte 3
Gesamtsumme Spalte 4			
X Punktwert 0,8820 = zahnärztliches Honorar			

III. 3. Rechnungsbeträge ZA-Honorar GOZ, geschätzt

Zahn/Gebiet	Geb.-Nr.	Anzahl	Faktor	Honorar
Gesamthonorar				

V.3 Rechnungsbeträge ZA-Honorar GOZ, tatsächlich

Zahn/Gebiet	Geb.-Nr.	Anzahl	Faktor	Honorar
Gesamthonorar				

V. Rechnungsbeträge
5. Material- und Laborkosten Praxis: z. B.;

Material/Laborarbeit	Anzahl	Einzelpreis		Kosten
Praxislabor, Sonstiges	x		=	
Abformmaterial	x		=	
Prov. Kronen/Brückenanker	x		=	
Prov. Brückenglieder	x		=	
		Gesamtkosten		

___ von 42 P.

9. Kassenpatient

🖋 *Hinweis: Im Einleitungstext wurde eine Zahnsteinentfernung am 10.11.2017 genannt. Die erneute Zahnsteinentfernung kann deshalb in diesem Behandlungsfall nicht abgerechnet werden, da sie nur einmal im Kalenderjahr über die GKV abgerechnet werden kann. An den Zähnen 31 und 32 wurde eine intraligamentäre Anästhesie getätigt. Diese besondere Anästhesieform ist in den BEMA-Bestimmungen nicht explizit als eigenständige Position zu finden. Sie wird als Pos. I/40 abgerechnet mit der Besonderheit, dass sie je Zahn abgerechnet werden kann (hier also 2x). Die Politur von Füllungen ist im BEMA in den Füllungspositionen (F1 bis F4) enthalten und kann nicht abgerechnet werden.*

Datum	Zahn	BEMA-Leistung	Anzahl	Bemerkungen
24.11.	31, 32, 46, 47	Vipr/8	1	
	46, 47	Rö2/Ä925a	1	1
	46, 47	L1/41a	1	
	31, 32	I/40	2	
	31, 32	bmf/12	1	
	31	F4/13d	1	dilali/2345
	31	F4/13d	1	milali/1245
	31	St/16	1	
	32	F4/13d	1	milali/1245
	32	St/16	1	
	46, 47	bmf/12	1	
	46	F2/13b	1	modb/1234
	46	601	1	480 Cent
	47	F2/13b	1	mod/123

___ von 16 P.

10. Kassenpatient

🖋 *Hinweis: Durch die Neuanfertigung der provisorischen Brücke von 33–37 fallen zusätzliche Materialkosten für die provisorische Brücke und die drei provisorischen Brückenglieder an. Um den Versicherungsanteil zu berechnen, müssen Sie zuerst die Werte aus Spalte 1 bis Spalte 5 addieren. Von dieser Gesamtsumme (Spalte 7) subtrahieren Sie nun den Festzuschuss (Spalte 8).*

V.2 Rechnungsbeträge ZA-Honorar zusätzliche Leistungen BEMA			
BEMA- Nr. 1	Anzahl 2	Bew.-Zahl 3	Spalte 2 × Spalte 3 4
95d	2	18	36
19	5	19	95
Gesamtsumme Spalte 4			131
X Punktwert 0,8820 = zahnärztliches Honorar			115,54 €

V. Rechnungsbeträge
5. Material- und Laborkosten Praxis: z. B.;

Material / Laborarbeit	Anzahl	Einzelpreis	Kosten
Praxislabor / Sonstiges			
Abformmaterial			25,80 €
Prov. Kronen / Brückenanker	10 ×	2,00	20,00 €
Prov. Brückenglieder	8 ×	2,20	17,60 €
		Gesamtkosten	63,40 €

Name der Krankenkasse		Erklärung des Versicherten	Lfd.-Nr.

BKK Bertelsmann

Name, Vorname des Versicherten

Breite, Ewald   geb. am

03.06.1955

Ich bin bei der genannten Krankenkasse versichert. Ich bin über Art, Umfang und Kosten der Regel-, der gleich- und andersartigen Versorgung sowie über den voraussichtlichen Herstellungsort bzw. das voraussichtliche Herstellungsland des Zahnersatzes **D-Siegen** aufgeklärt worden und wünsche die Behandlung entsprechend dieses Kostenplanes.

Datum/Unterschrift des **Versicherten**

Stempel des Zahnarztes

Kassen-Nr.   Versicherten-Nr.   Status

Vertragszahnarzt-Nr.   VK gültig bis   Datum

Heil- und Kostenplan

Hinweis an den Versicherten:
Bonusheft bitte zur Zuschussfestsetzung beifügen.

I. Befund des gesamten Gebisses/Behandlungsplan   TP = Therapieplanung   R = Regelversorgung   B = Befund

TP																
R				KV	KV	KV	BV		BV	KV	KV				PK	
B	f			ww	ww	kw	kx		kx	kw	ww				pw	f
	18	17	16	15	14	13	12	11	21	22	23	24	25	26	27	28
	48	47	46	45	44	43	42	41	31	32	33	34	35	36	37	38
B	f	k	k	b	b	k					kw	kx	b	kx	kw	f
R											KV	BV	B	B	K	
TP											KV	BV	BV	BV	K	

Bemerkungen (bei Wiederherstellung Art der Leistung)

Der Befund ist bei Wiederherstellungsmaßnahmen nicht auszufüllen!

II. Befunde für Festzuschüsse

Befund Nr.1	Zahn/Gebiet 2	Anz.3
2.2	12-22	1
2.3	33-37	1
2.7	12-22,33,34	6
1.1	14,13,23	3
1.2	27	1
1.3	14,13,23	3

vorläufige Summe ▶

Nachträgliche Befunde:

IV. Zuschussfestsetzung

Betrag Euro	Ct
385	05
433	88
300	06
426	66
159	56
153	99
1.859	**20**

Die Krankenkasse übernimmt die nebenstehenden Festzuschüsse, höchstens jedoch die tatsächlichen Kosten. Voraussetzung ist, dass der Zahnersatz innerhalb von 6 Monaten in der vorgesehenen Weise eingegliedert wird.

Datum, Unterschrift und Stempel der Krankenkasse

Hinweis:

0	% Vorsorge-Bonus ist bereits in den Festzuschüssen enthalten.
	Es liegt ein Härtefall vor.

Unfall oder Unfallfolgen/Berufskrankheit   Interimsversorgung   **X** Unbrauchbare Prothese/Brücke/Krone

Versorgungsleiden   Immediatversorgung   Alter ca. **14** Jahre   NEM

Erläuterungen
Befund (Kombinationen sind zulässig)
a = Adhäsivbrücke (Anker, Spanne)
b = Brückenglied
e = ersetzter Zahn
ew = ersetzter, aber erneuerungsbedürftiger Zahn
f = fehlender Zahn
i = Implantat mit intakter Suprakonstruktion
ix = zu entfernendes Implantat
k = klinisch intakte Krone
kw = erneuerungsbedürftige Krone
pw = erhaltungswürdiger Zahn mit partiellen Substanzdefekten
r = Wurzelstiftkappe
rw = erneuerungsbedürftige Wurzelstiftkappe
sw = erneuerungsbedürftige Suprakonstruktion
t = Teleskop
tw = erneuerungsbedürftiges Teleskop
ur = unzureichende Retention
ww = erhaltungswürdiger Zahn mit weitgehender Zerstörung
x = nicht erhaltungswürdiger Zahn
)(= Lückenschluss

Behandlungsplanung:
A = Adhäsivbrücke (Anker, Spanne)
B = Brückenglied
E = zu ersetzender Zahn
H = gegossene Halte- und Stützvorrichtung
K = Krone
M = Vollkeramische oder keramisch voll verblendete Restauration
O = Geschiebe, Steg etc.
PK = Teilkrone
R = Wurzelstiftkappe
S = implantatgetragene Suprakonstruktion
T = Teleskopkrone
V = Vestibuläre Verblendung

III. Kostenplanung

1 BEMA-Nrn.	Anz.
19	**13**
20b	**3**
20c	**1**
91a	**1**
91b	**3**
92	**1**

1 Fortsetzung	Anz.	1 Fortsetzung	Anz.

	Euro	Ct
2 Zahnärztliches Honorar BEMA:	1.298	30
3 Zahnärztliches Honorar GOZ: (geschätzt)	51	74
4 Material- und Laborkosten: (geschätzt)	3.700	00
5 Behandlungskosten insgesamt: (geschätzt)	5.050	04

Datum/Unterschrift des **Zahnarztes**

V. Rechnungsbeträge (siehe Anlage)

		Euro	Ct
1	ZA-Honorar (BEMA siehe III)	1.298	30
2	ZA-Honorar zusätzl. Leist. BEMA	115	54
3	ZA-Honorar GOZ	51	74
4	Mat.- und Lab.-Kosten Gewerbl.	3.500	24
5	Mat.- und Lab.-Kosten Praxis	63	40
6	Versandkosten Praxis		
7	Gesamtsumme	5.029	22
8	Festzuschuss Kasse	1.859	20
9	Versichertenanteil	3.170	02

Gutachterlich befürwortet
☐ ja ☐ nein ☐ teilweise

Eingliederungsdatum: **23.11.2017**

Herstellungsort bzw. Herstellungsland des Zahnersatzes:

Der Zahnersatz wurde in der vorgesehenen Weise eingegliedert. **D-Siegen**

Datum/Unterschrift und Stempel des **Gutachters**

Datum/Unterschrift des **Zahnarztes**

Anschrift des **Versicherten**

Vordr. Z 2311/3B 10.15   SCHÜTZ/DRUCK Tel. 05115 32 73 44 www.schuetzdruck.de
Bei Handbeschriftung unbedingt in Blockschrift schreiben

So viele Punkte habe ich erreicht: _____

So lange habe ich gebraucht: _____

Teil 4: Praxisorganisation und -verwaltung

___ von 6 P.

1. Aufgabe

✐ *Hinweis: Hier sind nur drei Praxisziele verlangt. Natürlich können Sie auch Alternativen aufführen.*

Erhöhung/Verbesserung der

- Patientenzufriedenheit
- Wirtschaftlichkeit
- Mitarbeiterzufriedenheit
- Qualität des Leistungsangebotes

___ von 8 P.

2. Aufgabe

✐ *Hinweis: Nutzen Sie hier je ein Beispiel, um Aufbauorganisation und Ablauforganisation zu erklären. Aufbauorganisation meint Zerlegung der Gesamtaufgaben in einer Praxis und Zuweisung auf eine Person, Gliederung einer Praxis in hierarchische Ebenen, Organisation von Weisungsbefugnissen und Aufgabengebieten. Ablauforganisation umfasst die Organisation und Aufteilung patientenbezogener Tätigkeiten und die Regulierung von Behandlungsarten.*

- Durch die Raumanordnung in der Zahnarztpraxis sollen möglichst kurze (Arbeits-) Wege des Praxisteams sowie der Patienten realisiert werden. (Aufbauorganisation)
- Durch eine sinnvolle Aufteilung von Aufgaben und Befugnissen und die Festlegung von Aufgabenbereichen (= Stellen) sollen die Praxisziele wirksamer verfolgt werden können. (Aufbauorganisation)
- Durch die Planung und Festlegung der Vorgehensweise (in zeitlicher und räumlicher Hinsicht), z. B. durch Checklisten, soll die Qualität der Arbeitsleistung gesteigert werden. (Ablauforganisation)

___ von 8 P.

3. Aufgabe

✐ *Hinweis: Es sind nur zwei Aktionen gefordert, die jeweils mit 4 Punkten bewertet werden. Hier sind natürlich viele weitere Möglichkeiten denkbar.*

- Verteilung von Werbeartikeln, z. B. Eiskratzer für Pkw-Windschutzscheiben oder Fahrradsattelschutz, mit Aufdruck Praxislogo und Jubiläumsdaten
- Angebot individueller Gesundheitsleistungen, z. B. professionelle Prothesen- oder Zahnreinigung, zu reduzierten Preisen
- „Tag der offenen Tür" oder „Praxisfest" mit Bewirtung

___ von 4 P.

4. Aufgabe

✐ *Hinweis: Aus der Anlage 1 können Sie entnehmen, dass in der Praxis zwei Auszubildende beschäftigt werden, die je eine Sonderzahlung von 150 € erhalten. Von der Gesamtsumme sind daher 300 € zu subtrahieren. Daraus ergibt sich ein Betrag von 5700 €. Nun berücksichtigen Sie die gesamten Praxiszugehörigkeitsjahre (75 Jahre) und berechnen Frau Engels Sonderzahlung, indem Sie ihre 11-jährige Praxiszugehörigkeit einbeziehen.*

$$6.000 \text{ €} - 300 \text{ €} = \frac{5.700 \text{ €}}{75} \cdot 11 = \textbf{836 €}$$

5. Aufgabe

✎ Hinweis: Es sind nur drei mögliche Probleme gefordert.

- höherer Zeitbedarf
- größerer Personaleinsatz
- längere Wartezeiten für nachfolgende Patienten
- Behandlung kann nicht durchgeführt oder muss vorzeitig beendet werden

6. Aufgabe

✎ Hinweis: Es sind drei Erklärungen verlangt. Pro Erklärung sind 4 Punkte angesetzt.

- Bei Angstpatienten sollten lange Wartezeiten und Hektik vermieden werden. Im Idealfall kann der Patient unverzüglich im Behandlungszimmer Platz nehmen, wo er von einer ZFA betreut und auf die Behandlung vorbereitet wird.
- Das Führen eines Alltagsgespräches (Small Talk) mit „unverfänglichen" Themen wie Wetter, Urlaub oder auch persönliche Anlässe, z. B. der Geburtstag eines Patienten.
- Die ausführliche, sachliche und verständliche Schilderung der Behandlung, d. h. jeder einzelne Handlungsschritt wird (vom Zahnarzt) erläutert, damit das Vertrauen gestärkt wird und der Patient nachvollziehen kann, was in seinem Mund geschieht.
- Durch entspannende (Kopfhörer-)Musik oder Filme, die der Patient auswählen kann, können z. B. Bohrgeräusche übertönt werden.

7. Aufgabe

✎ Hinweis: Sie müssen nur drei weitere Personengruppen nennen. Weitere richtige Antworten wären demenzkranke Patienten oder Patienten mit Allgemeinerkrankungen.

- Senioren
- Patienten mit einer Behinderung
- Patienten mit Migrationshintergrund
- Kinder

8. Aufgabe

✎ Hinweis: Beachten Sie zur Lösung der Aufgabe den Artikel von Stiftung Warentest (Anlage 2), der einen Betrag von 60 € nennt.

Vera Brüggemann sollte sich laut Stiftung Warentest ein neues Konto suchen, da die jährlichen Kosten mit 70,80 € (12 · 5,90 €) über der empfohlenen Kostengrenze von 60 € liegen.

9. Aufgabe

✎ Hinweis: Hier sind zwei weitere Ausführungen zum Erreichen der vollen Punktzahl ausreichend.

- Geldabheben am Bankautomaten außerhalb der Filialöffnungszeiten
- Einreichung von Überweisungsträgern am Bankschalter
- Kosten für die Girocard

_____ von 6 P.

10. Aufgabe

✏ *Hinweis: Bei dieser Aufgabe sind nur drei weitere Aspekte gefordert. Neben den hier aufgeführten Beispielen sind auch andere möglich.*

- Filiale in Wohnort- und/oder Praxisnähe
- genügend Geldautomaten (für eine kostenlose Verfügung)
- Höhe des Zinssatzes bei einem Dispositions- bzw. Überziehungskredit
- Guthabenverzinsung

_____ von 8 P.

11. Aufgabe

„electronic cash"
Der Kunde steckt seine Karte in ein Kartenlesegerät und gibt seine PIN ein. Der fällige Betrag wird direkt vom Konto abgebucht. Dieses Verfahren bietet dem Zahlungsempfänger eine Zahlungsgarantie, allerdings ist es teurer als das ELV.

„ELV – Elektronisches Lastschriftverfahren"
Der Kunde steckt seine Karte in ein Kartenlesegerät und es wird eine Lastschrift ausgedruckt, die der Kunde unterschreiben muss. Diese Lastschrift wird nach SEPA-Vorgaben eingelöst. Das bedeutet, dass der Zahlungsempfänger z. B. das Risiko einer nicht vorhandenen Kontodeckung trägt. Dafür ist das ELV günstiger als electronic cash.

_____ von 12 P.

12. Aufgabe

✏ *Hinweis: Zur Lösung der Aufgabe sind drei Vorteile ausreichend. Für jede richtige Erklärung gibt es 4 Punkte. Neben den hier aufgeführten Beispielen sind auch andere möglich.*

- Alina spart Kosten, weil sie keine Ausgaben für Porto, eine Bewerbungsmappe etc. aufwenden muss.
- Alina spart Zeit, da sie die Bewerbung nicht mehr versandfertig machen und zur Post bringen muss.
- Alina stellt ihre „EDV-Kompetenz" unter Beweis, da sie alle Bewerbungsunterlagen zu einer PDF-Datei zusammenstellt. Das hinterlässt einen guten Eindruck bei der Zahnarztpraxis Dr. Spranger & Dr. Specht.
- Die Praxis spart Kosten, da sie im Falle einer Ablehnung die Bewerbung nicht mehr zurückschicken muss.

13. Aufgabe

_____ von 2 P.
_____ von 2 P.

a) z. B.: Bewerbung als Zahnmedizinische Fachangestellte

b) z. B.: 2017-11-24 – Bewerbung Alina Heckmann

_____ von 4 P.

14. Aufgabe

Hinweis: Hier sind nur zwei Gründe verlangt. Mögliche Vorzüge von PDF-Dateien werden auch in Anlage 3 aufgeführt. Neben den hier aufgeführten Beispielen sind auch andere möglich.

- Schutz der Bewerbung vor Formatierungsfehlern, die sich beim Versand ergeben könnten
- Schutz vor inhaltlicher Veränderung der Bewerbung
- PDF-Dateien können mit kostenloser Software von nahezu jedem PC geöffnet werden

_____ von 8 P.

15. Aufgabe

Hinweis: Zur vollständigen Beantwortung der Aufgabe genügt die Nennung von vier wesentlichen Unterlagen. Eine weitere Alternative wäre beispielsweise eine Fortbildungs-bescheinigung.

- Bewerbungsanschreiben
- Lebenslauf
- Lichtbild
- Zeugnis der Fachangestelltenprüfung
- Abschlusszeugnis der Berufsschule

So viele Punkte habe ich erreicht: _____

So lange habe ich gebraucht: _____

100 Punkte

🕐 **150 Minuten**

Teil 1: Behandlungsassistenz

Situationsbeschreibung

Terminbuch:

Uhrzeit	Dr. E. Spranger	Dr. St. Specht	Prophylaxe
08:00–08:30	**Frauke Jansen** 45, 46, 47 Füllungen	**Ha-Jo Werner** Beratung Bleaching	**Reinhild Gerwin** Indices, PZR
08:30–09:00	**Otto Sondermann** Unterfütterung	Lilo Ranners Präp. 4 Kronen	
09:00–09:30	Gisbert Lorenz Osteotomie 38	–	Annika Hagner IP1, IP2
09:30–10:00	**Sonja Frohberg** 45–47 Brücke eingliedern	Kurt Naumann Röntgen Implantatberatung	
10:00–10:30	**Frank Altenberg** Extraktion 35, 36	**Christian Saroky** Schmerzen 22	Karin Brenner PZR
10:30–11:00	Miriam Hunsdiek PAR – Antrag	Manfred Krumme Schmerzen UK rechts	Leon Dräger IP4
11:00–11:30	**Fatma Gülsen** 01	**Ilse Weichmann** ZE-Planung	
12:00–12:30	Gerda Lachner 46 N		

• •

Patientin Frauke Jansen (Situation zur 1. bis 5. Aufgabe):

Frau Jansen ist 32 Jahre alt, verheiratet und Versicherungskauffrau. Seit 16 Jahren raucht sie regelmäßig. Sie ist gesetzlich krankenversichert. Angaben zur allgemeinen Anamnese lehnt sie zunächst ab. An allen Frontzähnen sind in den letzten Jahren wiederholt Komposit-Füllungen gelegt worden. Heute sollen die tief kariösen Zähne 45, 46, 47 konservierend versorgt werden. Die Patientin legt großen Wert auf eine Behandlung unter Lokalanästhesie, da die Zähne bereits stark auf Kälte reagieren. Frau Dr. Spranger ordnet die Anfertigung einer Röntgenaufnahme (Einzelaufnahme) an.

• •

3 Punkte

1. Aufgabe

Begründen Sie, warum die Erhebung der allgemeinen Anamnese wichtig ist.

_____

_____

_____

_____

7 Punkte

2. Aufgabe

Frau Dr. Spranger fragt die Patientin nach einer bestehenden Schwangerschaft, was diese verneint. Die Röntgenaufnahme der Zähne 45, 46 und 47 wird analog in Paralleltechnik angefertigt.
Beschreiben Sie die Anfertigung des Zahnfilmes bis zur Vorlage im Behandlungszimmer.

_____

_____

_____

_____

_____

_____

_____

_____

4 Punkte

3. Aufgabe

Frau Dr. Spranger bespricht mit der Patientin die allgemeine Anamnese. Danach setzt sie eine Leitungsanästhesie. Viele Lokalanästhetika enthalten ein Vasokonstringentium. Welche Aufgaben hat es?

_____

_____

_____

_____

4. Aufgabe

Alle drei Zähne sind tief kariös. Sie müssen damit rechnen, dass Frau Dr. Spranger bis in Pulpennähe präparieren und exkavieren muss.

2 Punkte

a) Wie nennt man eine Karies, die bis in Pulpennähe reicht?

_____

2 Punkte

b) Welche Materialien und Instrumente legen Sie für die Behandlung dieser Karies bereit?

_____

_____

_____

9 Punkte

5. Aufgabe

Nennen Sie drei Beispiele für definitive Füllungsmaterialien. Nennen Sie zu jedem Füllungsmaterial jeweils einen Vor- und Nachteil.

_____

_____

_____

_____

_____

_____

_____

● ●

Patientin Reinhild Gerwin (Situation zur 6. bis 9. Aufgabe):

Die Patientin ist 55 Jahre alt und privat krankenversichert. Bei der letzten Kontrolluntersuchung wurden an allen Prädilektionsstellen Zahnstein sowie eine generalisierte Gingivitis festgestellt. Der PSI-Befund ergab folgende Werte:

3	3	2
3	3	2

Vor der heute geplanten PZR erfolgen zunächst die Erhebungen des API sowie des SBI. Frau Gerwin nimmt keine Medikamente und gibt in der Anamnese lediglich einen zu niedrigen Blutdruck an.

● ●

4 Punkte

6. Aufgabe

Beschreiben Sie das Krankheitsbild der Gingivitis.

_____

_____

7. Aufgabe

2 Punkte

a) Erklären Sie die Abkürzungen API und SBI.

_____

_____

4 Punkte

b) Beschreiben Sie die Durchführung des (modifizierten) SBI.

_____

_____

4 Punkte

8. Aufgabe

Wie ist der Zahnhalteapparat aufgebaut?

4 Punkte

9. Aufgabe

Beschreiben Sie ausführlich die hygienische Händedesinfektion, die Sie nach Behandlungsende durchführen.

• •

Patientin Sonja Frohberg (Situation zur 10. bis 12. Aufgabe):

Heute soll die voll verblendete metallkeramische Brücke von 45 auf 47 definitiv eingesetzt werden. Die Patientin erzählt, dass das Provisorium sich in den letzten Tagen nicht mehr gut angefühlt hatte. Sie sei froh darüber, nun die definitive Versorgung zu bekommen. Es macht ihr jedoch Sorgen, dass sie nicht weiß, wie sie die Brücke korrekt putzen soll.

• •

8 Punkte

10. Aufgabe

Geben Sie in Stichworten den Ablauf der Eingliederung der Brücke 45–47 an, einschließlich aller Hygienemaßnahmen.

11. Aufgabe

4 Punkte

a) Erklären Sie der Patientin Sonja Frohberg die Zahnpflege nach Eingliederung der Brücke 45–47.

_____

_____

_____

2 Punkte

b) Nennen Sie zwei hier besonders geeignete Hilfsmittel.

_____

_____

12. Aufgabe

4 Punkte

a) Erklären Sie der Patientin ganz allgemein, wie Karies entstehen kann.

_____

_____

2 Punkte

b) Welches sind die Prädilektionsstellen für Karies?

_____

_____

_____

• •

Patient Frank Altenberg (Situation zur 13. bis 16. Aufgabe):

Die Zähne 35 und 36 müssen heute chirurgisch entfernt werden. Der Zahn 35 wird durch eine einfache Extraktion entfernt. Der Zahn 36 muss mittels einer Osteotomie entfernt werden. An der mesialen Wurzelspitze befindet sich eine Zyste, die komplett entfernt und später zur feingeweblichen Untersuchung eingeschickt wird. Herr Altenberg nimmt seit circa 2 Jahren ASS 100, nachdem er zuvor einen leichten Herzinfarkt erlitten hatte. Seine Hypertonie wird ebenfalls medikamentös behandelt. Nach dem chirurgischen Eingriff kommt es zu einer länger andauernden Nachblutung.

• •

4 Punkte

13. Aufgabe

Frau Dr. Spranger äußert anhand des Röntgenbildes an der Wurzelspitze des Zahnes 36 den Verdacht auf eine radikuläre Zyste.
Was versteht man darunter?

_____

_____

_____

10 Punkte

14. Aufgabe

Beschreiben Sie ausführlich die oben genannte chirurgische Behandlung mit allen Instrumenten und Materialien in logischer Reihenfolge.

3 Punkte

15. Aufgabe

Nennen Sie die Blutzellen (deutsch und im Fachbegriff) sowie deren Funktion.

9 Punkte

16. Aufgabe

Nennen Sie alle hygienischen Aufbereitungsschritte für die verwendete Extraktionszange bis zur Wiedereinlagerung in die Schublade.
Information: Die Praxis führt eine maschinelle Aufbereitung durch und verfügt über einen validierten Thermodesinfektor sowie einen validierten Autoklaven.

Patient Christian Saroky (Situation zur 17. und 18. Aufgabe):

Herr Saroky ist 38 Jahre alt. Er hat seit längerer Zeit Zahnschmerzen am Zahn 22. Sein letzter Zahnarztbesuch liegt bereits mehrere Jahre zurück. Heute hat er einen Termin vereinbart, da sich in der letzten Nacht eine deutliche Schwellung der Oberlippe ergeben hat. Der Zahnbefund ergibt:

				c		c	c	c	z		f	f			f
8	7	6	5	4	3	2	1	1	2	3	4	5	6	7	8
8	7	6	5	4	3	2	1	1	2	3	4	5	6	7	8
		c	c									f	f		

Zahnstein und Gingivitis

Es wird zunächst eine Röntgenuntersuchung des Zahnes 22 angeordnet.
Diese ergibt: Zahn 22 tief zerstört mit ausgedehnter apikaler Aufhellung

Herr Dr. Specht stellt die Diagnose: Abszess ausgehend von Zahn 22

Die allgemeine Anamnese des Patienten ergibt:
Rheuma, chronische Magenschleimhautentzündung und Heuschnupfen

Der Patient nimmt derzeit keine Medikamente außer Schmerztabletten (Ibuprofen 600 mg) gegen die Zahnschmerzen.

Heute erfolgt zunächst eine Abszess-Inzision.
Herr Dr. Specht bespricht mit dem Patienten, beim Kontrolltermin am folgenden Tag, die weiteren notwendigen Behandlungsschritte.
Der Zahn soll nach Abklingen der akuten Entzündung extrahiert werden. Die Lücke wird provisorisch versorgt. Die weiteren kariösen Zähne müssen konservierend und endodontisch versorgt werden. (Der Zahn 14 reagiert negativ auf die Sensibilitätsprüfung.) Die Mundhygiene ist zu verbessern. Alle harten und weichen Beläge werden entfernt. Der PSI soll erhoben werden. Zum Schluss sollen die Lücken dauerhaft prothetisch versorgt werden. Der Patient stimmt dem Behandlungsplan zu.

17. Aufgabe

5 Punkte

Nennen Sie die Zeichen einer Entzündung (deutsch und Fachbegriff).

_____

_____

18. Aufgabe

4 Punkte

Nach der Extraktion des Zahnes 22 wird eine Interimsprothese angefertigt.
Beschreiben Sie in Stichworten diese Behandlungssitzung unter Beachtung der Hygienevorschriften.

_____

_____

_____

100 Punkte
🕐 **60 Minuten**

Teil 2: Wirtschafts- und Sozialkunde

• •

Situation 1

Die beiden Auszubildenden Lisa Grewe (1. Ausbildungsjahr, geb. am 07.05.2001) und Maike Schmidt (3. Ausbildungsjahr, geb. am 15.01.1999) unterhalten sich über den neuen Personaleinsatzplan, den Frau Liebich aufgrund von personellen Veränderungen in der Zahnarztpraxis Dr. Spranger & Dr. Specht erstellen muss.

Lisa: „Ach, eigentlich sind mir meine Arbeitszeiten relativ egal. Wichtig ist mir allerdings, dass ich freitags um 07:30 Uhr anfangen und ohne Pause durcharbeiten kann, damit ich um 13:30 Uhr Feierabend habe."

Maike: „Hoffentlich klappt das! An welchen Tagen hast du eigentlich Berufsschule?"

Lisa: „Ich habe am Dienstag und Mittwoch von der 1. bis zur 6. Stunde Unterricht am Berufskolleg. An diesen Tagen würde ich gerne den Nachmittag zum Lernen nutzen. Oder glaubst du, dass ich nach dem Unterricht noch arbeiten muss?"

Maike: „Das weiß ich auch nicht so genau, da wirst du dich überraschen lassen müssen."

(Beachten Sie bei dieser Situation die Anlage 1.)

• •

1. Aufgabe

Erklären Sie mithilfe des Jugendarbeitsschutzgesetzes (JArbSchG), …

4 Punkte

a) ob die von Lisa für den Freitag vorgeschlagene Regelung den gesetzlichen Vorgaben entspricht.

_____

_____

_____

4 Punkte

b) ob Lisa einen Anspruch darauf hat, an den beiden Berufsschultagen nachmittags freigestellt zu werden.

_____

_____

_____

4 Punkte

2. Aufgabe

Erklären Sie, wie viele Urlaubstage Lisa im Jahr 2019 nach dem JArbSchG zustehen. *(Hinweis: Angabe in Werktagen)*

_____

_____

4 Punkte

3. Aufgabe

Erklären Sie, warum die Bestimmungen des JArbSchG für Maike keine Anwendung finden.

_____

_____

4. Aufgabe

Nennen Sie …

6 Punkte

a) drei Gründe, die zu personellen Veränderungen in Zahnarztpraxen führen können.

_____

_____

4 Punkte

b) zwei weitere Aspekte, die Frau Liebich grundsätzlich bei der Erstellung des Personaleinsatzplanes berücksichtigen muss.

_____

_____

Anlage 1: Auszüge aus dem Jugendarbeitsschutzgesetz (JArbSchG)

§ 8 Dauer der Arbeitszeit
(1) Jugendliche dürfen nicht mehr als acht Stunden täglich und nicht mehr als 40 Stunden wöchentlich beschäftigt werden.
…

§ 9 Berufsschule
(1) Der Arbeitgeber hat den Jugendlichen für die Teilnahme am Berufsschulunterricht freizustellen. Er darf den Jugendlichen nicht beschäftigen
1. vor einem vor 9 Uhr beginnenden Unterricht; dies gilt auch für Personen, die über 18 Jahre alt und noch berufsschulpflichtig sind,
2. an einem Berufsschultag mit mehr als fünf Unterrichtsstunden von mindestens je 45 Minuten, einmal in der Woche, …

§ 11 Ruhepausen, Aufenthaltsräume
(1) Jugendlichen müssen im Voraus feststehende Ruhepausen von angemessener Dauer gewährt werden. Die Ruhepausen müssen mindestens betragen
1. 30 Minuten bei einer Arbeitszeit von mehr als viereinhalb bis zu sechs Stunden,
2. 60 Minuten bei einer Arbeitszeit von mehr als sechs Stunden.
Als Ruhepause gilt nur eine Arbeitsunterbrechung von mindestens 15 Minuten.
(2) … Länger als viereinhalb Stunden hintereinander dürfen Jugendliche nicht ohne Ruhepause beschäftigt werden. …

§ 19 Urlaub
(1) Der Arbeitgeber hat Jugendlichen für jedes Kalenderjahr einen bezahlten Erholungsurlaub zu gewähren.
(2) Der Urlaub beträgt jährlich
1. mindestens 30 Werktage, wenn der Jugendliche zu Beginn des Kalenderjahrs noch nicht 16 Jahre alt ist,
2. mindestens 27 Werktage, wenn der Jugendliche zu Beginn des Kalenderjahrs noch nicht 17 Jahre alt ist,
3. mindestens 25 Werktage, wenn der Jugendliche zu Beginn des Kalenderjahrs noch nicht 18 Jahre alt ist.

• •

Situation 2

Linda Gruber arbeitet seit dem Abschluss ihrer Ausbildung im Januar 2013 als Zahnmedizinische Fachangestellte in der Zahnarztpraxis Dr. Spranger & Dr. Specht. Da sie im vergangenen Monat erfolgreich eine Fortbildung zur zahnmedizinischen Prophylaxe-Assistentin (ZMP) absolviert hat, wird sie, wie vorher vereinbart, ab sofort entsprechend der Tätigkeitsgruppe IV bezahlt. Linda Gruber hat die Steuerklasse I, sie ist kinderlos und am 02.02.1994 geboren. Sie erhält von den Praxisinhabern 30,00 € für vermögenswirksame Leistungen, ihr Anteil an der Sparsumme beträgt 10,00 €. Ihre Krankenkasse verlangt einen Zusatzbeitrag von 0,8 %.

(Beachten Sie bei dieser Situation die Anlagen 2 und 3.)

• •

5. Aufgabe

4 Punkte

a) Geben Sie an, wie hoch ab jetzt das sozialversicherungspflichtige Gehalt von Linda Gruber ist.

8 Punkte

b) Berechnen Sie den neuen Beitrag von Linda Gruber für die
   • Krankenversicherung und
   • Pflegeversicherung.

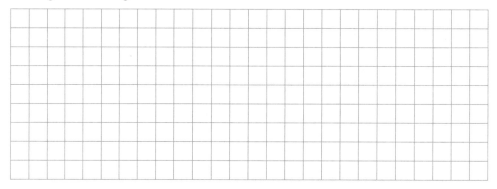

6 Punkte

6. Aufgabe

Nennen Sie drei Gründe, warum die gesetzliche Pflegeversicherung 1995 als fünfte Säule der Sozialversicherung eingeführt wurde.

_____

_____

_____

4 Punkte

7. Aufgabe

Erklären Sie anhand der Krankenversicherung das Solidaritätsprinzip der Sozialversicherung.

_____

_____

_____

4 Punkte

8. Aufgabe

Nennen Sie zwei mögliche Sparformen für vermögenswirksame Leistungen.

_____

_____

Anlage 2: Auszug aus dem Manteltarifvertrag für Zahnmedizinische Fachangestellte/ Zahnarzthelferinnen

2. Auf der Grundlage der Ziff. 1 ergeben sich folgende Monatsvergütungen ab dem 01.07.2017:

Berufs-jahr(e)	Tätigkeits-gruppe I	Tätigkeits-gruppe II	Tätigkeits-gruppe III	Tätigkeits-gruppe IV	Tätigkeits-gruppe V
	Euro	Euro	Euro	Euro	Euro
1.–3.	1.844,50	1.983,00	2.167,50	2.306,00	2.398,00
4.–6.	1.936,50	2.082,00	2.275,50	2.421,00	2.517,50
7.–9.	2.088,50	2.245,50	2.454,00	2.611,00	2.715,50
10.–12.	2.160,50	2.323,00	2.539,00	2.701,00	2.809,00
13.–15.	2.205,50	2.371,00	2.591,50	2.575,00	2.867,50
zuzüglich*	65,50	70,50	77,00	82,00	85,50

* je drei weitere Berufsjahre mehr

Anlage 3

Informationen zur Gehaltsabrechnung 2018	
Kirchensteuer	9,00 %
Solidaritätszuschlag	5,50 %
Krankenversicherung	14,60 %*
Rentenversicherung	18,60 %
Arbeitslosenversicherung	3,00 %
Pflegeversicherung	2,55 %**

*Arbeitnehmer zahlen einen Zusatzbeitrag, den die jeweilige Krankenversicherung selbst festlegen kann.
**Kinderlose Arbeitnehmer ab 23 Jahre zahlen zusätzlich zu ihrem Anteil 0,25 %.

• •

Situation 3

Auf einer Computerfachmesse hat Herr Dr. Specht bei der Hard- und Softwarefirma Wurtig & Söhne GmbH eine neue Computeranlage für die Praxis gekauft. Bei Abschluss des Kaufvertrages hat Herr Dr. Specht zusätzlich ausgehandelt, dass die Einspielung der ersten drei Updates im Kaufpreis enthalten ist.

Zwei Monate nach Inbetriebnahme der Computeranlage befindet sich in der Praxispost eine Rechnung der Wurtig & Söhne GmbH für die Installation des ersten Updates. Herrn Dr. Specht wird in dem daraufhin geführten Telefonat mitgeteilt, dass in den Allgemeinen Geschäftsbedingungen (AGB) eindeutig auf die grundsätzlich anfallenden Kosten für die Einspielung von Updates hingewiesen werde. Diese hätten dem Kaufvertrag beigelegen und Herr Dr. Specht habe ihre Gültigkeit bei Vertragsabschluss auch durch seine Unterschrift anerkannt. Herr Dr. Specht ist sehr verärgert über dieses Verhalten der Wurtig & Söhne GmbH.

(Beachten Sie bei dieser Situation die Anlage 4.)

• •

9. Aufgabe

Begründen Sie, …

4 Punkte

a) mithilfe des BGBs, ob Herr Dr. Specht die Rechnung für die Einspielung der Updates bezahlen muss.

_____

_____

_____

4 Punkte

b) ob für diesen Kaufvertrag eine gesetzlich vorgeschriebene Formvorschrift vorgesehen ist.

_____

_____

_____

4 Punkte

10. Aufgabe

Erklären Sie, welchen Vorteil AGB beim Abschluss von Verträgen haben.

_____

_____

_____

_____

_____

6 Punkte

11. Aufgabe

Nennen Sie drei weitere Möglichkeiten, wie die Zahnarztpraxis Dr. Spranger & Dr. Specht einen Lieferanten für die Computeranlage hätte finden können.

_____

_____

_____

8 Punkte

12. Aufgabe

Nennen Sie vier wesentliche Inhalte, die in Kaufverträgen vereinbart werden.

_____

_____

_____

_____

Anlage 4: Auszug aus dem Bürgerlichen Gesetzbuch (BBG)

> **§ 305 b Vorrang der Individualabrede**
> Individuelle Vertragsabreden haben Vorrang vor Allgemeinen Geschäftsbedingungen.
>
> **§ 305 c Überraschende und mehrdeutige Klauseln**
> (1) Bestimmungen in Allgemeinen Geschäftsbedingungen, die nach den Umständen, insbesondere nach dem äußeren Erscheinungsbild des Vertrags, so ungewöhnlich sind, dass der Vertragspartner des Verwenders mit ihnen nicht zu rechnen braucht, werden nicht Vertragsbestandteil.
> (2) Zweifel bei der Auslegung Allgemeiner Geschäftsbedingungen gehen zulasten des Verwenders.
>
> **§ 307 Inhaltskontrolle**
> (1) Bestimmungen in Allgemeinen Geschäftsbedingungen sind unwirksam, wenn sie den Vertragspartner des Verwenders entgegen den Geboten von Treu und Glauben unangemessen benachteiligen. Eine unangemessene Benachteiligung kann sich auch daraus ergeben, dass die Bestimmung nicht klar und verständlich ist.
> ...

● ●

Situation 4

Am 12.02.2018 hat Frau Dr. Spranger den Thermodesinfektor HD 450 Basic bei der Firma DentaStar GmbH bestellt. Daraufhin erhielt die Praxis eine Auftragsbestätigung, die die folgende Lieferbedingung enthielt: „_Die Lieferung erfolgt voraussichtlich Anfang März 2018 frei Haus._"

Das Gerät ist bis heute immer noch nicht geliefert. Frau Dr. Spranger fragt deshalb telefonisch beim Lieferanten nach und erfährt, dass der entsprechende Sachbearbeiter schon seit einigen Wochen erkrankt ist und der Auftrag deshalb noch nicht bearbeitet wurde. Über diese Auskunft ist Frau Dr. Spranger so verärgert, dass sie sofort vom Kaufvertrag zurücktreten möchte.

Herr Dr. Specht ist allerdings anderer Ansicht. Für ihn steht eine kurzfristige Lieferung im Vordergrund, da der alte Thermodesinfektor mittlerweile schon sehr laute Betriebsgeräusche macht. Er schlägt vor, deshalb einen Brief zu schreiben, in dem die Praxis der Firma DentaStar GmbH deutlich macht, was sie erwartet.

• •

8 Punkte

13. Aufgabe

Überprüfen Sie anhand der Voraussetzungen, nach denen ein Lieferant in Lieferungsverzug gerät, ob sich die Firma DentaStar GmbH im Lieferungsverzug befindet.

_____

_____

_____

_____

_____

_____

_____

_____

4 Punkte

14. Aufgabe

Begründen Sie, ob ein Rücktritt vom Kaufvertrag möglich ist.

_____

_____

4 Punkte

15. Aufgabe

Formulieren Sie eine eindeutige Betreffzeile für den Brief an die Firma DentaStar GmbH, die auf die Problematik hinweist.

_____

_____

6 Punkte

16. Aufgabe

Nennen Sie drei wesentliche Inhalte des Briefes an die Firma DentaStar GmbH, die das Anliegen der Praxis deutlich machen.

_____

_____

_____

458 Punkte
🕐 **90 Minuten**

Teil 3: Abrechnungswesen

Hinweis: Bitte beachten Sie bei der Bearbeitung des Heil- und Kostenplans den Punktwert von 0,8820 und die Abrechnungshilfe, Stand: Januar 2017 auf dem Ausklappbogen.

Situation

Terminbuch: Freitag, 23. März 2018

Uhrzeit	Patient	Krankenkasse	Behandlung
08:00	Corinna Wickert	Privat	Wurzelspitzenresektion
08:30	Bea Zinn	AOK Nordwest	ZE-Beratung
09:00	Bärbel Schäfer	Privat	ZE-Eingliederung
09:30	Regina Scheurer	DAK Gesundheit	Extraktion
10:00	Dagmar Kaluza	AOK Nordwest	ZE-Beratung
10:30	Wilfried Bittner	Privat	01
11:00	Peter Sirringhaus	Barmer GEK	01
11:30	André Carillhio	Techniker Krankenkasse	ZE-Beratung
12:00	Kevin Gebhardt	Techniker Krankenkasse	Prophylaxe
12:30	Manfred Burbach	BKK Bertelsmann	Eigenanteilsrechnung

Die Stiftkosten in der Praxis Dr. Spranger & Dr. Specht betragen je parapulpärem Stift 2,40 €.

1. Privatpatientin

Situation

Frau Corinna Wickert, privat versichert, erscheint heute zu ihrem geplanten OP-Termin. Die eingehende Untersuchung mit Beratung sowie das Aufklärungsgespräch für den chirurgischen Eingriff und die Anfertigung der Röntgenbilder (Befund: 35 Zyste) fand vor einer Woche statt.

Zahn	Behandlung
	Nochmalige kurze Beratung
35	Oberflächen- und Leitungsanästhesie
35	Trepanation des Zahnes
35	Aufbereitung des Wurzelkanals unter dem OP-Mikroskop
35	Wurzelfüllung
35	Resektion der Wurzelspitze
35	Entfernung der Zyste durch Zystektomie, Naht
35	provisorischer speicheldichter Verschluss
35	Röntgenkontrollaufnahme Befund: Zyste komplett entfernt, WF vollständig
	Arbeitsunfähigkeitsbescheinigung ausgestellt
	Verhaltensmaßnahmen erteilt
	13:30 Uhr in der Mittagspause
	Telefonische Beratung durch den Zahnarzt wegen einer leichten Schwellung

Auftrag:

42 Punkte

Tragen Sie die abrechnungsfähigen Leistungen der heutigen Sitzung in die folgende Tabelle ein.

Datum	Zahn	Gebührennummer	Anzahl

2. Kassenpatientin

● ●

Situation

Frau Bea Zinn, versichert bei der AOK Nordwest, wird heute zum ZE-Beratungsgespräch erwartet. Deshalb bittet Herr Dr. Specht Sie, den Heil- und Kostenplan zu erstellen. Der vorhandene Zahnersatz ist unbrauchbar und bereits zehn Jahre alt.

Im Oberkiefer entscheidet sich Frau Zinn für eine gleichartige Versorgung und im Unterkiefer für die Regelversorgung. (Die Notwendigkeit für Teleskopkronen liegt vor.) Sie hat ein seit 8 Jahren lückenlos geführtes Bonusheft.

● ●

Auftrag:

53 Punkte

Erstellen Sie den Heil- und Kostenplan und füllen Sie auch den dazugehörigen Teil 2 aus (s. Anlagen). Verzichten Sie auf das Ausrechnen.

Befund:

18	fehlt
17	klinisch intakte Krone
16–14, 25–28	ersetzte, aber erneuerungsbedürftige Zähne
23	erhaltungswürdiger Zahn mit weitgehender Zerstörung
13, 24	erneuerungsbedürftige Teleskopkronen
48–45, 35–38	ersetzte, aber erneuerungsbedürftige Zähne
44, 34	nicht erhaltungswürdige Zähne
43, 33	erhaltungswürdige Zähne mit weitgehender Zerstörung

Planung:

OK	Abdruck mit individuellem Löffel
OK	Modellgussprothese
13, 23, 24	prov. Kronen
13, 23, 24	voll verblendete Teleskopkronen anstatt der Regelversorgung
17	gegossene Halte- und Stützvorrichtung
UK	Abdruck mit individuellem Löffel
UK	Modellgussprothese
43, 33	prov. Kronen
43, 33	vestibulär verblendete Teleskopkronen

Anlage: Planung HKP Teil 1

| Name der Krankenkasse | Erklärung des Versicherten | Lfd.-Nr. |

AOK Nordwest

Name, Vorname des Versicherten

Zinn, Bea

geb. am

19.09.1960

Kassen-Nr.   Versicherten-Nr.   Status

Vertragszahnarzt-Nr.   VK gültig bis   Datum

Erklärung des Versicherten

Ich bin bei der genannten Krankenkasse versichert. Ich bin über Art, Umfang und Kosten der Regel-, der gleich- und andersartigen Versorgung sowie über den voraussichtlichen Herstellungsort bzw. das voraussichtliche Herstellungsland des Zahnersatzes **D-Münster** aufgeklärt worden und wünsche die Behandlung entsprechend dieses Kostenplanes.

Datum/Unterschrift des **Versicherten**

Stempel des Zahnarztes

Heil- und Kostenplan

Hinweis an den Versicherten:
Bonusheft bitte zur Zuschussfestsetzung beifügen.

I. Befund des gesamten Gebisses/Behandlungsplan

TP = Therapieplanung   R = Regelversorgung   B = Befund

Art der Versorgung

TP															
R															
B															
	18	17	16	15	14	13	12	11	21	22	23	24	25	26	27	28
	48	47	46	45	44	43	42	41	31	32	33	34	35	36	37	38
B															
R															
TP															

Der Befund ist bei Wiederherstellungs-maßnahmen nicht auszufüllen!

Bemerkungen (bei Wiederherstellung Art der Leistung)

II. Befunde für Festzuschüsse

(Spalten 1-3 vom Zahnarzt auszufüllen)

Befund Nr.1 | Zahn/Gebiet | 2 | Anz. 3

vorläufige Summe ▶
Nachträgliche Befunde:

IV. Zuschussfestsetzung

Betrag Euro   Ct

Die Krankenkasse übernimmt die neben-stehenden Festzuschüsse, höchstens jedoch die tatsächlichen Kosten. Voraussetzung ist, dass der Zahnersatz innerhalb von 6 Monaten in der vorge-sehenen Weise eingegliedert wird.

Datum, Unterschrift
und Stempel der Krankenkasse

Hinweis:

☐ % Vorsorge-Bonus ist bereits in den Festzuschüssen enthalten.

☐ Es liegt ein Härtefall vor.

Unfall oder Unfallfolgen/Berufskrankheit   Interimsversorgung   Unbrauchbare Prothese/Brücke/Krone

Versorgungsleiden   Immediatversorgung   Alter ca.   Jahre   NEM

Erläuterungen

Befund (Kombinationen sind zulässig)
a = Adhäsivbrücke (Anker, Spanne)
b = Brückenglied
e = ersetzter Zahn
ew = ersetzter, aber erneuerungsbedürftiger Zahn
f = fehlender Zahn
i = Implantat mit intakter Suprakonstruktion
ix = zu entfernendes Implantat
k = klinisch intakte Krone
kw = erneuerungsbedürftige Krone
pw = erhaltungswürdiger Zahn mit partiellen Substanzdefekten

r = Wurzelstiftkappe
rw = erneuerungsbedürftige Wurzelstiftkappe
sw = erneuerungsbedürftige Suprakonstruktion
t = Teleskop
tw = erneuerungsbedürftiges Teleskop
ur = unzureichende Retention
ww = erhaltungswürdiger Zahn mit weitgehender Zerstörung
x = nicht erhaltungswürdiger Zahn
)(= Lückenschluss

Behandlungsplanung:
A = Adhäsivbrücke (Anker, Spanne)
B = Brückenglied
E = zu ersetzender Zahn
H = gegossene Halte- und Stützvorrichtung
K = Krone
M = Vollkeramische oder keramisch voll verblendete Restauration

O = Geschiebe, Steg etc.
PK = Teilkrone
R = Wurzelstiftkappe
S = implantatgetragene Suprakonstruktion
T = Teleskopkrone
V = Vestibuläre Verblendung

III. Kostenplanung

1 BEMA-Nrn.   Anz.   1 Fortsetzung   Anz.   1 Fortsetzung   Anz.

Euro   Ct

2 Zahnärztliches Honorar BEMA:

3 Zahnärztliches Honorar GOZ: (geschätzt)

4 Material- und Laborkosten: (geschätzt)

5 Behandlungskosten insgesamt: (geschätzt)

Datum/Unterschrift des **Zahnarztes**

V. Rechnungsbeträge (siehe Anlage)

		Euro	Ct
1	ZA-Honorar (BEMA siehe III)		
2	ZA-Honorar zusätzl. Leist. BEMA		
3	ZA-Honorar GOZ		
4	Mat.- und Lab.-Kosten Gewerbl.		
5	Mat.- und Lab.-Kosten Praxis		
6	Versandkosten Praxis		
7	Gesamtsumme		
8	Festzuschuss Kasse		
9	Versichertenanteil		

Gutachterlich befürwortet
☐ ja   ☐ nein   ☐ teilweise

Eingliederungs-datum:

Herstellungsort bzw. Herstellungsland des Zahnersatzes:

Der Zahnersatz wurde in der vorgesehenen Weise eingegliedert.

Datum/Unterschrift und Stempel des **Gutachters**

Datum/Unterschrift des **Zahnarztes**

Anschrift des **Versicherten**

Bei Handbeschriftung unbedingt in Blockschrift schreiben

Vordr. **Z 311/3B** 10.15 SCHÜTZDRUCK Tel. 05110.32 73 44 · www.schuetzdruck.de

Anlage: Planung HKP Teil 2

Heil- und Kostenplan Teil 2

Name des Patienten

Zinn, Bea

Zahnarztpraxis

Anlage zum Heil- und Kostenplan vom _____

Für Ihre prothetische Behandlung werden entsprechend nachfolgender Aufstellung voraussichtlich folgende Kosten/Eigenanteile anfallen:

Zahn/Gebiet	GOZ	Leistungsbeschreibung	Anzahl	Betrag EUR

Zahnärztliches Honorar GOZ (entsprechend Zeile III/3 HKP): .... EUR_____

Zahnärztliches Honorar BEMA (entsprechend Zeile III/1 und 2 HKP): .... EUR_____

Material und Laborkosten (entsprechend Zeile III/4 HKP): .... EUR_____

Gesamtkosten (entsprechend Zeile III/5 HKP): .... EUR_____

abzüglich Festzuschüsse: .... EUR_____

Ihr voraussichtlicher Eigenanteil wird hiernach betragen EUR_____

Kosten für allgemeine und konservierend-chirurgische Leistungen nach der GOZ sind in den Beträgen nicht enthalten. Unvorhersehbare Leistungen, die sich im Rahmen der Behandlung ergeben, werden gesondert berechnet. Unvorhersehbare Veränderungen der Schwierigkeit sowie des Zeitaufwandes der einzelnen Leistungen, der Umstände bei der Ausführung oder der Methode können zu Kostenveränderungen führen.

Ich wünsche eine Versorgung entsprechend
des Heil- und Kostenplans nebst dieser Anlage

_____
Datum / Unterschrift des **Zahnarztes**

_____
Datum / Unterschrift des **Versicherten**

Informationen über die Kosten der Regelversorgung

Die Kosten für eine dem Befund entsprechende Regelversorgung liegen voraussichtlich in Höhe des doppelten Festzuschusses.

doppelter Festzuschuss .... EUR_____

abzüglich von der Kasse festgesetzter Festzuschüsse .... EUR_____

Ihr Eigenanteil würde im Falle der Regelversorgung daher voraussichtlich .... EUR_____
zzgl. der möglicherweise anfallenden Edelmetallkosten betragen.

Vordr. 3b (Z312/1 2005) SCHÜTZDRUCK Tel. (05 11) 32 73 44 · www.schuetzdruck.de

3. Privatpatientin

• •

Situation

Frau Bärbel Schäfer (privat versichert) erscheint zur ZE-Eingliederung und bittet um direkte Ausstellung der Privatliquidation.

f	e	e	c	c	c					c	c	e	e	e	f
18	17	16	15	14	13	12	11	21	22	23	24	25	26	27	28
48	47	46	45	44	43	42	41	31	32	33	34	35	36	37	38
f	e	e	e	e	e	e	e	e	e	e	e	e	e	e	f

Datum	Zahn	Behandlung
19.02.		Eingehende Untersuchung, Befund: siehe oben
	OK, UK	Orthopantomogramm, Befund: 15, 14, 13, 23, 24 apical ohne Besonderheiten
	15, 14, 13, 23, 24	Vitalitätsprüfungen (+)
		Beratung über die verschiedenen Möglichkeiten der Zahnersatz-versorgung; Patientin bittet um Bedenkzeit
21.02.		nochmalige Zahnersatzberatung; Patientin hat sich im UK für eine neue Totalprothese und im OK für eine Modellgussprothese mit voll verblendeten Teleskopkronen entschieden
22.02.		HKP erstellt und zugeschickt
26.02.	15, 14, 13, 23, 24	Oberflächenanästhesien
	15, 14, 13, 23, 24	Infiltrationsanästhesien
	OK	Alginatabdrücke für Provisorien und für einen individuellen Löffel
	UK	Alginatabdruck für Funktionslöffel
	15	Glasfaserstift in Adhäsivtechnik eingesetzt
	15, 14, 24	Matrizen zur Formung der Füllungen gelegt
	15	Aufbaufüllung m-o-d in Adhäsivtechnik
	14, 24	Aufbaufüllungen je m-o-b in Adhäsivtechnik
	15, 14, 13, 23, 24	Präparation der Zähne
	15, 14, 13, 23, 24	Papillektomien
	15, 14, 13, 23, 24	Fäden gelegt zur Darstellung der Präparationsgrenze
	OK	Korrekturabdruck, Zahnfarbe bestimmt
	15, 14 ,13, 23, 24	Eingliederung der provisorischen Kronen
06.03.	15, 14, 13, 23, 24	Abnahme der provisorischen Kronen
	15, 14, 13, 23, 24	Anprobe der Innenteleskope
	OK	Abdruck mit individuellem Löffel
	15, 14, 13, 23, 24	provisorische Kronen wiederbefestigt
		Fortsetzung nächste Seite

Datum	Zahn	Behandlung
12.03.	15, 14, 13, 23, 24	Abnahme der provisorischen Kronen
	15, 14, 13, 23, 24	Gerüstanprobe mit Anprobe der Innenteleskope
	UK	Funktionsabdruck mit individuellem Löffel
	OK, UK	Bissnahme
	15, 14, 13, 23, 24	provisorische Kronen wiederbefestigt
19.03.	15, 14, 13, 23, 24	Abnahme der provisorischen Kronen
	OK, UK	Anproben
	15, 14, 13, 23, 24	provisorische Kronen wiederbefestigt
23.03.	15, 14, 13, 23, 24	Abnahme der provisorischen Kronen
	15, 14, 13, 23, 24	voll verblendete Teleskopkronen adhäsiv befestigt
	OK	Modellgussprothese eingegliedert
	UK	Totalprothese mit Metallbasis eingegliedert

Auftrag:

75 Punkte

Tragen Sie die abrechnungsfähigen Leistungen in die folgende Tabelle ein.

Anlage: Privatpatientin Bärbel Schäfer

Datum	Zahn	Gebührennummer	Anzahl

Datum	Zahn	Gebührennummer	Anzahl

4. Kassenpatientin

Situation

Frau Regina Scheurer, geboren am 12.07.1945, versichert bei der DAK Gesundheit, erscheint zu ihrem geplanten Extraktionstermin. Die eingehende Untersuchung und Beratung einschließlich der Erstellung eines Orthopantomogramms (Befund: 34 tief frakturiert; 37, 35, 46, 47 zerstört; 48 Wurzelrest) fand vor einer Woche statt. Frau Scheurer hat zu ihrem Termin den unterschriebenen Aufklärungsbogen für die geplanten Extraktionen mitgebracht.

Zahn	Behandlung
37, 35, 34, 46, 47, 48	Lokale Untersuchung
37, 35, 34, 46, 47, 48	Leitungsanästhesien
34	Extraktion mit dem Hebel, beim Auskratzen der Wunde mit dem scharfen Löffel wird eine kleine Zyste entfernt
37, 35, 46, 47	Extraktionen
48	Entfernung des Wurzelrestes durch Osteotomie
46, 47, 48	Alveolotomie
37, 35, 46, 47, 48	Wundversorgungen
34	Stillen einer übermäßigen Nachblutung mit erheblichem Zeitaufwand für den Zahnarzt
	Arbeitsunfähigkeitsbescheinigung ausgestellt
	Verhaltensmaßregeln mitgegeben
	15:30 Uhr in der Sprechstunde
	Patient klagt über Schmerzen
37, 35, 34, 46, 47, 48	Wundkontrolle und Beratung durch den Zahnarzt
	Schmerztabletten mitgegeben

Auftrag:

24 Punkte

Tragen Sie die abrechnungsfähigen Leistungen in die folgende Tabelle ein.

Anlage: Kassenpatientin Regina Scheurer

Datum	Zahn	BEMA-Leistung	Anzahl	Bemerkungen

5. Kassenpatientin

Situation

Frau Dagmar Kaluza wird heute zum ZE-Beratungsgespräch erwartet, deshalb bittet Frau Dr. Spranger Sie, den Heil- und Kostenplan für die gleichartige Versorgung zu erstellen. Frau Kaluza, versichert bei der AOK Nordwest, war in den letzten Jahren unregelmäßig zur Behandlung.

Auftrag:

47 Punkte

Erstellen Sie den Heil- und Kostenplan und füllen Sie auch den dazugehörigen Teil 2 aus (s. Anlagen). Verzichten Sie auf das Ausrechnen.

Befund:

18, 28, 38, 48, 15, 34, 35, 36	fehlende Zähne
17, 16	erneuerungsbedürftige Kronen (Alter ca. 8 Jahre)
27	erhaltungswürdiger Zahn mit partiellen Substanzdefekten
37	erhaltungswürdiger Zahn mit weitgehender Zerstörung

Planung:

17, 16–14	provisorische Brücke
17, 16–14	Brücke (16–14 voll verblendet; 17 Vollguss)
27	provisorische Krone
27	metallische Teilkrone
33, 37	provisorische Kronen
33–37	Brücke (33–36 voll verblendet; 37 Vollguss)
37	mesiales Geschiebe wegen disparalleler Pfeilerzähne

Anlage: Planung HKP Teil1

Name der Krankenkasse

AOK Nordwest

Name, Vorname des Versicherten

Kaluza, Dagmar

geb. am

10.04.1974

Kassen-Nr.	Versicherten-Nr.	Status

Vertragszahnarzt-Nr.	VK gültig bis	Datum

Erklärung des Versicherten

Ich bin bei der genannten Krankenkasse versichert. Ich bin über Art, Umfang und Kosten der Regel-, der gleich- und andersartigen Versorgung sowie über den voraussichtlichen Herstellungsort bzw. das voraussichtliche Herstellungsland des Zahnersatzes ____D-Münster____ aufgeklärt worden und wünsche die Behandlung entsprechend dieses Kostenplanes.

Datum/Unterschrift des **Versicherten**

Lfd.-Nr.

Stempel des Zahnarztes

Heil- und Kostenplan

Hinweis an den Versicherten:
Bonusheft bitte zur Zuschussfestsetzung beifügen.

I. Befund des gesamten Gebisses/Behandlungsplan

TP = Therapieplanung   R = Regelversorgung   B = Befund

Art der Versorgung

TP

R

B

18	17	16	15	14	13	12	11	21	22	23	24	25	26	27	28
48	47	46	45	44	43	42	41	31	32	33	34	35	36	37	38

B

R

TP

Der Befund ist bei Wiederherstellungsmaßnahmen nicht auszufüllen!

Bemerkungen (bei Wiederherstellung Art der Leistung)

II. Befunde für Festzuschüsse

Befund Nr.1	Zahn/Gebiet	2	Anz. 3

IV. Zuschussfestsetzung

Betrag Euro   Ct

Unfall oder Unfallfolgen/Berufskrankheit   Interimsversorgung   Unbrauchbare Prothese/Brücke/Krone

Versorgungsleiden   Immediatversorgung   Alter ca.   Jahre   NEM

(Spalten 1-3 vom Zahnarzt auszufüllen)

Die Krankenkasse übernimmt die nebenstehenden Festzuschüsse, höchstens jedoch die tatsächlichen Kosten. Voraussetzung ist, dass der Zahnersatz innerhalb von 6 Monaten in der vorgesehenen Weise eingegliedert wird.

Erläuterungen
Befund (Kombinationen sind zulässig)

a	= Adhäsivbrücke (Anker, Spanne)	r	= Wurzelstiftkappe
b	= Brückenglied	nw	= erneuerungsbedürftige
e	= ersetzter Zahn		Wurzelstiftkappe
ew	= ersetzter, aber	sw	= erneuerungsbedürftige Supra-
	erneuerungsbedürftiger Zahn		konstruktion
f	= fehlender Zahn	t	= Teleskop
i	= Implantat mit intakter	tw	= erneuerungsbedürftiges
	Suprakonstruktion		Teleskop
ix	= zu entfernendes Implantat	ur	= unzureichende Retention
k	= klinisch intakte Krone	ww	= erhaltungswürdiger Zahn mit
kw	= erneuerungsbedürftige Krone		weitgehender Zerstörung
pw	= erhaltungswürdiger Zahn mit	x	= nicht erhaltungswürdiger Zahn
	partiellen Substanzdefekten	)(	= Lückenschluss

Datum, Unterschrift
und Stempel der Krankenkasse

vorläufige Summe ▶

Nachträgliche Befunde:

Hinweis:

[ ] % Vorsorge-Bonus ist bereits in den Festzuschüssen enthalten.

[ ] Es liegt ein Härtefall vor.

Behandlungsplanung:

A	= Adhäsivbrücke (Anker, Spanne)	O	= Geschiebe, Steg etc.
B	= Brückenglied	PK	= Teilkrone
E	= zu ersetzender Zahn	R	= Wurzelstiftkappe
H	= gegossene Halte-	S	= implantatgetragene
	und Stützvorrichtung		Suprakonstruktion
K	= Krone	T	= Teleskopkrone
M	= Vollkeramische oder keramisch	V	= Vestibuläre Verblendung
	voll verblendete Restauration		

III. Kostenplanung

1 BEMA-Nrn.	Anz.	1 Fortsetzung	Anz.	1 Fortsetzung	Anz.

Euro   Ct

2 Zahnärztliches Honorar BEMA:

3 Zahnärztliches Honorar GOZ: (geschätzt)

4 Material- und Laborkosten: (geschätzt)

5 Behandlungskosten insgesamt: (geschätzt)

Datum/Unterschrift des **Zahnarztes**

V. Rechnungsbeträge (siehe Anlage)

		Euro	Ct
1	ZA-Honorar (BEMA siehe III)		
2	ZA-Honorar zusätzl. Leist. BEMA		
3	ZA-Honorar GOZ		
4	Mat.- und Lab.-Kosten Gewerbl.		
5	Mat.- und Lab.-Kosten Praxis		
6	Versandkosten Praxis		
7	Gesamtsumme		
8	Festzuschuss Kasse		
9	Versichertenanteil		

Gutachterlich befürwortet
[ ] ja   [ ] nein   [ ] teilweise

Eingliederungsdatum:

Herstellungsort bzw. Herstellungsland des Zahnersatzes:

Der Zahnersatz wurde in der vorgesehenen Weise eingegliedert.

Datum/Unterschrift und Stempel des **Gutachters**

Datum/Unterschrift des **Zahnarztes**

Anschrift des **Versicherten**

Vordr. Z 311/3B 10.15 SCHÜTZDRUCK Tel. (05 11) 32 73-44 · www.schuetzdruck.de
Bei Handbeschriftung unbedingt in Blockschrift schreiben

Anlage: Planung HKP Teil 2

Heil- und Kostenplan Teil 2

Name des Patienten

Kaluza, Dagmar

Zahnarztpraxis

Anlage zum Heil- und Kostenplan vom _____

Für Ihre prothetische Behandlung werden entsprechend nachfolgender Aufstellung voraussichtlich folgende Kosten/Eigenanteile anfallen:

Zahn/Gebiet	GOZ	Leistungsbeschreibung	Anzahl	Betrag EUR

Zahnärztliches Honorar GOZ (entsprechend Zeile III/3 HKP): .... EUR_____

Zahnärztliches Honorar BEMA (entsprechend Zeile III/1 und 2 HKP): .... EUR_____

Material und Laborkosten (entsprechend Zeile III/4 HKP): .... EUR_____

Gesamtkosten (entsprechend Zeile III/5 HKP): .... EUR_____

abzüglich Festzuschüsse: .... EUR_____

Ihr voraussichtlicher Eigenanteil wird hiernach betragen EUR_____

Kosten für allgemeine und konservierend-chirurgische Leistungen nach der GOZ sind in den Beträgen nicht enthalten. Unvorhersehbare Leistungen, die sich im Rahmen der Behandlung ergeben, werden gesondert berechnet. Unvorhersehbare Veränderungen der Schwierigkeit sowie des Zeitaufwandes der einzelnen Leistungen, der Umstände bei der Ausführung oder der Methode können zu Kostenveränderungen führen.

Ich wünsche eine Versorgung entsprechend
des Heil- und Kostenplans nebst dieser Anlage

_____
Datum / Unterschrift des **Zahnarztes**

_____
Datum / Unterschrift des **Versicherten**

Informationen über die Kosten der Regelversorgung

Die Kosten für eine dem Befund entsprechende Regelversorgung liegen voraussichtlich in Höhe des doppelten Festzuschusses.

doppelter Festzuschuss .... EUR_____

abzüglich von der Kasse festgesetzter Festzuschüsse .... EUR_____

Ihr Eigenanteil würde im Falle der Regelversorgung daher voraussichtlich .... EUR_____
zzgl. der möglicherweise anfallenden Edelmetallkosten betragen.

Vordr. **3b** (Z312/1 2005) SCHÜTZDRUCK Tel. 05 11) 32 73 44 · www.schuetzdruck.de

6. Privatpatient

● ●

Situation

Neupatient Wilfried Bittner (privat versichert) erscheint pünktlich zu seinem geplanten Termin. Er war die letzten 5 Jahre nicht zur zahnärztlichen Behandlung und ist deswegen sehr nervös und ängstlich. Aus diesem Grund möchte er möglichst viele Behandlungsmaßnahmen am heutigen Tag durchführen lassen.

Zahn	Behandlung
	Eingehende Untersuchung
	Befund: 18, 28, 38, 48 fehlen; 14, 24 kariös
	Zahnstein und Mundkrankheit vorhanden
17–14, 24–27, 37–34, 44–47	Bissflügelaufnahmen, Befund: 14, 24, 46, 47 kariös
	Beratung über die verschiedenen Behandlungsalternativen
OK, UK	Zahnstein entfernt
14, 24, 46, 47	Vitalitätsprüfungen (+)
14, 24	intraligamentäre Anästhesien
14	Matrize zur Formung der Füllung, Füllung m-o-d in Adhäsivtechnik
24	Matrize zur Formung der Füllung, Füllung o-d-b in Adhäsivtechnik
46, 47	Leitungsanästhesie, störendes Zahnfleisch bei der Präparation verdrängt
46, 47	Kofferdam
46	direkte Überkappungen, Matrize zur Formung der Füllung
46	Füllungen in Adhäsivtechnik m-o-d und bukkal
47	Matrize zur Formung der Füllung, Aufbaufüllung m-o-d-li
	Termin für eine prothetische Beratung vereinbart

● ●

Auftrag:

57 Punkte

Tragen Sie die abrechnungsfähigen Leistungen der heutigen Sitzung in die folgende Tabelle ein.

Anlage: Privatpatient Wilfried Bittner

Datum	Zahn	Gebührennummer	Anzahl

7. Kassenpatient

Situation

Herr Peter Sirringhaus, Einzelhandelskaufmann und 43 Jahre alt, versichert bei der Barmer GEK, erscheint heute zur Vorsorgeuntersuchung.

Zahn	Behandlung
	Eingehende Untersuchung
	Befund: 18, 28, 38, 48 fehlen; 35, 37 kariös
	Zahnstein und Mundkrankheit
14–17, 24–27, 34–37, 44–47	Bissflügelaufnahmen, Befund: 35, 37 tiefe Karies; 37 insuffiziente WF (3 Wurzelkanäle)
35, 37	Vitalitätsprüfungen (+)
35, 37	Leitungsanästhesie
35, 37	Kofferdam
35	übermäßige Papillenblutung gestillt
35	indirekte Überkappung
35	Matrize, Aufbaufüllung m-o-d-b mit einem parapulpären Stift verankert
37	Eröffnung des Pulpenkavums, Vitalexstirpationen
37	Wurzelkanalaufbereitungen
37	Röntgenmessaufnahme
37	Wurzelkanalfüllungen
37	Röntgenaufnahme, Befund: WF bis Apex
37	provisorische Füllung

Auftrag:

39 Punkte

Tragen Sie die abrechnungsfähigen Leistungen in die folgende Tabelle ein.

Datum	Zahn	BEMA-Leistung	Anzahl	Bemerkungen

Datum	Zahn	BEMA-Leistung	Anzahl	Bemerkungen

8. Kassenpatient

Situation

Herr André Carillhio wird heute zum ZE-Beratungsgespräch erwartet. Deshalb bittet Herr Dr. Specht Sie, den Heil- und Kostenplan für die Regelversorgung zu erstellen. Herr Carillhio, versichert bei der Techniker Krankenkasse, hat seinen Bonus nicht erfüllt. Sein erneuerungsbedürftiger Zahnersatz im OK und UK ist 8 Jahre alt.

Auftrag:

54 Punkte

Erstellen Sie den Heil- und Kostenplan für Herrn Carillhio (s. Anlagen). Verzichten Sie auf das Ausrechnen.

Befund:

18–28	ersetzte, aber erneuerungsbedürftige Zähne
33, 43, 45	erhaltungswürdige Zähne mit weitgehender Zerstörung
38–34, 44, 46–48	ersetzte, aber erneuerungsbedürftige Zähne

Planung:

OK	Funktionsabdruck mit individuellem Löffel
OK	Totale Prothese
43, 45	provisorische Kronen
33	provisorische Krone mit Stiftverankerung
33	gegossener Stiftaufbau
33, 43, 45	Kronen entsprechend der Regelversorgung mit geg. Halte- und Stützvorrichtungen
UK	Abdruck mit individuellem Löffel
UK	Modellgussprothese

Anlage: Planung HKP

Name der Krankenkasse		

Techniker Krankenkasse

Name, Vorname des Versicherten

Carillhio, André   geb. am

11.11.1948

Kassen-Nr.	Versicherten-Nr.	Status

Vertragszahnarzt-Nr.	VK gültig bis	Datum

Erklärung des Versicherten

Ich bin bei der genannten Krankenkasse versichert. Ich bin über Art, Umfang und Kosten der Regel-, der gleich- und andersartigen Versorgung sowie über den voraussichtlichen Herstellungsort bzw. das voraussichtliche Herstellungsland des Zahnersatzes ___**D-Münster**___ aufgeklärt worden und wünsche die Behandlung entsprechend dieses Kostenplanes.

Datum/Unterschrift des **Versicherten**

Lfd.-Nr.

Stempel des Zahnarztes

Heil- und Kostenplan

Hinweis an den Versicherten:
Bonusheft bitte zur Zuschussfestsetzung beifügen.

I. Befund des gesamten Gebisses/Behandlungsplan

TP = Therapieplanung   R = Regelversorgung   B = Befund

Art der Versorgung

TP

R

B

18	17	16	15	14	13	12	11	21	22	23	24	25	26	27	28
48	47	46	45	44	43	42	41	31	32	33	34	35	36	37	38

B

R

TP

Der Befund ist bei Wiederherstellungsmaßnahmen nicht auszufüllen!

Bemerkungen (bei Wiederherstellung Art der Leistung)

II. Befunde für Festzuschüsse

Befund Nr.1	Zahn/Gebiet	2	Anz. 3

IV. Zuschussfestsetzung

Betrag Euro   Ct

Unfall oder Unfallfolgen/Berufskrankheit   Interimsversorgung   Unbrauchbare Prothese/Brücke/Krone

Versorgungsleiden   Immediatversorgung   Alter ca.   Jahre   NEM

Die Krankenkasse übernimmt die nebenstehenden Festzuschüsse, höchstens jedoch die tatsächlichen Kosten. Voraussetzung ist, dass der Zahnersatz innerhalb von 6 Monaten in der vorgesehenen Weise eingegliedert wird.

Datum, Unterschrift und Stempel der Krankenkasse

Hinweis:

% Vorsorge-Bonus ist bereits in den Festzuschüssen enthalten.

Es liegt ein Härtefall vor.

(Spalten 1-3 vom Zahnarzt auszufüllen)

vorläufige Summe ▶

Nachträgliche Befunde:

Erläuterungen

Befund (Kombinationen sind zulässig)

a	= Adhäsivbrücke (Anker, Spanne)	r	= Wurzelstiftkappe
b	= Brückenglied	rw	= erneuerungsbedürftige Wurzelstiftkappe
e	= ersetzter Zahn		
ew	= ersetzter, aber erneuerungsbedürftiger Zahn	sw	= erneuerungsbedürftige Suprakonstruktion
f	= fehlender Zahn	t	= Teleskop
i	= Implantat mit intakter Suprakonstruktion	tw	= erneuerungsbedürftiges Teleskop
ix	= zu entfernendes Implantat	ur	= unzureichende Retention
k	= klinisch intakte Krone	ww	= erhaltungswürdiger Zahn mit weitgehender Zerstörung
kw	= erneuerungsbedürftige Krone		
pw	= erhaltungswürdiger Zahn mit partiellen Substanzdefekten	x	= nicht erhaltungswürdiger Zahn
		)(	= Lückenschluss

Behandlungsplanung:

A	= Adhäsivbrücke (Anker, Spanne)	O	= Geschiebe, Steg etc.
B	= Brückenglied	PK	= Teilkrone
E	= zu ersetzender Zahn	R	= Wurzelstiftkappe
H	= gegossene Halte- und Stützvorrichtung	S	= implantatgetragene Suprakonstruktion
K	= Krone	T	= Teleskopkrone
M	= Vollkeramische oder keramisch voll verblendete Restauration	V	= Vestibuläre Verblendung

III. Kostenplanung

1 BEMA-Nrn.   Anz.

1 Fortsetzung   Anz.   1 Fortsetzung   Anz.

Euro   Ct

2 Zahnärztliches Honorar BEMA:

3 Zahnärztliches Honorar GOZ: (geschätzt)

4 Material- und Laborkosten: (geschätzt)

5 Behandlungskosten insgesamt: (geschätzt)

Datum/Unterschrift des **Zahnarztes**

V. Rechnungsbeträge (siehe Anlage)   Euro   Ct

1 ZA-Honorar (BEMA siehe III)

2 ZA-Honorar zusätzl. Leist. BEMA

3 ZA-Honorar GOZ

4 Mat.- und Lab.-Kosten Gewerbl.

5 Mat.- und Lab.-Kosten Praxis

6 Versandkosten Praxis

7 Gesamtsumme

8 Festzuschuss Kasse

9 Versichertenanteil

Gutachterlich befürwortet   ja   nein   teilweise

Eingliederungsdatum:

Herstellungsort bzw. Herstellungsland des Zahnersatzes:

Der Zahnersatz wurde in der vorgesehenen Weise eingegliedert.

Datum/Unterschrift und Stempel des **Gutachters**

Datum/Unterschrift des **Zahnarztes**

Anschrift des **Versicherten**

Vordr. Z 311/3B 10.15 SCHÜTZDRÜCK. Tel. (05 11) 32 73 44 · www.schuetzdruck.de

Bei Handbeschriftung unbedingt in Blockschrift schreiben

9. Kassenpatient

Situation

Kevin Gebhardt, 15 Jahre alt, versichert bei der Techniker Krankenkasse, kommt heute zur Prophylaxe. Die eingehende Untersuchung mit Beratung wurde vor zwei Wochen durchgeführt.

Zahn	Leistung
OK, UK	Mundhygienestatus erstellt (API 82 % / SBI 75 %)
	Mundgesundheitsaufklärung
OK, UK	Entfernung harter Zahnbeläge erstmalig in diesem Kalenderjahr
17, 16, 26, 27, 37, 36, 46, 47	Vitalitätsprüfungen (+)
17, 16, 26, 27	Versiegelung der kariesfreien Zahnfissuren
37, 36, 46, 47	Kofferdam
47	intraligamentäre Anästhesie
47	übermäßige Papillenblutung gestillt
47	direkte Überkappung
47	Füllungen m-o-d und bukkal/zervikal, Politur
46, 36, 37	Versiegelung der kariesfreien Zahnfissuren
OK, UK	lokale Fluoridierung
33 – 43	medikamentöse Behandlung der Gingivitis

Auftrag:

39 Punkte

Tragen Sie die abrechnungsfähigen Leistungen der heutigen Sitzung in die folgende Tabelle ein.

Datum	Zahn	BEMA-Leistung	Anzahl	Bemerkungen

Datum	Zahn	BEMA-Leistung	Anzahl	Bemerkungen

10. Kassenpatient

• •

Situation

Herr Burbach erscheint, um seine Eigenanteilsrechnung abzuholen.

• •

Auftrag:

28 Punkte

Rechnen Sie den HKP (s. Anlage) für Herrn Burbach ab.

Während der Präparation ergab sich die Notwendigkeit eines Stiftaufbaus an Zahn 33. Herr Burbach entschied sich für einen adhäsiv befestigten Glasfaserstift.
Bei den Anproben wurden die provisorischen Brücken von 14–23 und 33–37 je zweimal abgenommen und wiederbefestigt. Zwischenzeitlich musste die provisorische Teilkrone im Oberkiefer und die provisorische Brücke im Unterkiefer zusätzlich einmal erneuert werden.

tatsächliche Material- und Laborkosten (Labor in Witten)   3.600,50 €

Praxismaterial

Abdruckmaterial insgesamt	28,80 €
Glasfaserstift	7,50 €
je prov. Krone	2,00 €
je prov. Brückenglied	2,20 €

Eingliederungsdatum   22.03.2018

V.2 Rechnungsbeträge ZA-Honorar zusätzliche Leistungen BEMA			
BEMA- Nr. 1	Anzahl 2	Bew.-Zahl 3	Spalte 2 × Spalte 3 4
Gesamtsumme Spalte 4			
X Punktwert 0,8820 = zahnärztliches Honorar			

V.3 Rechnungsbeträge ZA-Honorar GOZ, tatsächlich

Zahn / Gebiet	Geb.-Nr.	Anzahl	Faktor	Honorar
Gesamthonorar				

V. Rechnungsbeträge
5. Material- und Laborkosten Praxis: z. B.;

Material / Laborarbeit	Anzahl	Einzelpreis	Kosten
Praxislabor / Sonstiges			=
Abformmaterial			=
Prov. Kronen / Brückenanker			=
Prov. Brückenglieder			=
		Gesamtkosten	

Anlage: Abrechnung HKP

Name der Krankenkasse	Erklärung des Versicherten	Lfd.-Nr.
BKK Bertelsmann		

Erklärung des Versicherten

Ich bin bei der genannten Krankenkasse versichert. Ich bin über Art, Umfang und Kosten der Regel-, der gleich- und andersartigen Versorgung sowie über den voraussichtlichen Herstellungsort bzw. das voraussichtliche Herstellungsland des Zahnersatzes **D-Witten** aufgeklärt worden und wünsche die Behandlung entsprechend dieses Kostenplanes.

Datum/Unterschrift des **Versicherten**

Stempel des Zahnarztes

Name, Vorname des Versicherten

Burbach, Manfred geb. am

03.06.1955

Kassen-Nr.	Versicherten-Nr.	Status

Vertragszahnarzt-Nr.	VK gültig bis	Datum

Heil- und Kostenplan

Hinweis an den Versicherten:
Bonusheft bitte zur Zuschussfestsetzung beifügen.

I. Befund des gesamten Gebisses/Behandlungsplan   TP = Therapieplanung   R = Regelversorgung   B = Befund

Art der Versorgung

TP																
R			KV	KV	KV	BV		BV	KV	KV				PK	
B	f		ww	ww	kw	kx		kx	kw	ww				pw	f
	18	17	16	15	14	13	12	11	21	22	23	24	25	26	27	28
	48	47	46	45	44	43	42	41	31	32	33	34	35	36	37	38
B	f	k	k	b	b	k					kw	kx	b	kx	kw	f
R											KV	BV	B	B	K	
TP											KV	BV	BV	BV	K	

Der Befund ist bei Wiederherstellungs-maßnahmen nicht auszufüllen!

Bemerkungen (bei Wiederherstellung Art der Leistung)

II. Befunde für Festzuschüsse / **IV. Zuschussfestsetzung**

(Spalten 1-3 vom Zahnarzt auszufüllen)

Befund Nr.1	Zahn/Gebiet 2	Anz. 3	Betrag Euro	Ct
2.2	12-22	1	385	05
2.3	33-37	1	433	88
2.7	12-22,33,34	6	300	06
1.1	14,13,23	3	426	66
1.2	27	1	159	56
1.3	14,13,23	3	153	99
	vorläufige Summe ▶		1859	20

Nachträgliche Befunde:

Unfall oder Unfallfolgen/Berufskrankheit	Interimsversorgung	X Unbrauchbare Prothese/Brücke/Krone
Versorgungsleiden	Immediatversorgung	Alter ca. **14** Jahre NEM

Die Krankenkasse übernimmt die nebenstehenden Festzuschüsse, höchstens jedoch die tatsächlichen Kosten. Voraussetzung ist, dass der Zahnersatz innerhalb von 6 Monaten in der vorgesehenen Weise eingegliedert wird.

Datum, Unterschrift und Stempel der Krankenkasse

Hinweis:

0 % Vorsorge-Bonus ist bereits in den Festzuschüssen enthalten.

☐ Es liegt ein Härtefall vor.

Erläuterungen

Befund (Kombinationen sind zulässig)

a = Adhäsivbrücke (Anker, Spanne)
b = Brückenglied
e = ersetzter Zahn
ew = ersetzter, aber erneuerungsbedürftiger Zahn
f = fehlender Zahn
i = Implantat mit intakter Suprakonstruktion
ix = zu entfernendes Implantat
k = klinisch intakte Krone
kw = erneuerungsbedürftige Krone
pw = erhaltungswürdiger Zahn mit partiellen Substanzdefekten

r = Wurzelstiftkappe
rw = erneuerungsbedürftige Wurzelstiftkappe
sw = erneuerungsbedürftige Suprakonstruktion
t = Teleskop
tw = erneuerungsbedürftiges Teleskop
ur = unzureichende Retention
ww = erhaltungswürdiger Zahn mit weitgehender Zerstörung
x = nicht erhaltungswürdiger Zahn
)(= Lückenschluss

Behandlungsplanung:

A = Adhäsivbrücke (Anker, Spanne)
B = Brückenglied
E = zu ersetzender Zahn
H = gegossene Halte- und Stützvorrichtung
K = Krone
M = Vollkeramische oder keramisch voll verblendete Restauration

O = Geschiebe, Steg etc.
PK = Teilkrone
R = Wurzelstiftkappe
S = implantatgetragene Suprakonstruktion
T = Teleskopkrone
V = Vestibuläre Verblendung

III. Kostenplanung

1 BEMA-Nrn.	Anz.	1 Fortsetzung	Anz.	1 Fortsetzung	Anz.
19	13				
20b	3			Euro	Ct
20c	1				
91a	1				
91b	3				
92	1				

	Euro	Ct
2 Zahnärztliches Honorar BEMA:	1.298	30
3 Zahnärztliches Honorar GOZ: (geschätzt)	51	74
4 Material- und Laborkosten: (geschätzt)	3.700	00
5 Behandlungskosten insgesamt: (geschätzt)	5.050	04

Datum/Unterschrift des **Zahnarztes**

V. Rechnungsbeträge (siehe Anlage)

		Euro	Ct
1	ZA-Honorar (BEMA siehe III)		
2	ZA-Honorar zusätzl. Leist. BEMA		
3	ZA-Honorar GOZ		
4	Mat.- und Lab.-Kosten Gewerbl.		
5	Mat.- und Lab.-Kosten Praxis		
6	Versandkosten Praxis		
7	Gesamtsumme		
8	Festzuschuss Kasse		
9	Versichertenanteil		

Gutachterlich befürwortet
☐ ja ☐ nein ☐ teilweise

Eingliederungs-datum:

Herstellungsort bzw. Herstellungsland des Zahnersatzes:

Der Zahnersatz wurde in der vorgesehenen Weise eingegliedert.

Datum/Unterschrift und Stempel des **Gutachters**

Datum/Unterschrift des **Zahnarztes**

Anschrift des **Versicherten**

Vordr. Z 311/3B 10.15 SCHÜTZDRUCK Tel. (0511) 82 73 44 www.schuetzdruck.de

Bei Handbeschriftung unbedingt in Blockschrift schreiben

100 Punkte
⏱ 60 Minuten

Teil 4: Praxisorganisation und -verwaltung

• •

Situation 1

In der Zahnarztpraxis Dr. Spranger & Dr. Specht sind die Patientenzahlen im letzten Jahr deutlich gestiegen.

„Unsere Investitionen haben sich offensichtlich gelohnt. Bei den Patienten kommen die modernisierten Räume gut an und auch auf unsere neue Homepage wurde ich bereits mehrfach angesprochen", stellt Frau Dr. Spranger fest. „Ja, es sieht tatsächlich so aus, als wenn insbesondere Neupatienten dadurch einen sehr positiven Eindruck bekommen", erwidert Dr. Specht. „Gut, dass unsere neue Zahnärztin, Frau Dr. Eduard, im April bei uns in der Praxis einsteigt. Das wird sich bestimmt auch positiv auswirken."

• •

8 Punkte

1. Aufgabe

Erklären Sie zwei Aspekte, die bei der Gestaltung einer attraktiven Praxishomepage berücksichtigt werden sollten.

_____

_____

_____

_____

_____

6 Punkte

2. Aufgabe

Nennen Sie drei weitere Marketingaktivitäten oder Serviceleistungen, durch die sich der wirtschaftliche Erfolg einer Zahnarztpraxis ggf. steigern lässt.

_____

_____

_____

8 Punkte

3. Aufgabe

Erklären Sie, wodurch eine ZFA einen positiven Eindruck bei Patienten bewirken kann. (2 Erklärungen)

_____

_____

_____

_____

_____

6 Punkte

4. Aufgabe

Nennen Sie drei Vorteile, die sich – im Vergleich zu einer Einzelpraxis – durch mehrere Praxisinhaber ergeben.

_____

_____

_____

● ●

Situation 2

Susanne Liebich (Fachwirtin für Zahnärztliches Praxismanagement), die eine Woche erkrankt war, und Nicole Kamp (Zahnmedizinische Fachangestellte) betreten am Mittwochmorgen zusammen als erste die Praxis. Sie wundern sich, dass die Karteikarten vom Vortag noch auf dem Schreibtisch liegen und der Papierkorb nicht geleert wurde. Auch das Wartezimmer ist unaufgeräumt. Richtig ärgerlich werden sie jedoch, nachdem sie feststellen, dass auch der Sterilisator am Vorabend nicht ausgeräumt wurde.
Als Emel Yilmaz (Auszubildende im 3. Ausbildungsjahr) als nächste die Praxis betritt, macht Nicole Kamp ihrem Ärger sofort Luft und beschuldigt Emel lautstark, ihre Aufgaben nicht sorgfältig auszuüben. Emel ist sich jedoch keiner Schuld bewusst und antwortet wütend und ebenfalls lautstark, dass sie nicht alles alleine machen könne und es gestern Abend nicht ihre Aufgabe gewesen wäre, den Steri auszuräumen. Weiterhin schimpft sie, dass sowieso nichts geregelt sei, wenn Frau Liebich fehlen würde, und dass Nicole Kamp ihr gar nichts zu sagen hätte.
„Na, hier ist ja einiges in meiner Abwesenheit schiefgelaufen", mischt sich Susanne Liebich in das Streitgespräch ein. „Wir sollten diese Probleme in der nächsten Teambesprechung unbedingt klären. So geht das auf jeden Fall nicht weiter."

● ●

5. Aufgabe

8 Punkte

a) Erklären Sie anhand von zwei situationsbezogenen Beispielen, wie Stellenbeschreibungen dazu beitragen könnten, die organisatorischen Probleme der Zahnarztpraxis Dr. Spranger & Dr. Specht zu lösen.

_____

_____

_____

_____

_____

_____

2 Punkte

b) Nennen Sie – neben der Stellenbeschreibung und der Teambesprechung – eine weitere Möglichkeit, die Organisation in der Praxis zu verbessern.

_____

_____

6 Punkte

6. Aufgabe

Nennen Sie drei Aspekte, wie Nicole Kamp und Emel Yilmaz sich in Zukunft in solchen Konfliktsituationen professioneller verhalten sollten.

_____

_____

_____

8 Punkte

7. Aufgabe

Nennen Sie vier wesentliche Aspekte, die bei der Vorbereitung oder Durchführung einer Teambesprechung beachtet werden sollten.

_____

_____

_____

_____

● ●

Situation 3

Zum Sprechstundenbeginn ist in der Zahnarztpraxis Dr. Spranger & Dr. Specht wieder ziemlich viel los. Vier Patienten warten schon im Eingangsbereich und das Telefon klingelt pausenlos. Frau Dr. Spranger kontrolliert gerade das Terminbuch und ist ärgerlich über die sehr ungünstige Planung.

Weil Frau Liebich einen neuen Patienten aufnimmt, geht Emel Yilmaz (Auszubildende im 3. Ausbildungsjahr) ans Telefon. Der Privatpatient Klaus Gross hat ein Inlay verloren und möchte unbedingt heute noch einen Termin bekommen. Da Emel ihm im Moment nicht weiterhelfen kann, verspricht sie, dass Frau Liebich ihn kurzfristig zurückrufen wird. Leider vergisst Emel jedoch sowohl die Anfertigung einer Telefonnotiz als auch Frau Liebich über den Anruf zu informieren.

(Beachten Sie bei dieser Situation die Anlage 1.)

● ●

6 Punkte

8. Aufgabe

Erklären Sie anhand von zwei Aspekten, warum Frau Dr. Spranger die Terminplanung für diesen Vormittag kritisiert.

_____

_____

_____

_____

6 Punkte

9. Aufgabe

Erklären Sie anhand von zwei Beispielen, wie Frau Liebich professionell vorgehen sollte, um das heutige Problem mit der Terminplanung zu entschärfen.

_____

_____

10. Aufgabe

4 Punkte

a) Erklären Sie das Bestellsystem „halb offene Sprechstunde".

_____

_____

_____

4 Punkte

b) Erklären Sie anhand von zwei Beispielen, an welchen Tagen oder zu welchen Zeiten Sprechstunden ohne feste Termine sinnvoll sind.

_____

_____

_____

6 Punkte

11. Aufgabe

Nennen Sie drei Aspekte des Telefonats mit Herrn Gross, die Emel Yilmaz mithilfe einer Telefonnotiz ordnungsgemäß hätte dokumentieren müssen.

_____

_____

Anlage 1

Montag, 19.03.2018		
Zeit	**Dr. Spranger**	**Dr. Specht**
8:00	Sonja Meier, Kronenpräparation 11, 12, 21, 22	Peter Kupfer, Kronenpräparation 24, 25, 26
8:30		
9:00		
9:30		Verena Raskowski, Füllung 46, Extraktion 35
10:00	Wolfgang Schäfer, Kronenpräparation 35, 36	Irina Krowatz, 01, Zst
10:30		Gerda Berghoff, Kronenpräparation 34, 35, 36
11:00	Simone Schmidt, Füllung 11 (kompliziert)	
11:30	Ralf Kern, Wurzelspitzenresektion 45	
12:00		Wolfgang Schmal, Ost 48
12:30	Rudolf Schäfer, Druckstelle, Prothese	

. . . .

Situation 4

Vera Brüggemann (ZFA) hat sich im letzten Jahr für einen Wechsel der Bankverbindung entschieden. Das neue Girokonto bei der Direktbank wird als „Online-Konto" geführt. Der deutlich günstigere Zinssatz für Kontoüberziehungen war dabei ein wesentlicher Entscheidungsfaktor.

(Beachten Sie bei dieser Situation die Anlage 2.)

. . . .

4 Punkte

12. Aufgabe

Berechnen Sie den *jährlich* durch den Kontowechsel entstehenden Kostenvorteil für die Kontoführung und Kontonutzung. Berücksichtigen Sie dabei, dass Vera Brüggemann monatlich sieben Kontobelastungen und drei Kontogutschriften hat.

4 Punkte

13. Aufgabe

Berechnen Sie die Kosten für eine Kontoüberziehung in Höhe von 650,00 € vom 05.03.–23.03.2018.

4 Punkte

14. Aufgabe

Erklären Sie ein Verfahren zur Abwicklung von „Online-Banking"-Überweisungen/ Daueraufträgen.

_____

_____

_____

_____

15. Aufgabe

4 Punkte

a) Erklären Sie ein mögliches Risiko beim „Online-Banking".

_____

_____

_____

_____

6 Punkte

b) Nennen Sie drei wesentliche Verhaltensweisen oder Maßnahmen des Kontoinhabers für sicheres „Online-Banking".

_____

_____

_____

_____

_____

_____

Anlage 2

Kontoführung & Kontonutzung	Union Bank	Direktbank
Grundpreis (pro Monat)	7,50 €	0,00 €
Preis für Girocard (pro Jahr)	12,00 €	10,00 €
Preis für Kontobelastungen (z. B. Überweisung, Dauerauftrag, Lastschrift)	0,30 €	0,00 €
Preis für Kontogutschriften	0,30 €	0,00 €
...		
Kontoüberziehung		
Dispositionskredit	10,90 % (pro Jahr)	6,50 % (pro Jahr)
...		

Lösungen

Teil 1: Behandlungsassistenz

___ von 3 P.

1. Aufgabe

🖊 *Hinweis: Dies ermöglicht eine zahnärztliche Behandlung mit möglichst geringer Gefahr für Komplikationen oder Nebenwirkungen. Besonders bei einer neuen Patientin oder einem neuen Patienten ist es wichtig, die gesundheitliche Situation zu erfassen.*

Die allgemeine Anamnese dient:
- der Erkennung wechselseitiger Einflüsse von Allgemeinerkrankungen und Erkrankungen im Zahn-, Mund- und Kieferbereich.
- der Erfassung gesundheitlicher Risiken, z. B. Anästhesierisiken, Blutungsneigung, Endokarditisrisiko, Wundheilungsstörungen, etc.

___ von 7 P.

2. Aufgabe

🖊 *Hinweis: Die folgenden Stichpunkte sollten in Ihrer Beschreibung vorkommen.*

1 Befragung gemäß RöV, Anlegen der Röntgenschürze/-schild, PSA
2 isolierter Filmhalter, Film befestigen
3 Halter mit Film hinter dem Zahn 46 positionieren, Film parallel zum Zahn 46
4 Tubus im Visierring parallel zur Halterstange ausrichten, Zentralstrahl kommt dadurch senkrecht auf die Zahnachse und den Film
5 Belichtungszeit einstellen, Kontrollbereich verlassen, Belichten
6 Film desinfizieren, Film entwickeln, Filmhalter desinfizieren/aufbereiten
7 Dokumentation und Vorlage

___ von 4 P.

3. Aufgabe

Ein Vasokonstringentium (z. B. Adrenalin) führt zu einer vorübergehenden, lokalen Gefäßverengung. Das Lokalanästhetikum verbleibt dadurch länger im Gewebe.

Aufgaben:
- längere Wirkungsdauer
- relative Blutleere im OP-Gebiet

4. Aufgabe

___ von 2 P.

a) 🖊 *Hinweis: Beachten Sie die Aufgabenstellung, Sie müssen hier nicht ausführlich beschreiben.*

Caries profunda

___ von 2 P.

b) Anmischblock oder Glasplatte und Anmischspatel, geeigneter Kugelstopfer, Calciumhydroxid-Präparat

___ von 9 P.

5. Aufgabe

✎ *Hinweis: Zur Lösung dieser Aufgabe bietet sich eine Tabelle an. Für jede richtige Nennung eines definitiven Füllungsmaterials erhalten sie 1 Punkt. Für jeden Vor- bzw. Nachteil gibt es nochmal 1 Punkt. Beachten Sie, dass nur drei Beispiele verlangt sind.*

Material	Vorteil z. B.	Nachteil z. B.
Gold	Haltbarkeit, gut zu bearbeiten	Hohe Laborkosten, 2 Sitzungen, keine Zahnfarbe
Amalgam	Preiswert, lange Haltbarkeit	Keine Zahnfarbe, enthält Quecksilber
Kunststoff	Zahnfarben, unschädlich, nur eine Behandlungssitzung	Polymerisationsschrumpfung, geringere Belastbarkeit im Seitenzahnbereich
Keramik	Zahnfarben	Hohe Laborkosten, 2 Sitzungen

___ von 4 P.

6. Aufgabe

Eine Gingivitis ist eine Entzündung der Gingiva mit Rötung, Schwellung und Flüssigkeitsabsonderung aus dem Sulcus, ohne Zahnfleischtaschen und Knochenabbau. (Meist wird sie durch bakterielle Beläge verursacht.)

7. Aufgabe

___ von 2 P.

a) ✎ *Hinweis: Bei API können Sie alternativ Approximalplaqueraumindex schreiben.*

API: Approximaler-Plaque-Index
SBI: Sulkus-Blutungs-Index

___ von 4 P.

b) ✎ *Hinweis: Der SBI ist ein Entzündungsindex. Nach relativer Trockenlegung wird eine stumpfe Parodontalsonde durch den Sulcus geführt. Bei modifizierten SBI werden die Blutungsstellen addiert, mit 100 multipliziert und durch die Anzahl der Messpunkte dividiert.*

Es erfolgt die schonende Sondierung des gesamten Sulkus mit einer stumpfen Parodontalsonde. Anschließend wird das prozentuale Verhältnis der Summe der Blutungen zu den Messpunkten (Anzahl der Zähne, pro Zahn ein Messpunkt) ermittelt.

___ von 4 P.

8. Aufgabe

Der Zahnhalteapparat besteht aus:

- der knöchernen Alveole,
- dem Wurzelzement,
- dem Desmodont (Sharpey'schen Fasern) und
- der Gingiva.

___ von 4 P.

9. Aufgabe

✎ *Hinweis: Hier ist die hygienische Händedesinfektion gefragt, nicht die chirurgische.*

Die trockenen Innen- und Außenflächen der Hände, der Handgelenke, der Daumen, die Flächen zwischen den Fingern, sowie die Fingerkuppen und Nagelfalze werden mit 3–4 $m\ell$ Desinfektionslösung (auf alkoholischer Basis) je nach Präparat 30 bis 60 Sekunden eingerieben.

_____ von 8 P.

10. Aufgabe

- Desinfektion der Brücke nach Lieferung aus dem zahntechnischen Labor
- Entfernung der Provisorien und der Zementreste
- Einsetzen der Brücke
- Kontrolle des Randschlusses, der approximalen Kontaktpunkte, von Okklusion und Artikulation
- Entfetten der Brücke und der Brückenpfeiler und Trocknung
- Anmischen des Zementes
- Befüllung der Kronenlumina
- Einsetzen der Brücke, Zubiss auf Watterolle
- Entfernung der Zementüberschüsse
- erneute Kontrolle von Okklusion und Artikulation
- Dokumentation, Demonstration Mundhygiene (Brücke)

Hygienemaßnahmen im Behandlungszimmer durchführen:
- Entsorgung von Einmal-MP
- Trockenentsorgung aufbereitbarer MP
- Wischdesinfektion aller Oberflächen

11. Aufgabe

_____ von 4 P.

a) 🖉 *Hinweis: Bei dieser Aufgabe ist besonders darauf zu achten, der Patientin die Zahnputztechnik zu erläutern. Die Patientin sollte darauf hingewiesen werden, dass kein zu starker Druck ausgeübt werden darf, um keine Irritationen der Gingiva hervorzurufen. Verschiedene Zahnputztechniken sind denkbar, im Folgenden wurde die Bass-Technik gewählt.*

Bass-Technik: Borstenfeld im 45-Grad-Winkel zur Gingiva, hälftig auf Gingiva und Zahn-Oberfläche, kleine rüttelnde Bewegungen ca. 10-mal pro Zahnabschnitt, zusätzliche Reinigung unter dem Brückenglied, sowie interdental.

_____ von 2 P.

b) 🖉 *Hinweis: Hier wäre auch die Nennung von Zahnseide und Interdentalbürstchen richtig.*

Superfloss, Zahnzwischenraumbürstchen

12. Aufgabe

_____ von 4 P.

a) Karies entsteht, wenn sich Mikroorganismen (Bakterien) für längere Zeit auf einem Zahn bei vorhandenem Substrat festsetzen können.

_____ von 2 P.

b) 🖉 *Hinweis: Prädilektionsstelle beschreibt eine typische Stelle für das Auftreten einer Krankheit, hier Karies.*

Fissuren, Approximalflächen, Zahnhals, defekte Füllungs- und Kronenränder

13. Aufgabe

⬧ Hinweis: Zur Beschreibung einer radikulären Zyste sollten die folgenden vier Fakten genannt werden.

- gutartiger Tumor
- an der Wurzelspitze devitaler Zähne
- äußere Begrenzung ist ein derber Zystenbalg
- gefüllt mit cholesterinhaltiger Flüssigkeit

14. Aufgabe

⬧ Hinweis: Denken Sie bei dieser Aufgabe auch daran, Hygienemaßnahmen und die erforderliche Dokumentation zu erwähnen.

Zu Beginn erfolgt das Anlegen der PSA. Vor der chirurgischen Behandlung wird eine chirurgische Händedesinfektion durchgeführt. Der Patient muss wegen seiner Hypertonie während des gesamten Eingriffs gut beobachtet werden.

Behandlungsablauf der Extraktion des Zahnes 35:

- Leitungsanästhesie mit Spritze, Kanüle und Anästhetikum
- Lösen der Gingiva und der Sharpey'schen Fasern mit dem Peritom
- Lockern des Zahnes mit dem Hebel oder der Prämolarenzange
- Entfernen des Zahnes mit der Zange
- Auskratzen (Kurretage) der Alveole mit dem scharfen Löffel

Behandlungsablauf der Osteotomie des Zahnes 36 mit Zystektomie:

- Leitungsanästhesie mit Spritze, Kanüle und Anästhetikum. Anschließende Kontrolle mit Sonde, ob der Bereich ausreichend betäubt ist
- Inzision mit dem Skalpell, Bildung eines Mukoperiostlappens mit dem Raspatorium
- Abtragen von Knochen mit Lindemannfräse oder sterilem Rosenbohrer, evtl. Teilung des Zahnes mit Lindemannfräse
- Lockern und Entfernen des Zahnes mit Bein'schem Hebel oder anderem Hebel und Wurzelspitzenzange
- Entfernen der gesamten Zyste inkl. Zystenbalg mit dem scharfen Löffel, evtl. Glätten des Knochens mit der Knochenfräse
- Naht legen mit Nadelhalter, Nadel, Faden und Schere

Der Patient wird über die Verhaltensregeln aufgeklärt und Dokumentation aller Behandlungsschritte und ggf. Abrechnungspositionen erfolgt. Zudem werden die Flächendesinfektion, die Aufbereitung der Instrumente und die Abfallentsorgung nach der eigentlichen Behandlung durchgeführt.

15. Aufgabe

- Erythrozyten (rote Blutkörperchen): Transport von Sauerstoff / Kohlendioxid
- Leukozyten (weiße Blutkörperchen): Abwehrfunktion
- Thrombozyten (Blutplättchen): Blutgerinnung

_____ von 9 P.

16. Aufgabe

1 Grobe Vorreinigung, Trockenentsorgung

2 Kontaminationssicherer Transport in den unreinen Bereich des Aufbereitungsraums

3 Sachgerechtes Einräumen in das (validierte) RDG (Gelenk öffnen)

4 Reinigung und Desinfekion im RDG

5 Kontrolle

6 Sterilgutverpackung (geöffnetes Gelenk)

7 Sterilisation im (validierten) Autoklav

8 Kontrolle, Freigabe, Dokumentation

9 Wiedereinlagerung

_____ von 5 P.

17. Aufgabe

- Rötung – rubor
- Schwellung – tumor
- Schmerz – dolor
- Wärme – calor
- Eingeschränkte Funktion – functio laesa

_____ von 4 P.

18. Aufgabe

Hinweis: Eine Interimsprothese ist eine Übergangsprothese, also eine provisorische Prothese mit zeitlich begrenzter Tragedauer. Beachten Sie, dass in der Aufgabenstellung Stichworte gefordert sind und es nur 4 Punkte gibt.

- Hygienemaßnahmen vor Behandlung
- Situationsabformungen von Ober- und Unterkiefer mit Alginat, einfache Bissnahme
- Ermittlung der Zahnfarbe mit Farbring und Laborauftrag ausfüllen
- Eingliederung der Interimsprothese, 2 Klammern werden an Nachbarzähnen befestigt
- Überprüfung von Halt der Klammern, Okklusion und Artikulation
- Hygienemaßnahmen und Dokumentation
- Abrechnung des Heil- und Kostenplans

So viele Punkte habe ich erreicht: _____

So lange habe ich gebraucht: _____

Teil 2: Wirtschafts- und Sozialkunde

1. Aufgabe

_____ von 4 P.

a) 🖊 *Hinweis: Beachten Sie hier, dass die Prüfung im März 2018 stattfand, Lisa zu diesem Zeitpunkt also 16 Jahre alt war. Für sie gilt also das JArbSchG aus Anlage 1.*

Lisa möchte am Freitag sechs Stunden ohne Pause arbeiten. Das darf sie nicht, weil sie gemäß § 11 Abs. 2 JArbSchG bei einer Arbeitszeit von mehr als viereinhalb bis zu sechs Stunden Ruhepausen von mindestens 30 Minuten einhalten muss.

_____ von 4 P.

b) 🖊 *Hinweis: Beachten Sie hier, dass die Prüfung im März 2018 stattfand, Lisa zu diesem Zeitpunkt also 16 Jahre alt war. Für sie gilt also das JArbSchG aus Anlage 1.*

Laut § 9 Abs. 1 hat Lisa lediglich an **einem** Berufsschultag mit mehr als 5 Unterrichtsstunden Anspruch auf einen freien Nachmittag.

2. Aufgabe

_____ von 4 P.

🖊 *Hinweis: Beachten Sie hier, dass die Prüfung im März 2018 stattfand, Lisa zu diesem Zeitpunkt also 16 Jahre alt war. Für sie gilt also das JArbSchG aus Anlage 1.*

Lisa ist zu Beginn des Jahres 2019 noch keine 18 Jahre alt. Laut § 19 JArbSchG hat sie somit einen Urlaubsanspruch von 25 Werktagen.

3. Aufgabe

_____ von 4 P.

🖊 *Hinweis: Beachten Sie hier, dass die Prüfung im März 2018 stattfand, Maike zu diesem Zeitpunkt also 19 Jahre alt war. Für sie gilt das JArbSchG aus Anlage 1 nicht.*

Die Bestimmungen des JArbSchG finden nur für Jugendliche Anwendung, die das 18. Lebensjahr noch nicht vollendet haben. Da Maike bereits volljährig ist, gelten die Regelungen des JArbSchG für sie nicht.

4. Aufgabe

_____ von 6 P.

a) 🖊 *Hinweis: Es sind nur drei Gründe gefordert. Weitere Alternativen sind auch denkbar.*

- eine Person beendet ihre Ausbildung
- eine Person kündigt
- eine Person geht in Mutterschutz/Elternzeit
- eine Person geht in Rente

_____ von 4 P.

b) 🖊 *Hinweis: Sie müssen nur zwei Aspekte nennen, wobei hier nur mögliche Beispiele aufgeführt sind.*

- Praxisöffnungszeiten
- Arbeitszeiten der Behandler
- Häufigkeit der Notdienste am Wochenende

5. Aufgabe

_____ von 4 P.

a) 🖊 *Hinweis: Beachten Sie Anlage 2 und dass Linda 5 Berufsjahre aufzuweisen hat.*

$2.421,00 + 30,00 = \mathbf{2.451,00\ €}$

_____ von 8 P.

b) ✐ *Hinweis: Sollte im Aufgabenteil a ein falsches sozialversicherungspflichtiges Gehalt ermittelt und damit in Aufgabenteil b weitergerechnet werden, wird bei einem dann folgerichtigen Ergebnis die volle Punktzahl vergeben, ansonsten entsprechende Teilpunkte. Analysieren Sie Anlage 3 genau. Zur Berechnung der Krankenversicherung halbieren Sie den in Anlage 3 angegebenen Prozentsatz und addieren 0,8 % (Zusatzbeitrag), um auf 8,1 % zu kommen. Bei der Pflegeversicherung halbieren Sie den Prozentsatz von 2,55 % und addieren 0,25 %, da Lisa Gruber über 23 ist und keine Kinder hat. Diese Prozentsätze wenden Sie dann auf das vorher berechnete sozialversicherungspflichtige Gehalt an.*

Krankenversicherung: $\dfrac{2.451,00}{100} \cdot 8,1 = \mathbf{198,53\ €}$

Pflegeversicherung: $\dfrac{2.451,00}{100} \cdot 1,525 = \mathbf{37,38\ €}$

_____ von 6 P.

6. Aufgabe

✐ *Hinweis: Die Nennung von drei Gründen ist hier ausreichend.*

Die gesetzliche Pflegeversicherung wurde 1995 eingeführt, weil …

- immer mehr Menschen Pflege benötigten.
- immer mehr Menschen nicht mehr von Angehörigen gepflegt werden konnten.
- die Zeit, die die Menschen der Pflege bedurften, immer länger wurde.
- die Pflege insgesamt immer teurer wurde.

_____ von 4 P.

7. Aufgabe

Das Solidaritätsprinzip in der gesetzlichen Krankenversicherung besagt, dass jeder nach seiner Leistungsfähigkeit Beiträge bezahlt, Leistungen aber nach seiner Bedürftigkeit erhält.

_____ von 4 P.

8. Aufgabe

✐ *Hinweis: Es sind nur zwei mögliche Sparformen verlangt.*

- Bausparverträge
- Fondssparpläne
- Banksparpläne

9. Aufgabe

_____ von 4 P.

a) ✐ *Hinweis: Beachten Sie zur Lösung der Aufgabe Anlage 4.*

Gemäß § 305 b BGB haben individuelle Absprachen (hier: Einspielung der Updates) Vorrang vor dem BGB. Herr Dr. Specht muss die Rechnung über die Einspielung der Updates nicht bezahlen.

_____ von 4 P.

b) Nein, für diesen Kaufvertrag ist nach dem Grundsatz der Formfreiheit keine bestimmte Form vorgeschrieben.

___ von 4 P.

10. Aufgabe

AGB dienen der Vereinfachung des täglichen Handelns und werden für eine Vielzahl von Verträgen von einer Vertragspartei vorformuliert. Dadurch muss der Verwender der AGB nicht jede einzelne Bedingung des Kaufvertrages neu aushandeln und danach schriftlich festhalten.

___ von 6 P.

11. Aufgabe

Hinweis: Es sind nur drei weitere Möglichkeiten verlangt. Jede richtige Lösung wird mit 2 Punkten bewertet.

- Fachzeitschriften
- Fachhandel vor Ort
- Recherche im Internet
- bekannter Lieferant

___ von 8 P.

12. Aufgabe

Hinweis: Hier müssen Sie nur vier wesentliche Inhalte nennen.

- Preis der Ware
- Beschaffenheit der Ware
- Lieferungsbedingungen
- Zahlungsbedingungen
- Erfüllungsort und Gerichtsstand

___ von 8 P.

13. Aufgabe

Verschulden des Lieferanten:
Der Auftrag wurde noch nicht bearbeitet, da ein Mitarbeiter der Firma DentaStar GmbH erkrankt ist. Das Verschulden der Lieferungsverzögerung liegt daher eindeutig beim Lieferanten.

Fälligkeit der Leistung:
In der Auftragsbestätigung steht, dass die Lieferung „voraussichtlich Anfang März 2018" erfolgt. Hierbei handelt es sich nicht um einen kalendermäßig bestimmbaren Liefertermin. Da die Lieferung auch noch nicht angemahnt wurde, ist die Leistung noch nicht fällig.

Die Firma DentaStar GmbH befindet sich nicht im Lieferungsverzug.

___ von 4 P.

14. Aufgabe

Die Zahnarztpraxis Dr. Spranger & Dr. Specht kann das Recht, vom Kaufvertrag zurückzutreten, nicht in Anspruch nehmen, da sich der Lieferant nicht im Lieferungsverzug befindet.

___ von 4 P.

15. Aufgabe

Hinweis: Weitere Alternativen sind hier möglich.
Verzögerung der Lieferung unserer Bestellung vom 12.02.2018

____ von 6 P.

16. Aufgabe

✎ *Hinweis: Sie müssen zum Lösen der Aufgabe nur drei wesentliche Inhalte des Briefes nennen. Sie finden im Folgenden vier Beispiele, weitere Alternativen sind auch möglich.*

- Hinweis auf die noch nicht erfolgte Lieferung
- Hinweis auf die Dringlichkeit der Lieferung
- Nennung eines kalendermäßig bestimmbaren Liefertermins
- Hinweis auf rechtliche Konsequenzen, falls zum genannten Termin immer noch nicht geliefert wird

So viele Punkte habe ich erreicht: _____

So lange habe ich gebraucht: _____

Teil 3: Abrechnungswesen

_____ von 42 P.

1. Privatpatientin

Hinweis: Achten Sie darauf, dass in der GOZ-Abrechnung die Gebührennummer Ä1 nach 30 Tagen oder bei einem erneuten Krankheitsfall wieder abgerechnet werden darf. Hier kann sie ggf. abgerechnet werden, da die nochmalige kurze Beratung nicht genauer beschrieben ist. Der Zuschlag für die Anwendung eines OP-Mikroskops kann ausschließlich bei ausgewählten Positionen, wie hier die Gebührennummer 2410, abgerechnet werden. Hier kann also der Zuschlag 0110 ohne Angabe eines Zahnes notiert werden. Die OP-Zuschläge finden bei ausgewählten GOZ-Positionen Anwendung und können nur einmalig am Behandlungstag abgerechnet werden. Da in diesem Fall die Gebührennummer 3120 abgerechnet wird, ist hier der Zuschlag 0510 zusätzlich anzubringen. Die zahnärztlich-chirurgische Leistung, die mit einem OP-Zuschlag abgerechnet werden dürfte, finden Sie im Kurzverzeichnis oder in der Gebührenordnung für Zahnärzte (GOZ).

Datum	Zahn	Gebührennummer	Anzahl
23.03.	35	ggf. Ä1	1
	35	0080 ggf. Ä1	1
	35	0100	1
	35	2390	1
	35	2410	1
		0110	1
	35	2440	1
	35	3120	1
		0510	1
	35	3190	1
	35	2020	1
	35	Ä5000	1
		Ä70	1
23.03.		Ä1	1
13:30 Uhr		ÄA	1

_____ von 53 P.

2. Kassenpatientin

Hinweis: Der Bonus ist hier mit 20 % zu notieren (8 Jahre). Vergessen Sie nicht, den unbrauchbaren Zahnersatz mit einem Alter von 10 Jahren einzutragen. Für den Zahn 23 ist kein Teleskop anzusetzen, da hinter dem mit einem Teleskop zu versorgenden Zahn immer zwei Zähne fehlen müssen. Dadurch bekommt die Patientin an keinem Zahn im Oberkiefer einen Festzuschuss für Teleskop. Durch den Befund „ww" ist jedoch FZ 1.1 und 1.3 ansetzbar. Da Zahn 17 vorhanden ist, kann Zahn 18 nicht mit E gekennzeichnet werden. Die Teleskope im Oberkiefer werden voll verblendet gestaltet, in der Therapieplanung mit TM vermerkt und nach GOZ-Position 5040 berechnet.

Name der Krankenkasse
AOK Nordwest

Name, Vorname des Versicherten
Zinn, Bea geb. am
19.09.1960

Kassen-Nr. | Versicherten-Nr. | Status

Vertragszahnarzt-Nr. | VK gültig bis | Datum

Erklärung des Versicherten

Ich bin bei der genannten Krankenkasse versichert. Ich bin über Art, Umfang und Kosten der Regel-, der gleich- und andersartigen Versorgung sowie über den voraussichtlichen Herstellungsort bzw. das voraussichtliche Herstellungsland des Zahnersatzes **D-Münster** aufgeklärt worden und wünsche die Behandlung entsprechend dieses Kostenplanes.

Datum/Unterschrift des **Versicherten**

Lfd.-Nr.

Stempel des Zahnarztes

Heil- und Kostenplan

Hinweis an den Versicherten:
Bonusheft bitte zur Zuschussfestsetzung beifügen.

I. Befund des gesamten Gebisses/Behandlungsplan
TP = Therapieplanung   R = Regelversorgung   B = Befund

TP		H	E	E	E	TM					TM	TM	E	E	E	E
R		H	E	E	E	TV					KV	TV	E	E	E	E
B	f	k	ew	ew	ew	tw					ww	tw	ew	ew	ew	ew
	18	17	16	15	14	13	12	11	21	22	23	24	25	26	27	28
	48	47	46	45	44	43	42	41	31	32	33	34	35	36	37	38
B	ew	ew	ew	ew	x	ww					ww	x	ew	ew	ew	ew
R	E	E	E	E	TV						TV	E	E	E	E
TP																

Art der Versorgung

Der Befund ist bei Wiederherstellungsmaßnahmen nicht auszufüllen!

Bemerkungen (bei Wiederherstellung Art der Leistung)

II. Befunde für Festzuschüsse

Befund Nr. 1	Zahn/Gebiet 2	Anz. 3
1.1	23	1
1.3	23	1
3.1	OK, UK	2
3.2	13,24,33,43	4
4.7	13,24,33,43	4

vorläufige Summe ▶
Nachträgliche Befunde:

(Spalten 1-3 vom Zahnarzt auszufüllen)

IV. Zuschussfestsetzung
Betrag Euro | Ct

Die Krankenkasse übernimmt die nebenstehenden Festzuschüsse, höchstens jedoch die tatsächlichen Kosten. Voraussetzung ist, dass der Zahnersatz innerhalb von 6 Monaten in der vorgesehenen Weise eingegliedert wird.

Datum, Unterschrift und Stempel der Krankenkasse

Hinweis:
20 % Vorsorge-Bonus ist bereits in den Festzuschüssen enthalten.

Es liegt ein Härtefall vor.

| Unfall oder Unfallfolgen/Berufskrankheit | | Interimsversorgung | | **X** Unbrauchbare Prothese/Brücke/Krone |
| Versorgungsleiden | | Immediatversorgung | Alter ca. **10** Jahre | NEM |

Erläuterungen
Befund (Kombinationen sind zulässig)
a = Adhäsivbrücke (Anker, Spanne)
b = Brückenglied
e = ersetzter Zahn
ew = ersetzter, aber erneuerungsbedürftiger Zahn
f = fehlender Zahn
i = Implantat mit intakter Suprakonstruktion
ix = zu entferndes Implantat
k = klinisch intakte Krone
kw = erneuerungsbedürftige Krone
pw = erhaltungswürdiger Zahn mit partiellen Substanzdefekten
r = Wurzelstiftkappe
rw = erneuerungsbedürftige Wurzelstiftkappe
sw = erneuerungsbedürftige Suprakonstruktion
t = Teleskop
tw = erneuerungsbedürftiges Teleskop
ur = unzureichende Retention
ww = erhaltungswürdiger Zahn mit weitgehender Zerstörung
x = nicht erhaltungswürdiger Zahn
)(= Lückenschluss

Behandlungsplanung:
A = Adhäsivbrücke (Anker, Spanne)
B = Brückenglied
E = zu ersetzender Zahn
H = gegossene Halte- und Stützvorrichtung
K = Krone
M = Vollkeramische oder keramisch voll verblendete Restauration
O = Geschiebe, Steg etc.
PK = Teilkrone
R = Wurzelstiftkappe
S = implantatgetragene Suprakonstruktion
T = Teleskopkrone
V = Vestibuläre Verblendung

III. Kostenplanung

1 BEMA-Nrn.	Anz.
98a	1
96b	1
98g	1
19	3
98h/1	1
98a	1
96c	1

1 Fortsetzung	Anz.	1 Fortsetzung	Anz.
98g	1		
19	2		
91d	2		

2 Zahnärztliches Honorar BEMA:
3 Zahnärztliches Honorar GOZ: (geschätzt)
4 Material- und Laborkosten: (geschätzt)
5 Behandlungskosten insgesamt: (geschätzt)

Euro | Ct

Datum/Unterschrift des **Zahnarztes**

Bei Handbeschriftung unbedingt in Blockschrift schreiben

Anschrift des **Versicherten**

V. Rechnungsbeträge (siehe Anlage)

		Euro	Ct
1	ZA-Honorar (BEMA siehe III)		
2	ZA-Honorar zusätzl. Leist. BEMA		
3	ZA-Honorar GOZ		
4	Mat.- und Lab.-Kosten Gewerbl.		
5	Mat.- und Lab.-Kosten Praxis		
6	Versandkosten Praxis		
7	Gesamtsumme		
8	Festzuschuss Kasse		
9	Versichertenanteil		

Gutachterlich befürwortet
☐ ja   ☐ nein   ☐ teilweise

Eingliederungsdatum:

Herstellungsort bzw. Herstellungsland des Zahnersatzes:

Der Zahnersatz wurde in der vorgesehenen Weise eingegliedert.

Datum/Unterschrift und Stempel des **Gutachters**

Datum/Unterschrift des **Zahnarztes**

Vordr. Z 311/38 10.15 SCHÜTZDRUCK Tel. 05115 32 73 44 www.schuetzdruck.de

Heil- und Kostenplan Teil 2

Name des Patienten

⌐   ¬

Zinn, Bea

Zahnarztpraxis

L   ⌐

Anlage zum Heil- und Kostenplan vom _____

Für Ihre prothetische Behandlung werden entsprechend nachfolgender Aufstellung voraussichtlich folgende Kosten/Eigenanteile anfallen:

Zahn/Gebiet	GOZ	Leistungsbeschreibung	Anzahl	Betrag EUR
13, 23, 24	5040	voll verblendete Teleskopkronen	3	

Zahnärztliches Honorar GOZ (entsprechend Zeile III/3 HKP): .... EUR_____

Zahnärztliches Honorar BEMA (entsprechend Zeile III/1 und 2 HKP): .... EUR_____

Material und Laborkosten (entsprechend Zeile III/4 HKP): .... EUR_____

Gesamtkosten (entsprechend Zeile III/5 HKP): .... EUR_____

abzüglich Festzuschüsse: .... EUR_____

Ihr voraussichtlicher Eigenanteil wird hiernach betragen EUR_____

Kosten für allgemeine und konservierend-chirurgische Leistungen nach der GOZ sind in den Beträgen nicht enthalten. Unvorhersehbare Leistungen, die sich im Rahmen der Behandlung ergeben, werden gesondert berechnet. Unvorhersehbare Veränderungen der Schwierigkeit sowie des Zeitaufwandes der einzelnen Leistungen, der Umstände bei der Ausführung oder der Methode können zu Kostenveränderungen führen.

Ich wünsche eine Versorgung entsprechend
des Heil- und Kostenplans nebst dieser Anlage

_____
Datum / Unterschrift des **Zahnarztes**

_____
Datum / Unterschrift des **Versicherten**

Informationen über die Kosten der Regelversorgung

Die Kosten für eine dem Befund entsprechende Regelversorgung liegen voraussichtlich in Höhe des doppelten Festzuschusses.

doppelter Festzuschuss .... EUR_____

abzüglich von der Kasse festgesetzter Festzuschüsse .... EUR_____

Ihr Eigenanteil würde im Falle der Regelversorgung daher voraussichtlich .... EUR_____
zzgl. der möglicherweise anfallenden Edelmetallkosten betragen.

Vordr. 3b (2312/1 2006) SCHÜTZDRUCK, Tel. (09 11) 32 73 44 · www.schuetzdruck.de

___ von 75 P.

3. Privatpatientin

Hinweis: Am 21.02. kann die Position Ä1 als alleinige Leistung berechnet werden. Am 26.02. erfolgt die Präparation der Zähne. Die Präparation, die Korrekturabdrücke, die Abdrücke für den Funktionslöffel und den individuellen Löffel gehören in der GOZ-Abrechnung zur Fertigung der Kronen/Prothesen und können nicht als eigenständige Positionen abgerechnet werden. Auch Anproben, Abnahme und Wiederbefestigung von provisorischen Kronen werden nicht gesondert abgerechnet, da sie Inhalt der Zahnersatz-Positionen sind, die erst bei der Eingliederung berücksichtigt werden. Am 26.02. erfolgen im Oberkiefer noch Alginatabdrücke für die Provisorien. Diese Information ist für die Abrechnung der eigentlichen Provisorien wichtig, weil nun die Gebührennummer 2270 notiert werden kann. Am 23.03. wird der Zahnersatz im Ober- und Unterkiefer eingegliedert und die Berechnung der gesamten Zahnersatzpositionen erfolgt. Da alle Kronen adhäsiv befestigt werden, kann zusätzlich die Gebührennummer 2197 berechnet werden.

Datum	Zahn	Gebührennummer	Anzahl
19.02.		0010	1
	OK, UK	Ä5004	1
	15, 14, 13, 23, 24	0070	1
		Ä1	1
21.02.		Ä1	1
22.02.		0030	1
26.02.	15, 14, 13, 23, 24	0080	2
	15, 14, 13, 23, 24	0090	5
	15	2195	1
	15	2197	1
	15, 14, 24	2030	2
	15	2180	1
	15	2197	1
	14, 24	2180	2
	14, 24	2197	2
	15, 14, 13, 23, 24	3070	5
	15, 14, 13, 23, 24	2030	2
	15, 14, 13, 23, 24	2270	5
06.03.	OK	5170	1
12.03.	UK	5190	1
23.03.	15, 14, 13, 23, 24	5040	5
	15, 14, 13, 23, 24	2197	5
	OK	5210	1
	18–16, 25–28	5070	2
	UK	5230	1

4. Kassenpatientin

✦ *Hinweis: Achten Sie zur Lösung der Aufgabe auf den OPG-Befund im Einleitungstext. Da dort der Zahn 34 als tief frakturiert beschrieben wird, kann die BEMA-Leistung X3/45 abgerechnet werden. Die Alveolotomie kommt nicht zum Tragen, weil die BEMA-Leistung Alv/62 in derselben Sitzung nur abgerechnet werden darf, wenn mindestens fünf Zähne in einem Kiefer entfernt werden. Die Nachblutungsstillung kann mit Nbl1/36 vermerkt werden, da ein zusätzlicher Zeitaufwand berücksichtigt werden muss. Es gibt keine eigenständige BEMA-Leistung für Wundkontrollen, sodass die Wundkontrolle und Beratung um 15:30 Uhr mit der Position Ä1 als alleinige Leistung abgerechnet werden.*

Datum	Zahn	BEMA-Leistung	Anzahl	Bemerkungen
23.03.	37, 35, 34, 46, 47, 48	L1/41a	2	
	34	X3/45	1	
	37, 46, 47	X2/44	3	
	35	X1/43	1	
	48	Ost 1/47a	1	
	34	Nbl1/36	1	
		7700	1	
23.03.		Ber/Ä1	1	

_____ von 47 P.

5. Kassenpatientin

✏️ *Hinweis: Für Teilkrone wird das Befundkürzel pw und das Planungskürzel PK verwendet. Beachten Sie, dass die Zähne 17 und 37 in der endgültigen Versorgung Regelversorgung bleiben und somit als BEMA-Leistung abgerechnet werden müssen. Das Geschiebe wegen disparallelen Pfeilerzähnen bleibt immer Regelversorgung und wird daher als BEMA-Nummer 91e abgerechnet.*

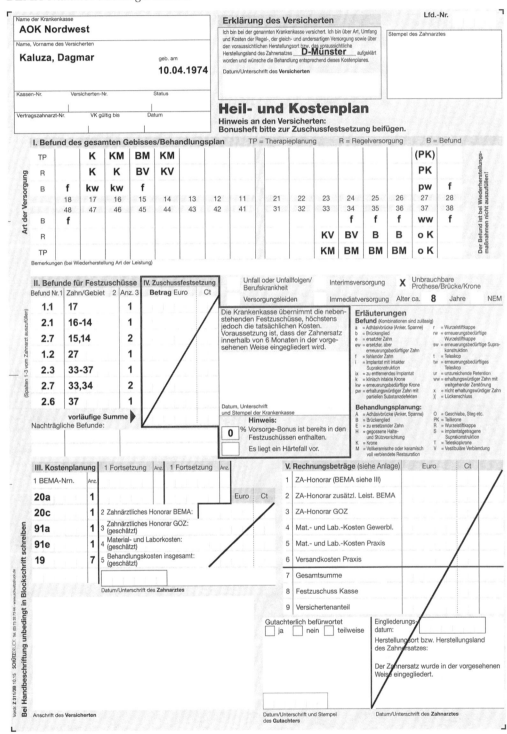

Anlage: Planung HKP Teil 2

Heil- und Kostenplan Teil 2

Name des Patienten

Kaluza, Dagmar

Zahnarztpraxis

Anlage zum Heil- und Kostenplan vom _____

Für Ihre prothetische Behandlung werden entsprechend nachfolgender Aufstellung voraussichtlich folgende Kosten/Eigenanteile anfallen:

Zahn/Gebiet	GOZ	Leistungsbeschreibung	Anzahl	Betrag EUR
16,14,33	5010	Brückenanker, voll verblendet	3	
16-14,33-37	5070	Brückenspannen, voll verblendet	2	

Zahnärztliches Honorar GOZ (entsprechend Zeile III/3 HKP): .... EUR_____

Zahnärztliches Honorar BEMA (entsprechend Zeile III/1 und 2 HKP): .... EUR_____

Material und Laborkosten (entsprechend Zeile III/4 HKP): .... EUR_____

Gesamtkosten (entsprechend Zeile III/5 HKP): .... EUR_____

abzüglich Festzuschüsse: .... EUR_____

Ihr voraussichtlicher Eigenanteil wird hiernach betragen EUR_____

Kosten für allgemeine und konservierend-chirurgische Leistungen nach der GOZ sind in den Beträgen nicht enthalten. Unvorhersehbare Leistungen, die sich im Rahmen der Behandlung ergeben, werden gesondert berechnet. Unvorhersehbare Veränderungen der Schwierigkeit sowie des Zeitaufwandes der einzelnen Leistungen, der Umstände bei der Ausführung oder der Methode können zu Kostenveränderungen führen.

Ich wünsche eine Versorgung entsprechend des Heil- und Kostenplans nebst dieser Anlage

Datum / Unterschrift des **Zahnarztes**

Datum / Unterschrift des **Versicherten**

Informationen über die Kosten der Regelversorgung

Die Kosten für eine dem Befund entsprechende Regelversorgung liegen voraussichtlich in Höhe des doppelten Festzuschusses.

doppelter Festzuschuss .... EUR_____

abzüglich von der Kasse festgesetzter Festzuschüsse .... EUR_____

Ihr Eigenanteil würde im Falle der Regelversorgung daher voraussichtlich .... EUR_____
zzgl. der möglicherweise anfallenden Edelmetallkosten betragen.

Vordr. 3b (Z3121 2006) SCHÜTZDRUCK Tel. (0511) 82 73 44 www.schuetzdruck.de

6. Privatpatient

Hinweis: Für die Bissflügelaufnahmen der Zähne 17–14, 24–27, 37–34, 44–47 gibt es zwei Möglichkeiten, die beide als richtig gewertet werden. Da fachlich nicht eindeutig feststeht, ob man im beschriebenen Fall zwei oder vier Röntgenaufnahmen benötigt, werden beide Lösungswege akzeptiert. Für die intraligamentären Anästhesien findet die Position 0900 Anwendung, da es für diese spezielle Anästhesieform keine eigene GOZ-Position gibt. Im Gegensatz zu BEMA-Abrechnungen kann die direkte Überkappung je Kavität berechnet werden. Da am Zahn 46 zwei Füllungen getätigt werden, kann die Position 2340 auch doppelt abgerechnet werden.

Datum	Zahn	Gebührennummer	Anzahl
23.03.		0010	1
	17–14, 24–27, 37–34, 44–47	Ä5000	4
oder	17–14, 24–27, 37–34, 44–47	Ä5000	2
		Ä1	1
	17, 16, 14, 24, 26, 27, 37, 36, 46, 47	4055	10
	15,13–23, 25, 35–45	4050	18
	14, 24, 46, 47	0070	1
	14, 24	0090	2
	14	2030	1
	14	2100	1
	24	2030	1
	24	2100	1
	46, 47	0100	1
	46, 47	2030	1
	46, 47	2040	1
	46	2340	2
	46, 47	2030	1
	46	2100	1
	46	2060	1
	47	2180	1

7. Kassenpatient

✐ Hinweis: Beachten Sie, bei den Röntgenaufnahmen zu den Zähnen 14–17, 24–27, 34–37, 44–47 die Kennung 0 in der Bemerkungsspalte zu notieren. Die genaue Anzahl der Röntgenaufnahmen ist nicht gegeben, daher werden zwei BEMA-Leistungen (Rö5/Ä925b, Rö2/Ä925a) als richtig gewertet. Berücksichtigen Sie den Röntgenbefund, dort wird der Zahn 37 mit drei Wurzelkanälen und einer insuffizienten WF angegeben. Folglich wurde für die BEMA-Leistungen WK/32 und WF/35 die Anzahl 3 notiert. In der Aufgabe wurde eine Vitalexstirpation beschrieben. Da jedoch im Befund eine unvollständige WF angegeben war, können hier zwei verschiedene Lösungswege gewählt werden.

Datum	Zahn	BEMA-Leistung	Anzahl	Bemerkungen
23.03.		U/01	1	
	14–17, 24–27, 34–37, 44–47	Rö5/Ä925b	1	0
oder	14–17, 24–27, 34–37, 44–47	Rö2/Ä925a	1	0
	35, 37	Vipr/8	1	
	35, 37	L1/41a	1	
	35, 37	bMF/12	1	
	35	Cp/25	1	
	35	F2/13b	1	modb/1234
	35	601	1	240 Cent
	37	VitE/28	3	
oder	37	31	1	
	37	WK/32	3	
	37	Rö2/Ä925a	1	1
	37	WF/35	3	
	37	Rö2/Ä925a	1	1

_____ von 54 P.

8. Kassenpatient

✎ Hinweis: Achten Sie darauf, dass der Zahn 33 eine provisorische Stiftkrone bekommt. Diese wird mit der BEMA-Leistung 21 abgerechnet.

Name der Krankenkasse	Erklärung des Versicherten	Lfd.-Nr.
Techniker Krankenkasse	Ich bin bei der genannten Krankenkasse versichert. Ich bin über Art, Umfang und Kosten der Regel-, der gleich- und andersartigen Versorgung sowie über den voraussichtlichen Herstellungsort bzw. voraussichtliche Herstellungsland des Zahnersatzes **D-Münster** aufgeklärt worden und wünsche die Behandlung entsprechend dieses Kostenplanes.	Stempel des Zahnarztes

Name, Vorname des Versicherten

Carillhio, André   geb. am
11.11.1948

Datum/Unterschrift des **Versicherten**

Kassen-Nr.   Versicherten-Nr.   Status

Vertragszahnarzt-Nr.   VK gültig bis   Datum

Heil- und Kostenplan
Hinweis an den Versicherten:
Bonusheft bitte zur Zuschussfestsetzung beifügen.

I. Befund des gesamten Gebisses/Behandlungsplan   TP = Therapieplanung   R = Regelversorgung   B = Befund

TP															
R	E	E	E	E	E	E	E	E	E	E	E	E	E	E	E
B	ew	ew	ew	ew	ew	ew	ew	ew	ew	ew	ew	ew	ew	ew	ew
	18	17	16	15	14	13	12	11	21	22	23	24	25	26	27	28
	48	47	46	45	44	43	42	41	31	32	33	34	35	36	37	38
B	ew	ew	ew	ww	ew	ww					ww	ew	ew	ew	ew	ew
R	E	E	E	KH	E	KVH					KVH	E	E	E	E	E
TP															

Art der Versorgung — *Der Befund ist bei Wiederherstellungsmaßnahmen nicht auszufüllen!*

Bemerkungen (bei Wiederherstellung Art der Leistung)
33 gegossener Stiftaufbau

II. Befunde für Festzuschüsse

Befund Nr.1	Zahn/Gebiet	2	Anz. 3
4.2	OK		1
3.1	UK		1
1.1	45,43,33		3
1.3	43,33		2
1.5	33		1

(Spalten 1-3 vom Zahnarzt auszufüllen)

vorläufige Summe ▶
Nachträgliche Befunde:

IV. Zuschussfestsetzung
Betrag Euro   Ct

Die Krankenkasse übernimmt die nebenstehenden Festzuschüsse, höchstens jedoch die tatsächlichen Kosten. Voraussetzung ist, dass der Zahnersatz innerhalb von 6 Monaten in der vorgesehenen Weise eingegliedert wird.

Datum, Unterschrift und Stempel der Krankenkasse

Hinweis:
0 % Vorsorge-Bonus ist bereits in den Festzuschüssen enthalten.
☐ Es liegt ein Härtefall vor.

Unfall oder Unfallfolgen/Berufskrankheit   Interimsversorgung   **X** Unbrauchbare Prothese/Brücke/Krone

Versorgungsleiden   Immediatversorgung   Alter ca. **8** Jahre   NEM

Erläuterungen
Befund (Kombinationen sind zulässig)
a = Adhäsivbrücke (Anker, Spanne)	r = Wurzelstiftkappe
b = Brückenglied	rw = erneuerungsbedürftige Wurzelstiftkappe
e = ersetzter Zahn	sw = erneuerungsbedürftige Suprakonstruktion
ew = ersetzter, aber erneuerungsbedürftiger Zahn	
f = fehlender Zahn	t = Teleskop
i = Implantat mit intakter Suprakonstruktion	tw = erneuerungsbedürftiges Teleskop
ix = zu entfernendes Implantat	ur = unzureichende Retention
k = klinisch intakte Krone	ww = erhaltungswürdiger Zahn mit weitgehender Zerstörung
kw = erneuerungsbedürftige Krone	x = nicht erhaltungswürdiger Zahn
pw = erhaltungswürdiger Zahn mit partiellen Substanzdefekten	)(= Lückenschluss

Behandlungsplanung:
A = Adhäsivbrücke (Anker, Spanne)	O = Geschiebe, Steg etc.
B = Brückenglied	PK = Teilkrone
E = zu ersetzender Zahn	R = Wurzelstiftkappe
H = gegossene Halte- und Stützvorrichtung	S = implantatgetragene Suprakonstruktion
K = Krone	T = Teleskopkrone
M = Vollkeramische oder keramisch voll verblendete Restauration	V = Vestibuläre Verblendung

III. Kostenplanung

1 BEMA-Nrn.	Anz.	1 Fortsetzung	Anz.	1 Fortsetzung	Anz.
		98a	1	**96c**	1
98b	1	**98g**	1	**98h/2**	1
97a	1				
19	2				
21	1				
18b	1				
20a	1				
20b	2				

2 Zahnärztliches Honorar BEMA:
3 Zahnärztliches Honorar GOZ: (geschätzt)
4 Material- und Laborkosten: (geschätzt)
5 Behandlungskosten insgesamt: (geschätzt)

Datum/Unterschrift des **Zahnarztes**

V. Rechnungsbeträge (siehe Anlage)   Euro   Ct

1	ZA-Honorar (BEMA siehe III)
2	ZA-Honorar zusätzl. Leist. BEMA
3	ZA-Honorar GOZ
4	Mat.- und Lab.-Kosten Gewerbl.
5	Mat.- und Lab.-Kosten Praxis
6	Versandkosten Praxis
7	Gesamtsumme
8	Festzuschuss Kasse
9	Versichertenanteil

Gutachtlich befürwortet
☐ ja   ☐ nein   ☐ teilweise

Eingliederungsdatum:
Herstellungsort bzw. Herstellungsland des Zahnersatzes:
Der Zahnersatz wurde in der vorgesehenen Weise eingegliedert.

Datum/Unterschrift und Stempel des **Gutachters**

Datum/Unterschrift des **Zahnarztes**

Anschrift des **Versicherten**

Bei Handbeschriftung unbedingt in Blockschrift schreiben

Vordr. Z 311/3B 10.15 SCHÜTZDRUCK Tel. 05 11/30 73 44 · www.schuetzdruck.de

9. Kassenpatient

Hinweis: Am Zahn 47 wird eine bukkal/zervikale Füllung gelegt. Zervikal bedeutet am Zahnhals gelegen und ist somit keine eigenständige Fläche. Für den Zahn 47 müssen Sie lediglich eine einflächige Füllung notieren. Unter Bemerkung müssen Sie jedoch unbedingt die Angabe b-z/4–7 aufführen.

Datum	Zahn	BEMA-Leistung	Anzahl	Bemerkungen
23.03.	OK, UK	IP1	1	
		IP2	1	
	OK, UK	Zst / 107	1	
	17, 16, 26, 27, 37, 36, 46, 47	Vipr / 8	1	
	17, 16, 26, 27	IP5	4	
	37, 36, 46, 47	bMF / 12	2	
	47	I / 40	1	
	47	P / 26	1	
	47	F3 / 13c	1	mod / 123
	47	F1 / 13a	1	b-z / 4–7
	46, 36, 37	IP5	3	
	OK, UK	IP4	1	
	33–43	Mu / 105	1	

10. Kassenpatient

Hinweis: Durch die Neuanfertigung der provisorischen Brücke und der provisorischen Teilkrone fallen zusätzliche Materialkosten für die Neuanfertigung an. Der nachträglich adhäsiv befestigte Glasfaserstift ist mit der Position 2195 (Glasfaserstift) und der Position 2197 (adhäsive Befestigung) abzurechnen und muss zum bereits errechneten GOZ-Betrag addiert werden.

V.2 Rechnungsbeträge ZA-Honorar zusätzliche Leistungen BEMA

BEMA- Nr. 1	Anzahl 2	Bew.-Zahl 3	Spalte 2 × Spalte 3 4
95d	4	18	72
19	6	19	114
Gesamtsumme Spalte 4			186
X Punktwert 0,8820 = zahnärztliches Honorar			164,05 €

V.3 Rechnungsbeträge ZA-Honorar GOZ, tatsächlich

Zahn / Gebiet	Geb.-Nr.	Anzahl	Faktor	Honorar
33	2195	1	2,3	38,81
33	2197	1	2,3	16,82
Gesamthonorar				55,63 €

V. Rechnungsbeträge
5. Material- und Laborkosten Praxis: z. B.;

Material / Laborarbeit	Anzahl	Einzelpreis	Kosten
Praxislabor / Sonstiges	1×		7,50
Abformmaterial			28,80
Prov. Kronen / Brückenanker	11×	2,00	22,00
Prov. Brückenglieder	8×	2,00	17,60
		Gesamtkosten	75,90 €

Name der Krankenkasse
BKK Bertelsmann

Name, Vorname des Versicherten
Burbach, Manfred   geb. am
03.06.1955

Kassen-Nr.	Versicherten-Nr.	Status

Vertragszahnarzt-Nr.	VK gültig bis	Datum

Erklärung des Versicherten

Lfd.-Nr.

Ich bin bei der genannten Krankenkasse versichert. Ich bin über Art, Umfang und Kosten der Regel-, der gleich- und andersartigen Versorgung sowie über den voraussichtlichen Herstellungsort bzw. das voraussichtliche Herstellungsland des Zahnersatzes **D-Witten** aufgeklärt worden und wünsche die Behandlung entsprechend dieses Kostenplanes.

Datum/Unterschrift des Versicherten

Stempel des Zahnarztes

Heil- und Kostenplan
Hinweis an den Versicherten:
Bonusheft bitte zur Zuschussfestsetzung beifügen.

I. Befund des gesamten Gebisses/Behandlungsplan
TP = Therapieplanung   R = Regelversorgung   B = Befund

Art der Versorgung																
TP																
R					KV	KV	KV	BV		BV	KV	KV				PK	
B	f				ww	ww	kw	kx		kx	kw	ww				pw	f
	18	17	16	15	14	13	12	11		21	22	23	24	25	26	27	28
	48	47	46	45	44	43	42	41		31	32	33	34	35	36	37	38
B	f	k	k	b	b	k						kw	kx	b	kx	kw	f
R												KV	BV	B	B	K	
TP												KV	BV	BV	BV	K	

Bemerkungen (bei Wiederherstellung Art der Leistung)

Der Befund ist bei Wiederherstellungs-maßnahmen nicht auszufüllen!

II. Befunde für Festzuschüsse

Befund Nr.1	Zahn/Gebiet 2	Anz. 3
2.2	12-22	1
2.3	33-37	1
2.7	12-22,33,34	6
1.1	14,13,23	3
1.2	27	1
1.3	14,13,23	3

IV. Zuschussfestsetzung

Betrag Euro	Ct
385	05
433	88
300	06
426	66
159	56
153	99

vorläufige Summe ▶ 1.859,20

Nachträgliche Befunde:

1.4	33	1	30	70

Die Krankenkasse übernimmt die nebenstehenden Festzuschüsse, höchstens jedoch die tatsächlichen Kosten. Voraussetzung ist, dass der Zahnersatz innerhalb von 6 Monaten in der vorgesehenen Weise eingegliedert wird.

Datum, Unterschrift und Stempel der Krankenkasse

Hinweis:
0 % Vorsorge-Bonus ist bereits in den Festzuschüssen enthalten.

☐ Es liegt ein Härtefall vor.

☐ Unfall oder Unfallfolgen/ Berufskrankheit	Interimsversorgung	**X** Unbrauchbare Prothese/Brücke/Krone
☐ Versorgungsleiden	Immediatversorgung	Alter ca. **14** Jahre NEM

Erläuterungen
Befund (Kombinationen sind zulässig)
a = Adhäsivbrücke (Anker, Spanne)
b = Brückenglied
e = ersetzter Zahn
ew = ersetzter, aber erneuerungsbedürftiger Zahn
f = fehlender Zahn
i = Implantat mit intakter Suprakonstruktion
ix = zu entferndes Implantat
k = klinisch intakte Krone
kw = erneuerungsbedürftige Krone
pw = erhaltungswürdiger Zahn mit partiellen Substanzdefekten

r = Wurzelstiftkappe
rw = erneuerungsbedürftige Wurzelstiftkappe
sw = erneuerungsbedürftige Suprakonstruktion
t = Teleskop
tw = erneuerungsbedürftiges Teleskop
ur = unzureichende Retention
ww = erhaltungswürdiger Zahn mit weitgehender Zerstörung
x = nicht erhaltungswürdiger Zahn
)(= Lückenschluss

Behandlungsplanung:
A = Adhäsivbrücke (Anker, Spanne)
B = Brückenglied
E = zu ersetzender Zahn
H = gegossene Halte- und Stützvorrichtung
K = Krone
M = Vollkeramische oder keramisch voll verblendete Restauration

O = Geschiebe, Steg etc.
PK = Teilkrone
R = Wurzelstiftkappe
S = implantatgetragene Suprakonstruktion
T = Teleskopkrone
V = Vestibuläre Verblendung

III. Kostenplanung

1 BEMA-Nrn.	Anz.	1 Fortsetzung	Anz.	1 Fortsetzung	Anz.
19	13				
20b	3				
20c	1				
91a	1				
91b	3				
92	1				

	Euro	Ct
2 Zahnärztliches Honorar BEMA	1.298	30
3 Zahnärztliches Honorar GOZ: (geschätzt)	51	74
4 Material- und Laborkosten: (geschätzt)	3.700	00
5 Behandlungskosten insgesamt: (geschätzt)	5.050	04

Datum/Unterschrift des Zahnarztes

V. Rechnungsbeträge (siehe Anlage)

		Euro	Ct
1	ZA-Honorar (BEMA siehe III)	1.298	30
2	ZA-Honorar zusätzl. Leist. BEMA	164	05
3	ZA-Honorar GOZ	107	37
4	Mat.- und Lab.-Kosten Gewerbl.	3.600	50
5	Mat.- und Lab.-Kosten Praxis	75	90
6	Versandkosten Praxis		
7	Gesamtsumme	5.246	12
8	Festzuschuss Kasse	1.889	90
9	Versichertenanteil	3.356	22

Gutachterlich befürwortet
☐ ja   ☐ nein   ☐ teilweise

Eingliederungs-datum: **22.03.2018**

Herstellungsort bzw. Herstellungsland des Zahnersatzes: **D-Witten**

Der Zahnersatz wurde in der vorgesehenen Weise eingegliedert.

Datum/Unterschrift und Stempel des Gutachters

Datum/Unterschrift des Zahnarztes

Anschrift des Versicherten

Bei Handbeschriftung unbedingt in Blockschrift schreiben
Vordr. Z 3112B 10.15   SCHÜTZ*DRÜCK Tel. 05 11/32 73 44 · www.schuetzdruck.de

So viele Punkte habe ich erreicht: _____

So lange habe ich gebraucht: _____

Teil 4: Praxisorganisation und -verwaltung

_____ von 8 P.

1. Aufgabe

🖊 *Hinweis: Im Folgenden sind drei Beispiele aufgeführt, zur Lösung der Aufgabe sind nur zwei Aspekte gefordert.*

- aussagekräftige Bilder verwenden, z. B. Fotos vom Praxisteam und den Praxisräumen, um positive Emotionen beim Betrachter hervorzurufen
- auf eine sinnvolle Menüführung achten, damit Benutzer die für sie relevanten Informationen (z. B. Telefonnummer, Praxisöffnungszeiten) auf den ersten Blick erfassen können
- durch die optische Gestaltung, z. B. durch geeignete Hintergründe und Kontraste, die Lesbarkeit der Website unterstützen und die Aufmerksamkeit des Betrachters auf wichtige Inhalte lenken

_____ von 6 P.

2. Aufgabe

🖊 *Hinweis: Sie müssen nur drei weitere Marketingaktivitäten oder Serviceleistungen nennen. Alternativen zu den folgenden Beispielen sind hier auch möglich.*

- Infobroschüren für Patienten
- Kommunikationsschulungen für das Praxisteam
- Werbemaßnahmen (im erlaubten Umfang)
- Recall

_____ von 8 P.

3. Aufgabe

🖊 *Hinweis: Im Folgenden sind drei Möglichkeiten aufgeführt. Sie müssen nur zwei Erklärungen zur Lösung der Aufgabe notieren.*

Die ZFA sollte/kann …

- durch eine freundliche und empathische Kommunikation zu einer „Wohlfühlatmosphäre" und einer guten Patienten-Praxisbeziehung beitragen.
- für eine positive Gestaltung des Praxisumfeldes sorgen, indem sie für Ordnung in den Praxisräumen (Rezeption, Wartezimmer, Behandlungsräume, Patienten-WC, …) sorgt.
- stets auf ihr äußeres Erscheinungsbild achten, d. h. gepflegte Haare und Hände, dezente Schminke, saubere Kleidung, usw.

_____ von 6 P.

4. Aufgabe

🖊 *Hinweis: Wählen Sie drei der vier angegebenen Vorteile aus, sinnvolle Alternativen sind natürlich auch richtig.*

- Kostenteilung und Kostenersparnis durch gemeinsame Nutzung von Ressourcen
- zeitliche Entlastung durch Arbeitsteilung
- gegenseitige Vertretung möglich
- fachlicher Austausch und kollegiale Unterstützung

5. Aufgabe

a) ✐ *Hinweis: Zur vollständigen Lösung der Aufgabe sind zwei Beispiele ausreichend.*

Stellenbeschreibungen haben unter anderem die Aufgabe, Zuständigkeiten und Handlungsspielräume, Vertretungsregelungen sowie Weisungs- und Entscheidungsbefugnisse klar zu definieren. Somit wäre in der Zahnarztpraxis Dr. Spranger & Dr. Specht beispielsweise sichergestellt, dass …

- die Aufgabenbereiche von Emel und den anderen Mitgliedern des Praxisteams eindeutig sind,
- es eine klare Vertretungsregelung für den Krankheitsfall von Frau Liebich gibt und
- es geklärt ist, wer Emel Anweisungen geben darf.

b) ✐ *Hinweis: Nennen Sie kurz eine weitere Möglichkeit, wie eine der folgenden zwei Beispiele.*

- Checklisten
- regelmäßige Absprachen

6. Aufgabe

✐ *Hinweis: Versetzen Sie sich als Hilfestellung in die Situation. Nur drei Aspekte sind verlangt.*

- keine lautstarken Beschimpfungen
- keine Beschuldigungen, bevor nicht die Möglichkeit zur Stellungnahme gegeben wurde
- Konfliktgespräche nicht im Zorn führen
- Pauschalklagen/„Killerphrasen" („hier ist sowieso nichts geregelt") vermeiden

7. Aufgabe

✐ *Hinweis: Sie müssen hier nur vier Aspekte, die vor oder während einer Teambesprechung wichtig sind, aufschreiben.*

- Termine rechtzeitig festlegen
- Themenvorschläge sammeln
- Tagesordnung aushängen
- Moderator festlegen
- Protokollant festlegen

8. Aufgabe

✐ *Hinweis: Beachten Sie hier die Anlage 1 und notieren Sie zwei Aspekte, die Ihnen auffallen.*

- Da sich keine Pufferzeiten im Terminplan befinden, wird es schwierig, Schmerzpatienten, die ohne Termin erscheinen, zeitnah zu behandeln.
- Beide Zahnärzte beginnen montagmorgens mit zeitaufwendigen Terminen, die kaum Möglichkeiten bieten, Schmerzpatienten zwischendurch zu behandeln.
- Bei einigen schlecht kalkulierbaren Behandlungen, z. B. Füllung 11 (kompliziert) oder Wurzelspitzenresektion 45, ist die Zeitplanung recht kurz, wodurch weitere Zeitprobleme auftreten könnten.

9. Aufgabe

von 6 P.

Hinweis: Im Folgenden finden Sie drei Beispiele, wie Frau Liebich vorgehen kann, nur zwei Beispiele sind verlangt.

Frau Liebich sollte …

- die betroffenen Patienten rechtzeitig über die Terminverschiebungen informieren und um Verständnis bitten.
- Termine verschieben, wenn die Patienten einverstanden sind.
- Patienten mit festen Terminen fragen, ob sie noch Erledigungen zu machen haben, damit ein Schmerzpatient vorgezogen werden könnte.

10. Aufgabe

von 4 P.

a) Das Bestellsystem „halb offene Sprechstunde" ist eine Mischung aus einer Terminsprechstunde mit festen Terminen und einer freien Sprechstunde, zu der Patienten ohne Termin kommen können.

von 4 P.

b) *Hinweis: Hier reicht die Erklärung anhand zweier Beispiele aus.*

Sprechstunden ohne feste Termine sind immer dann sinnvoll, wenn erfahrungsgemäß viele Patienten ohne Termin behandelt werden möchten. Folgende Zeiten sind denkbar:

- montagmorgens, wenn nach einem Wochenende viele Patienten Zahnschmerzen haben
- Arbeitstage vor dem Praxisurlaub oder bestimmten Feiertagen, z. B. Weihnachten
- unmittelbar vor oder nach der Mittagspause

11. Aufgabe

von 6 P.

Hinweis: Sie finden hier eine Auswahl von vier Aspekten, drei sind gefordert.

- Name des Patienten
- Grund des Anrufs: Inlay verloren
- Bitte um Rückruf
- Telefonnummer des Patienten

12. Aufgabe

von 4 P.

Hinweis: Beachten Sie die Angaben in Anlage 2. Zuerst berechnen Sie die jährlichen Kosten bei der Union Bank. Addieren Sie dazu den Grundpreis (auf ein Jahr berechnet), den Preis für die Girocard und die jährlichen Kosten für Kontobelastungen und Kontogutschriften. Von diesem Betrag subtrahieren Sie den Preis für die Girocard bei der Direktbank.

$138,00 € (90,00 € + 36,00 € + 12,00 €) – 10,00 € = \mathbf{128,00\ €}$

_____ von 4 P.

13. Aufgabe

✎ *Hinweis: Berechnung erfolgt nach deutscher Zinsmethode; auch andere Zinsmethoden werden akzeptiert.*

$$\frac{650,00\ € \cdot 18\ \text{Tage} \cdot 6,50\ \%}{360 \cdot 100} = \mathbf{2{,}11\ €}$$

_____ von 4 P.

14. Aufgabe

✎ *Hinweis: Im Folgenden finden Sie zwei Möglichkeiten.*

- m-TAN-Verfahren: Überweisung/Dauerauftrag wird online erfasst. Die Bank sendet dem Kontoinhaber eine TAN per SMS auf dessen Mobiltelefon. Mit der SMS erhält der Bankkunde meist die Kontonummer des Empfängers und die Höhe des Betrags zur Bestätigung. Die Freigabe des Auftrags erfolgt durch Eingabe der übermittelten TAN.
- HBCI (Home Banking Computer Interface): Der Bankkunde erhält einen Kartenleser, eine Chipkarte und Banking-Software. Für Aufträge wird der Kartenleser an den PC angeschlossen und die Chipkarte in das Gerät geschoben. Überweisung/Dauerauftrag werden erfasst, mit einer elektronischen Signatur versehen und anschließend verschlüsselt übertragen.

15. Aufgabe

_____ von 4 P.

a) ✎ *Hinweis: Sie müssen hier nur ein mögliches Risiko erklären.*

- Daten werden über gefälschte Internetadressen, E-Mails oder SMS mit der Absicht abgefangen, persönliche Daten zu missbrauchen und die Inhaber von Bankkonten zu schädigen. (= Phishing)
- Mobile Endgeräte wie Mobiltelefone oder Tablets, aber auch PC werden manipuliert, indem unbemerkt ein sogenanntes Trojaner-Programm installiert wird, um an Zugangsdaten bzw. mobile TAN zu kommen.

_____ von 6 P.

b) ✎ *Hinweis: Bei dieser Aufgabe sind nur drei Verhaltensweisen verlangt. Sie finden im Folgenden vier mögliche Beispiele.*

- Zugangsdaten und/oder TAN nicht weitergeben und nur auf der Website der Bank nutzen
- auf einen verschlüsselten (https-)Verbindungsaufbau achten
- insbesondere bei unbekannten oder nicht zu erkennenden Absendern nicht auf Links in E-Mails klicken
- PC/Smartphone mit Virenschutzsoftware und Firewall schützen

So viele Punkte habe ich erreicht: _____

So lange habe ich gebraucht: _____